CW01084931

FOLIO BIOGRAPHIES
collection dirigée par
GÉRARD DE CORTANZE

Lawrence d'Arabie

par

Michel Renouard

Gallimard

Crédits photographiques :

1, 9, 11 : Getty Images / Hulton Archive. 2, 4, 17 : Archives Gallimard.
3 : Londres, Imperial War Museum (Q73536). 5 : Washington,
Library of Congress. 6 : Londres, IWM (Q59595). 7 : Adoc-photos /
Musée Nicéphore-Niepce, Ville de Chalon-sur-Saône. 8 : Londres,
Imperial War Museum (Q59193). 10 : Corbis / Bettmann. 12 : Getty
Images / Topical Press Agency / Hambrook. 13 : Bernard Shaw
Estate / Society of Authors / The Library of the London School of
Economics. 14 : Getty Images / Bert Morgan. 15 : Getty Images /
Hulton Archive / Evening Standard. 16 : The Kobal Collection /
Columbia. 18 : Juillard / Éditions Blake et Mortimer 2012.

Né à Dinan, Michel Renouard a été apprenti typographe, correspondant d'*Europe 1*, de *Paris-Jour* et de l'agence Reuter, enquêteur de Dominique Lapierre pour *Paris brûle-t-il ?* et *Cette nuit la liberté*, journaliste à *Ouest-France*, puis professeur à Rennes, Poitiers, La Roche-sur-Yon, Carlisle (Angleterre), Nairobi (Kenya) et Amherst (États-Unis). Agrégé de lettres, docteur d'État en littérature américaine, ce professeur des universités, spécialiste de l'Empire britannique, a créé le Sahib, premier laboratoire français consacré aux études anglo-indiennes. Il connaît bien le Proche-Orient, du Bosphore au golfe d'Aqaba, du Caire à Bagdad, de Jérusalem à Damas. Depuis 1964, il a publié quarante-trois livres, parmi lesquels *Histoire et civilisations de la Méditerranée* (Ouest-France, 2006), *La Littérature indienne anglophone* (Atlande, 2008), *Naissance des écritures* (Ouest-France, 2011) et une douzaine d'œuvres de fiction, dont un roman historique sur la Seconde Guerre mondiale, en partie situé en Égypte et à Malte, *L'Indien du Reich* (Privat, 2007).

Une odyssée familiale

1888. La reine Victoria, impératrice des Indes[*], vient de fêter son Jubilé d'or. Son Premier ministre, Salisbury, est un conservateur bon teint (dont le neveu et assistant, Arthur Balfour, fera, en 1917, une déclaration qui entrera dans l'histoire). Après une brillante carrière diplomatique en Russie et dans l'Empire ottoman, le vice-roi des Indes, Dufferin, vient d'annexer la Birmanie à la Couronne. Même si les Britanniques restent prudents, la révolte des cipayes[**] (1857-1858), qui naguère a traumatisé les Indes et l'Empire, n'est plus qu'un mauvais souvenir. Ironie de l'histoire : c'est avec la bénédiction du vice-roi Dufferin qu'un haut fonctionnaire anglais, Allan Hume, a créé en 1885 le premier parti politique indien, le *Congress,* qui, à terme, conduira le pays à l'indépendance. Cette même année 1888, un certain Kipling, qui deviendra le plus

[*] On parlait alors « des Indes » (le sous-continent indien) et de l'« Empire des Indes » (l'Inde britannique, surnommée le *Raj,* mot hindi qui a la même étymologie que *Reich*).
[**] Cipaye : soldat de l'armée des Indes (le mot a la même origine turco-persane que le français *spahi*).

grand écrivain de l'Empire, publie « Baa, Baa, Black Sheep » dans le *Week's News* d'Allahabad, tandis que sort à Londres un ouvrage qui deviendra un grand classique, *Arabia deserta,* signé Charles Doughty.

En Afrique orientale, où quelques missionnaires et colons viennent de s'installer à Zanzibar et à Mombasa, la colonisation en est à ses balbutiements. Mais Malte est anglaise depuis 1816, Aden depuis 1839, Hong Kong depuis 1842. Des îles Malouines à la Nouvelle-Zélande, du Canada à l'Afrique du Sud, d'Aden à l'île Maurice, l'Union Jack flotte sur tous les continents et tous les océans. Bien que conçu par les Français, le canal de Suez, ouvert en 1869, fait surtout l'affaire des Anglais, qui peuvent ainsi gagner Aden, l'Afrique orientale, les Indes, Hong Kong, la Nouvelle-Zélande ou l'Australie. Seuls inconvénients : le canal borde les sables de la mystérieuse et inquiétante Arabie, et l'Empire ottoman a sous sa coupe l'Égypte, la Palestine, le Liban, la Syrie et la Mésopotamie. Du moins sur le papier, car cet Empire-là est à bout de souffle. Il suffirait d'un rien pour le faire tomber. Pour peu que les Britanniques réussissent à séduire le monde arabe — ils s'y emploient —, et l'Orient aussi leur appartiendra. Encore leur faut-il agir avec prudence, car ils ne veulent pas s'aliéner les nombreux musulmans des Indes.

À l'inverse des Français, persuadés de la valeur universelle et indiscutable de leurs schémas mentaux, les Anglais sont des pragmatiques. Finauds, ils s'adaptent aux coutumes et jouent double jeu, parlant d'autonomie aux naïfs qui veulent bien les croire alors que, sous couvert de fouilles archéologiques, ils espionnent et dressent des cartes. L'Égypte, par exemple, n'est pas une colonie au sens strict, mais une sorte de *protectorat*. Si les Britanniques sont là, en somme, c'est pour protéger les Égyptiens, leur rendre service et faire leur bonheur. À part la France, la Grande-Bretagne a désormais peu de rivaux dans le monde. L'Allemagne, certes, est sur les rangs depuis 1884. Elle possède déjà des territoires en Afrique noire (Togo, Cameroun, Afrique du Sud-Ouest, Tanganyika…) et envisage de construire, à travers l'Empire ottoman, une ligne ferroviaire jusqu'à Bagdad. Présents en Érythrée, au sud-ouest de la mer Rouge, les Italiens en feront une colonie en 1890. La Belgique a pris pied au Congo en 1885, et le Portugal possède, çà et là, quelques territoires (Angola, Mozambique, Goa, Macao…). Les Pays-Bas, jadis si puissants, ont aussi un bel empire colonial (Indonésie, Guyane hollandaise…). De son côté, la Russie rêve de se rapprocher des mers chaudes, comme l'a montré la guerre de Crimée, qui a vu s'opposer la terre des tsars à une coalition (Grande-Bretagne, France, Sardaigne, Empire ottoman). Le Grand Jeu — qui voit, dans l'ombre, s'affronter la Grande-Bretagne et la Russie — bat alors son plein en Orient et à la périphérie des Indes, où les espions russes ne sont pas inactifs, tandis que les armées de Sa Majesté ont fort à faire en Afghanistan. Bien que discrets, les Américains sont présents au Proche-Orient par le biais des missions chrétiennes et des établissements d'enseignement. L'école américaine des jeunes filles fonctionne à Djebail (Liban) depuis 1837 et le Robert College de Constantinople depuis 1863, tandis que le Syrian Protestant College a ouvert ses portes à Beyrouth dès 1866, un demi-siècle avant l'université américaine du Caire.

Les Européens et assimilés (Grande-Bretagne, Allemagne, France, Autriche-Hongrie, Grèce, Italie, Russie, Serbie et Turquie) se sont entendus, au congrès de Berlin de 1878, pour contenir les visées du tsar, réorganiser — au mieux de leurs intérêts — les Balkans et mettre sous perfusion un Empire ottoman en phase terminale. Ainsi, les Anglais vont-ils désormais « administrer » Chypre (l'annexion viendra en son temps). Bien située à proximité de l'Anatolie, des pays arabes et du canal de Suez, cette île permet de surveiller la côte orientale de la Méditerranée. Elle peut aussi servir de point d'appui sur la longue route des Indes, au même titre que Gibraltar, Malte, le protectorat d'Égypte, Aden et quelques îles au large de la péninsule arabe, par exemple la petite Socotra, protectorat depuis 1886. Bref, la Grande-Bretagne verrouille la Méditerranée et ses portes. C'est en héros que Benjamin Disraeli, un ancien Premier ministre, rentre à Londres du congrès de Berlin : « À la sortie de la gare de Charing Cross, les acclamations étaient formidables : Trafalgar Square était un tapis de têtes. On agitait chapeaux et mouchoirs. Les femmes lançaient des fleurs dans sa voiture[*1]. »

---

* Les notes bibliographiques sont regroupées en fin de volume, p. 301.

Encore un effort, car il reste quelques territoires à acquérir, et l'Empire britannique sera bientôt — en 1897, lors du Jubilé de diamant de la reine —, au sommet de sa puissance. L'Empire romain n'était rien à côté de l'Empire britannique. Sur les cartes publiées au Royaume-Uni, les territoires conquis par la Couronne figurent en rouge, et chaque réimpression voit y figurer de nouveaux territoires :

On s'enorgueillissait de relever sur les cartes les progrès d'année en année de ces belles taches écarlates (menacées parfois il est vrai par les zones toutes proches de couleur verte symbolisant les colonies françaises). Dès l'école primaire les Anglais s'habituaient à voir le monde pour une bonne part « peint en rouge[2] ».

À Londres, les faits divers sont, eux aussi, de couleur rouge en 1888 : Jack l'Éventreur fait ses premières victimes. Rien *a priori* à voir avec l'Orient, si ce n'est que la presse populaire, toujours prompte à désigner un coupable, laisse entendre que l'assassin est un juif. Tandis que l'affaire Dreyfus secoue la France, l'Irlandais Bram Stoker publie son roman *Dracula,* lui aussi marqué en filigrane par un certain antisémitisme.

En cette même année 1888, à Salonique — ville grecque de l'Empire ottoman —, un petit Mustafa, âgé de sept ans, est sur les bancs de l'école primaire. Il deviendra un jour le père de la Turquie nouvelle, sous le nom d'Atatürk. En Pologne, une famille juive fête les deux ans d'un certain David Gryn, qui deviendra Ben Gourion. Près de Londres, un adolescent de quatorze ans, Winston Churchill, fait sa rentrée dans la prestigieuse *Public School* de Harrow. À Chypre, près de Paphos, un jeune archéologue de vingt-six ans, David Hogarth, s'affaire sur le site d'Amargetti, tandis qu'à Oxford, au Lady Margaret Hall, une étudiante de vingt ans, Gertrude Bell, décroche en histoire la plus haute mention jamais donnée à une femme. Dans la lointaine Arabie, on fête les trois ans de Fayçal, un des fils du chérif de La Mecque, tandis qu'en Europe Guillaume II devient le souverain de l'Empire allemand.

C'est au matin du 16 août de cette année 1888 que naît à Tremadog, dans le nord-ouest du pays de Galles, Thomas Edward Lawrence. Un exceptionnel destin commence, et il ne commence pas sous les meilleurs auspices. À première vue, pourtant, l'enfant naît coiffé : son père, de son vrai nom Thomas Robert Tighe Chapman, alors âgé de quarante-deux ans, est un propriétaire terrien de souche anglo-irlandaise (c'est-à-dire que la famille d'origine anglaise est, depuis des lustres, installée en Irlande). Les Chapman se disent apparentés au navigateur, aventurier et écrivain sir Walter Raleigh. Ils descendent donc d'un officier de l'armée de Cromwell, et c'est en récompense de ses bons services que celui-ci s'est vu remettre les terres de Killua. À quelques pas du château, un obélisque a été dressé en l'honneur de Raleigh, l'ancêtre vrai ou mythique, qui aurait planté sur ces terres les premières pommes de terre d'Irlande. Plusieurs ancêtres, dûment attestés ceux-là, laisseront une trace dans l'histoire de l'Angleterre et de l'Empire, par exemple Henry Vansittart, gouverneur du Bengale au XVIIIe siècle, ou son fils Nicholas, chancelier de l'Échiquier. Un des grands-pères de Lawrence s'appelait William Vansittart. Depuis 1782, la famille Chapman a droit au titre héréditaire de baronnet, ce qui permet à son titulaire d'être appelé *sir* (suivi du seul prénom). Il faut être anglais depuis des générations pour apprécier tout l'éclat de ce titre.

Le père de T. E. Lawrence a fait de bonnes études classiques et appris le français dans le prestigieux établissement d'Eton, puis reçu une formation spécialisée au Royal Agricultural College de Cirencester, en Angleterre. Il se contente, sans zèle excessif, de gérer ses biens, sinon en bon père de famille (l'expression paraîtrait en l'occurrence mal choisie), du moins en propriétaire terrien avisé. L'argent ne manque pas, et l'homme ne s'abaissera jamais à occuper la moindre activité salariée. Il parcourt la verte Irlande à cheval ou à bicyclette, va à la pêche et à la chasse (on le dit fine gâchette), s'intéresse à la photographie, la menuiserie et l'architecture. C'est un de ces hommes dont on dit qu'il a les pieds sur terre, même s'il ne dédaigne pas les promenades en mer. Comme beaucoup de *gentlemen* de la même époque, il lit peu (la littérature, surtout la fiction, étant une affaire de femmes).

Quand naît Lawrence, son père n'est pas encore baronnet, le titulaire du titre étant alors l'oncle Benjamin, dont les jours sont comptés : il meurt, en effet, quelques semaines après la naissance du garçon, en novembre de cette année 1888. Le titre passera au premier puis au deuxième fils de Benjamin, avant d'échoir, en 1914, au père de Lawrence, ce qui, semble-t-il, le laissera de marbre mais permettra à son épouse légitime d'enregistrer une ultime victoire : elle se fera désormais appeler *lady* Chapman. Point final d'une longue lignée. N'ayant pas de fils légitime, le père de Lawrence sera, bon gré mal gré, le septième et dernier baronnet Chapman, mais pour peu de temps, puisqu'il mourra cinq ans plus tard.

Marié en 1873 à une cousine, Edith Hamilton Boyd, cet homme a d'abord eu, entre 1874 et 1882, quatre filles : Eva, Rose, Florence et Mabel. Le couple, qui a une demeure familiale à Dublin, vit surtout dans la belle et vaste maison de South Hill, située près de la petite ville de Delvin, dans le comté de Westmeath, situé au nord-est de l'Irlande. Bientôt, les Chapman s'offrent les services de ce qu'ils appellent une gouvernante (même si le terme *nurse* aurait mieux convenu), Sarah Junner, une Écossaise presbytérienne (pas question de faire confiance à une catholique irlandaise du coin). Edith, l'épouse, laisse le souvenir d'une personne rêche et aigrie, pour qui la religion est une occupation à temps plein. De mauvaises langues — des catholiques, sans aucun doute — l'ont surnommée « la reine Vinaigre » et, même si son portrait a été noirci, les témoins à décharge sont, à l'évidence, restés muets. Le mari se met à boire plus que de raison et se demande si, d'aventure, l'herbe ne serait pas plus verte ailleurs. Elle l'est, en effet, et nul besoin d'aller très loin pour s'en persuader. Il suffit de regarder la gouvernante, une petite femme de grande beauté qui, bien que très religieuse elle aussi, a ses moments de douceur. Et ce qui devait arriver arrive : le propriétaire terrien tombe amoureux de Sarah, de quinze ans sa cadette. La jeune femme attend bientôt un bébé et doit, dans l'urgence, quitter son emploi. Le mari infidèle trouve, à Dublin, un logement pour la belle, et un premier fils, Montagu Robert (appelé Bob par la famille), naît à Dublin, en 1885. L'enfant est bien enregistré sous le patronyme de son père, lequel partage désormais son temps entre sa femme et sa maîtresse, jusqu'au jour où l'épouse apprend par un domestique l'existence de cette liaison. Une trahison conjugale d'autant moins acceptable pour l'épouse que sa rivale avait vécu sous son toit et que ses filles l'adoraient.

Entre les deux femmes, il faut choisir. Chapman élit la plus jeune mais, de ce fait, il lui faut se protéger du scandale, la bonne société anglo-irlandaise (en vérité beaucoup plus anglaise qu'irlandaise) n'ayant que mépris pour les coureurs de jupons et les séducteurs de soubrettes. Depuis 1857, le divorce est, certes, devenu plus facile, mais il reste rare et, en l'occurrence, il ne peut en être question, puisque l'épouse abandonnée le refuse. Entretenir dans les coulisses une maîtresse de basse caste est une chose, la pousser sur l'avant-scène, aux yeux de tous, en est une autre. Chapman a commis une double faute : morale et sociale. Alors, il abandonne son prestigieux patronyme — celui des baronnets —, et se fait appeler Lawrence (nom du père supposé de Sarah Junner, elle-même enfant illégitime). Dans les pays de grande liberté comme l'Angleterre, changer de nom est aisé. Changer d'épouse est beaucoup plus délicat.

Ainsi mariés de la main gauche, M. et Mme

Lawrence prennent la fuite, traversent la mer et s'installent avec le bébé à Tremadog, au pays de Galles, une bourgade située à moins de deux kilomètres de la côte (au cas où quelque urgence appellerait le *gentleman-farmer* sur ses terres). C'est là que naît bientôt un deuxième fils, Thomas Edward, que la famille surnommera Ned. Gallois par le seul hasard de la naissance, le futur Lawrence d'Arabie ne vivra jamais en Irlande, le pays qui, depuis Cromwell, a été la terre de ses ancêtres. Pour autant, il lui arrivera, quand cela l'arrange, de se dire irlandais.

La vie de T. E. Lawrence commence sur une double maldonne. Son lieu de naissance, dû au hasard d'une cavale conjugale, ne correspond en rien à l'histoire familiale, et même l'identité d'état civil est mensongère, puisque l'enfant aurait dû s'appeler Chapman. Il n'apparaît cependant pas que Lawrence et ses frères concevront de cette situation, qu'ils apprendront sur le tard, un de ces *traumatismes* dont la psychologie freudienne est friande. Ils connaîtront — au pays de Galles, en Écosse, en Bretagne, à Jersey et en Angleterre — une enfance vagabonde, celle dont rêvent tous les enfants. La pédagogie de l'époque est rude, et la discipline sévère. À la maison comme à l'école, les punitions corporelles font partie d'une éducation virile bien comprise, celle qui prépare à la vie militaire et à la défense de l'Empire (dans les établissements privés, les châtiments corporels ne seront supprimés qu'un siècle plus tard, en 1999). Les frères Lawrence, comme leurs contemporains, seront élevés à la dure et dans le strict respect de la Bible, les journées commençant par la prière du matin. Pour autant, ils ne manqueront jamais de rien, et surtout pas de l'essentiel : l'amour de leurs parents toujours à leurs côtés, puisque aucun des deux ne travaille. Cette présence de tous les jours est parfois pesante, voire envahissante, d'autant que Sarah déborde d'énergie, en fait trop et dirige la maisonnée d'une main de fer. Faut-il, pour autant, en faire une mère rêche et indigne ? Toute sa vie, elle fera au contraire preuve d'un grand courage, faisant face avec dignité à la mort de trois de ses fils. Née en 1861, elle est une de ces femmes, pétries de valeurs morales, qui veulent modeler à leur image leur mari, leurs enfants, et tous les démunis auxquels elles veulent venir en aide. Sans être aussi bigote que celle qui l'a précédée, la jeune Écossaise reste une vraie protestante. Ne pouvant épouser l'homme, déjà marié, qu'elle aime, elle sait bien qu'elle vit dans le péché. Reste que cette mère fascine et irrite Lawrence, comme il s'en expliquera, en 1927, dans une longue lettre à sa confidente Charlotte Shaw :

Mère est assez surprenante : extrêmement captivante. Elle a des idées si arrêtées, si catégoriques [...]. Je suis terrifié à l'idée qu'elle sache quelque chose de mes sentiments, de mes convictions, ou bien de ma façon de vivre [...] Elle a vécu entièrement pour mon père, qu'elle a jalousement arraché à sa vie et à son pays d'autrefois, contre vents et marée[s], et elle l'a conservé comme le trophée de son pouvoir [...]. C'est à ma mère que je dois cette horreur de tout ce qui est famille et indiscrétion. Et malgré tout, vous devez saisir qu'elle est ma mère, et quelqu'un d'extraordinaire. Le fait de l'avoir connue me préservera à jamais de faire d'aucune femme une mère, par qui naîtraient des enfants. Je pense qu'elle s'en doute : mais elle ignore que [c]e conflit intérieur [...] fait de moi une guerre civile permanente[3]...

Toute sa vie, Lawrence se sentira différent et en marge de la société et de la vie ordinaire. Même son identité restera flottante. Il changera volontiers de nom. Au fil des années et des circonstances, Thomas Edward Lawrence se fera aussi appeler John Hume Ross, T. E. Smith, Colin Dale, T. E. Shaw ou, tout simplement, T. E. Peu importe, désormais. Le mythe créé en Orient lui donnera un titre de noblesse plus prestigieux que celui de baronnet : *Lawrence d'Arabie*, un roi, en somme, mais un « roi sans couronne ». Un titre qu'il ne devra pas au sang, mais à lui-même, et c'est sous ce nom qu'il restera dans l'histoire.

Tremadog, au pays de Galles. C'est ici, pour Lawrence, que tout a commencé. Le nom sonne breton, et il y a bien dans le Morbihan un lieu-dit Trémadec (le préfixe toponymique « tre- » est commun au gallois et au breton), mais ce Tremadog n'honore pas, en l'occurrence, quelque saint celtique : le toponyme vient du fondateur de la bourgade, un certain William Madocks, propriétaire terrien, homme d'affaires et député. Mais — coïncidence — Madog est aussi le nom d'un prince gallois qui aurait découvert l'Amérique bien avant Christophe Colomb et enseigné le gallois aux Peaux-Rouges... Tout ce qui, de près ou de loin, se rapporte à Lawrence s'inscrit aux portes de la légende.

Au début du XIXe siècle, ledit William Madocks

décida de mettre en valeur l'estuaire de la petite rivière Glaslyn, au pays de Galles, d'ouvrir un chemin de fer et des routes. Il mourut à Paris, au retour d'un voyage en Italie, et fut enterré au Père-Lachaise. Par un curieux hasard, Tremadog avait eu un hôte célèbre, quelques décennies avant la naissance de Lawrence, le poète Percy Shelley. Il y écrivit même son poème philosophique « La reine Mab » (1813), avant de déménager à la cloche de bois.

La maison de Tremadog est, certes, assez modeste, et l'« esprit des lieux » cher à Durrell ne marquera pas l'enfant, puisqu'il n'y passe que quelques mois. Dès 1889, les fugitifs reprennent la route. Après le pays de Galles, la famille s'installe en Écosse, à Kirkcudbright, côté sud-ouest bien sûr, côté Irlande. C'est là que naît un troisième fils, William. Et l'odyssée reprend dès 1891. Cette fois, c'est la grande aventure. Direction Dinard, en France. L'exil, en somme, même si les Lawrence restent fidèles aux pays celtes.

C'est que les Anglais ont déjà, au XIXᵉ siècle, un faible pour la France, où la vie est moins chère et le climat moins rude. Une colonie britannique s'est installée sur les bords de la Rance, en Bretagne, dans ce qu'on pourrait appeler le triangle anglais (Dinan, Dinard, Saint-Malo). Beaucoup de ces résidents sont d'anciens officiers, souvent venus des Indes (surtout à partir de la révolte des cipayes) ; la population locale les appelle les « Indiens ». Dans la cité médiévale de Dinan, où se publie bientôt une *Dinan Review* à petit tirage, on compte quatre-vingt-neuf résidents en 1831 et cent quarante-trois en 1861 (la plupart étant des femmes, car beaucoup d'hommes sont à l'armée ou dans les colonies, et leurs fils font leurs études en Angleterre). Venus de Boulogne vers 1870, par crainte d'une invasion prussienne, d'autres Britanniques ont grossi cette colonie des bords de Rance.

Singulière coïncidence — il y en aura bien d'autres dans la vie de Lawrence —, une certaine famille Kitchener vit à Dinan (plusieurs de ses membres y seront enterrés). Sur le mur d'une grande maison de l'actuelle rue des Quatre-Miches, à quelques pas de l'ancien couvent des Cordeliers fondé au XIIIe siècle par le croisé Henri II d'Avaugour, une plaque commémorative rappelle que vécurent ici le colonel Henry Horatio Kitchener (1805-1894), sa fille Kawara (1867-1926), et son fils, connu dans les livres d'histoire sous le nom de Kitchener de Khartoum (1850-1916). Celui-ci, un des grands noms de l'époque coloniale anglaise, s'illustre d'abord en Palestine, en Égypte, à Chypre et aux Indes comme commandant en chef des armées. Puis il devient, en 1914, ministre de la Guerre. À la même époque, sa demi-sœur Kawara, née en Nouvelle-Zélande, s'active à Dinan auprès des blessés, ce qui, en juin 1920, lui vaut, après accord du roi George V, de se voir attribuer la Légion d'honneur par le président du Conseil Alexandre Millerand[4]. À Dinard, où s'installe la famille Lawrence, une Américaine, Hughes Hallett, veuve d'un riche colonel anglais, règne sur la station. Pendant des décennies, Dinard recevra la visite de bien des têtes couronnées et de personnalités comme Oscar Wilde, Winston Churchill et

Agatha Christie. À Saint-Malo, une Anglaise venue des Indes, Anna Snell, se targue d'écriture (ses écrits seront vite oubliés, mais l'histoire littéraire a retenu le nom de son petit-fils : Somerset Maugham).

La famille passe deux ans et demi à Dinard. Elle loge dans la villa Le Chalet du Vallon, construite en 1886, naguère achetée par le grand-père d'une certaine Marie Fecelier, qui épousera un avocat du barreau de Dinan, Me Chaignon. Les fils Lawrence, qui ont une gouvernante anglaise, suivent des cours de français, avec Frère Fabel (Martinet à l'état civil), dans les locaux de l'école Sainte-Marie, toute proche, que tiennent les Frères de Lamennais. Une ou deux fois par semaine, les garçons prennent le bac pour Saint-Malo, avec d'autres petits Anglais, pour des séances de gymnastique. De plus, même si les fugitifs fréquentent surtout les Britanniques, Lawrence a l'âge idéal (entre trois et six ans) pour apprendre une langue étrangère, le français en l'occurrence. À l'adolescence, il reviendra à plusieurs reprises au pays de Dinard, et tout indique qu'il gardera un bon souvenir de ces vertes années en Bretagne. Des biographes le diront anti-français, mais il serait plus juste d'écrire qu'il était, comme beaucoup d'Anglais, hostile à la politique de la France en Orient. Au reste, son ancêtre Henry Vansittart ne s'était-il pas déjà opposé aux ambitions françaises aux Indes ? Et puis, on n'aime guère les catholiques — français ou irlandais — dans la famille.

Voici Sarah de nouveau enceinte (elle le sera plus de cinq fois, puisqu'elle eut aussi des fausses couches et un enfant qui ne vécut que quelques heures). En 1893, les Lawrence quittent quelque temps la Bretagne afin que la mère puisse accoucher, à Jersey, d'un quatrième fils, Frank Helier, en février (le second prénom étant un clin d'œil reconnaissant à Saint-Hélier, le port de Jersey). La citoyenneté britannique du nouveau-né est ainsi assurée, et le lieu de naissance dans les îles anglo-normandes lui évitera de devoir faire son service militaire en France. La famille retrouve Dinard et y vit jusqu'à l'été 1894. Ironie de l'histoire : conçu à Dinard, mais né à Jersey, Frank trouvera la mort en France, en mai 1915 (son frère Will connaîtra le même sort, quelques semaines plus tard).

Oxford, centre du monde

1894 : nouveau déménagement, cette fois pour l'Angleterre. La famille s'installe dans une belle maison, Langley Lodge, située à la lisière de la New Forest, dans le Hampshire, non loin de Southampton et de l'île de Wight. Deux années passent. Le père doit penser à l'avenir de ses fils (l'aîné, Robert, va commencer ses études secondaires). Du coup, c'est à Oxford que les Lawrence mouillent l'ancre en 1896, tout en gardant Langley Lodge pour les vacances d'été. Pourquoi Oxford, après ces années d'errance ? Pour deux raisons sans doute. La première est évidente : le père songe aux études de ses fils, mais ne tient pas à les éloigner du giron familial (ayant lui-même connu Eton, il garde de l'internat un mauvais souvenir). La seconde est qu'il s'agit d'une ville d'intellectuels et d'artistes. Ces gens-là, c'est bien connu, sont en principe moins regardants que les autres sur le plan de la morale sexuelle et si, d'aventure, la vérité sur les Lawrence venait à éclater, le scandale serait de peu d'ampleur. Peuplés de célibataires rancis, les vieux cloîtres d'Oxford en ont vu d'autres.

C'est là que vit encore, pour quelques mois, le docte professeur de mathématiques Dodgson qui naguère s'adonnait à son penchant pour les petites filles nues. En tout bien tout honneur, certes, mais appareil photo à la main. Ses collègues le connaissent sous son nom d'écrivain, Lewis Carroll, et reconnaissent son génie.

Les fils Lawrence vont étudier à la City of Oxford High School. De Polstead Road, où ils vivent, il leur est facile de s'y rendre à bicyclette. Le pasteur de la petite église Saint Aldate's, le vieux révérend Alfred Christopher, est une vague connaissance, puisque les parents en cavale l'ont rencontré naguère, lors d'un passage à l'île de Wight. Sa ferveur évangélique — ce fut, au meilleur de sa forme, un excellent prédicateur — a beaucoup séduit Sarah, que taraudent toujours des problèmes de conscience. Le jeune Lawrence fréquente le révérend et suit ses cours de catéchisme du dimanche. Par la suite, il s'éloignera de toute religion établie — à la grande tristesse de sa mère —, ne gardant, tout au plus, qu'un très vague déisme. Un de ses frères deviendra missionnaire (et médecin) et un autre se déclarera athée. Des enfants d'une même fratrie, nourris des mêmes valeurs, ayant reçu la même éducation et fréquenté les mêmes écoles, peuvent prendre, à l'âge adulte, des chemins différents, voire opposés.

C'est à Oxford que naît, en mai 1900, Arnold (dit Arnie), de onze ans le cadet de Lawrence. Après de brillantes études à Oxford, Rome et Athènes, il deviendra archéologue puis professeur d'archéologie classique à Cambridge et au Ghana et, en tant qu'exécuteur littéraire de son frère Lawrence d'Arabie, supervisera l'édition de ses œuvres et de sa correspondance. Lui-même laisse une œuvre scientifique considérable, consacrée à la sculpture et l'architecture grecques, ainsi qu'une traduction d'Hérodote et un ouvrage sur les forts d'Afrique occidentale. Ses contemporains le disaient d'une beauté saisissante, et il servit, en effet, de modèle à un nu sculpté en 1920 par Kathleen Scott, la veuve de l'explorateur de l'Antarctique Robert Scott (statue exposée à l'Institut de recherche polaire de Cambridge). Arnold Lawrence, mort en 1991, sera le dernier survivant de la fratrie.

Les garçons ont, certes, fréquenté d'excellentes écoles, mais cela ne suffit pas pour expliquer leurs brillantes carrières. Si la mort interrompt le destin de Will et de Frank au début de la Grande Guerre, l'aîné deviendra médecin en Chine, le second sera le héros de la révolte arabe et le cinquième professeur de haut rang. Tous garderont des liens étroits, du moins en apparence, avec leurs parents. Les lettres que leur écrira T. E. Lawrence sont nombreuses et longues, certes parfois marquées d'une certaine froideur, mais celle-ci est sans doute plus la marque d'une éducation à l'anglaise que d'une réelle indifférence. Après la mort du père de ses enfants, Sarah connaîtra un singulier destin, puisqu'elle ira vivre en Chine aux côtés de Robert, son fils aîné missionnaire-médecin. Elle mourra, en 1959, à l'âge de quatre-vingt-dix-huit ans, ayant enfin — on peut du moins l'espérer — dûment expié son péché d'adultère.

Cinq frères blonds, qui se ressemblent et sont

très unis. Une enfance où la seule vraie présence féminine est celle de Sarah, la mère. La famille a une vie sociale discrète, et les occasions de rencontrer des fillettes ou des jeunes filles sont assez rares (tout juste les fils peuvent-ils en croiser lors des offices religieux). Ce qui n'est en rien une exception à l'époque : élevés à part, garçons et filles ne se fréquentent guère. Il est alors de bon ton de dédaigner le sexe faible, la conduite de l'Angleterre et de l'Empire étant, par nature, une affaire d'hommes.

Imprévisible, vivant quand les autres dorment, allant même parfois nager dans la rivière pendant la nuit en plein hiver, n'hésitant pas à faire le mur et à rentrer en escaladant les murailles, Lawrence est un solitaire, mais il est loin d'être sans amis. Il est très lié avec un de ses condisciples, un Gallois de mère américaine, Vyvyan Richards, qui tombe amoureux de lui, déclarant bientôt sa flamme. Lawrence feint de ne pas comprendre, et la relation restera platonique. Les deux garçons demeureront cependant amis et auront des projets communs, dont celui de se retirer du monde et de créer une petite abbaye de Thélème tournée vers le travail manuel et l'imprimerie de beaux livres. Faut-il voir dans ce projet, qui fit long feu, l'influence d'un des écrivains préférés de Lawrence, William Morris, mort en 1896 ? C'est, en effet, vraisemblable. Poète, romancier, traducteur, artiste, décorateur, architecte, peintre, utopiste et militant socialiste, ce génial touche-à-tout, ancien étudiant d'Oxford, s'intéressait lui-même beaucoup à Homère, à Chaucer, au Moyen Âge, aux romans arthuriens, aux sagas nordiques, aux épopées anciennes comme *Beowulf* ou contemporaines comme *Sigurd*, et à la typographie, allant jusqu'à créer près d'Oxford une petite maison d'édition, la *Kelmscott Press*, « voulant renouer avec l'art et les techniques de l'imprimerie artisanale[1] ». Tout comme Morris, Lawrence se passionnera pour les beaux livres et les éditions à tirage limité.

Pas d'amitiés particulières donc dans la jeunesse de Lawrence, alors qu'elles fleurissent à l'envi dans les *public schools* et les *colleges* de l'époque. Et puis, son père veille au grain. C'est que l'affaire Oscar Wilde, qui vient de mourir en 1900, est encore dans les mémoires, surtout à Oxford, où l'écrivain irlandais a fait ses études. Quant aux jeunes filles, la seule amourette de Lawrence, vite éteinte, restera, elle aussi, platonique. La belle Janet Laurie, connue en voisine quand les Lawrence vivaient à Langley Lodge et retrouvée à Oxford, a deux ans de plus que lui et ressemble à un garçon manqué. Lawrence lui aurait proposé de l'épouser, ce qui reste à prouver. Point final de l'idylle, si tant est que celle-ci ait bien eu lieu. Ce qui est certain, en revanche, c'est que Janet et Lawrence resteront liés. Ami fidèle, il saura même se montrer très généreux avec elle après la guerre, deviendra le parrain de son premier enfant et la reverra au début des années trente. La vérité est que, en ces années d'Oxford, le cœur de Janet battait plutôt pour le beau Will, qu'elle aurait peut-être épousé si celui-ci n'avait trouvé la mort, en 1915.

De toute façon, Lawrence n'a guère le temps de conter fleurette. Il lui faut étudier. Il se montre bon élève mais, comme beaucoup de surdoués (même si le terme est inconnu à l'époque), il s'ennuie pendant les cours. Du temps perdu, selon lui. L'adolescent est pourtant avide d'apprendre, mais en dehors de tout formatage imposé. Il s'intéresse déjà à l'histoire, aux poteries anciennes, s'enthousiasme pour Richard Cœur de Lion et s'amuse, comme beaucoup d'Anglais, à décalquer par frottement, sur de grandes feuilles de papier, les blasons, dessins ou écrits des plaques de cuivre qui ornent les églises ou les pierres tombales. Plus tard, il dessinera des châteaux du Moyen Âge (ce qui, peu à peu, le conduira vers ceux construits par les croisés en Orient).

Son goût pour les siècles lointains explique aussi son intérêt pour le latin et, surtout, le grec (plus tard, il traduira *L'Odyssée* d'Homère). C'est aussi un lecteur boulimique, en grec, en anglais et en français, avec une préférence pour ce qui n'est pas contemporain. Écrit dans la tradition arthurienne, le livre de Thomas Malory, *Le Morte Darthur**
(1485), ne le quitte jamais. Bref, Lawrence privilégie tout ce qui permet de fuir le présent : l'histoire, la geste héroïque des croisades, les langues mortes. Il étudie, mais à sa façon, et sans se soucier des programmes. Au demeurant, c'est un élève sage, poli et réservé. Une gentillesse naturelle. Un sourire d'une rare douceur. Un sens de l'humour pince-sans-rire, volontiers ironique, voire un tantinet sar-

---

* La traduction de cette œuvre, par l'angliciste Marguerite-Marie Dubois, a été publiée aux éditions Corentin, en 1993. Le film *Excalibur* (1981) de John Boorman est une libre adaptation du texte de Malory.

donique. Les contemporains du jeune homme notent sa concentration, son énergie et son extraordinaire contrôle de soi. Seul détail troublant : allergique aux règlements, qu'il préfère toujours contourner, Lawrence déteste tous les sports de compétition. Un sérieux handicap dans un système éducatif qui valorise les forts en muscles et entend mettre sur le même plan pratique des sports et études intellectuelles (« un esprit sain dans un corps sain », disait Juvénal), à telle enseigne que, même aujourd'hui, un excellent curriculum en sports permet d'entrer dans des universités prestigieuses.

D'autant que le garçon, âgé d'une douzaine d'années quand il arrive à Oxford, est fort, agile et très résistant, même si sa petite taille, accentuée par son visage allongé, le désole. Alors que le mythe, amplifié par le cinéma, fait de lui un homme de haute taille (un vrai héros ne pouvant être un nabot), il ne dépassera pas 1,65 m. Trop petit, sans doute, pour envisager une carrière militaire et, du reste, comme tout se sait, l'académie royale de Sandhurst, très à cheval sur les traditions, n'aurait pas apprécié d'avoir sur ses bancs un enfant *illégitime,* un officier de Sa Majesté se devant d'arborer un pedigree impeccable. Qu'importe. Lawrence va bientôt le prouver : il est de ceux qui, dans les pires circonstances, serrent les dents et souffrent en silence. Il le montre quand il se casse la jambe, en 1904, ou quand il pédale sur les routes comme s'il était un fuyard recherché par toutes les polices du royaume. Et peut-être l'est-il, en effet, même si nous ne saurons jamais vraiment ce qu'il cherche à fuir.

Au moindre congé, il saute sur son engin, le plus souvent seul, mais parfois avec son père ou un ami. L'Angleterre d'abord. Puis, en 1906, il retrouve la Bretagne (Dinan, Corseul, Montafilan, Saint-Brieuc, Lanvollon, Paimpol…), avec un camarade de classe. Il profite des vacances de Pâques 1907 pour filer au pays de Galles et de celles de l'été pour retourner en France. Il visite alors Château-Gaillard, Fougères, le mont Saint-Michel, Dinan, Le Mans, Saumur, Rennes, Saint-Malo et, bien sûr, Dinard où il retrouve Frère Fabel, son premier maître, devenu directeur de l'école, et la famille Chaignon, qui naguère louait une maison à toute la famille, ainsi que Lamballe et le château de La Hunaudaye. Bientôt, il passe aux choses sérieuses : de juillet à septembre 1908, il fait un tour de France à bicyclette de trois mille huit cents kilomètres. Comme sa fabuleuse énergie — qu'il tient de sa mère — est inépuisable, il ne se contente pas de visiter les châteaux, de prendre des notes à la volée, de dessiner des fortifications et d'assurer l'intendance quotidienne qu'implique une telle aventure. Il rédige aussi d'interminables lettres à ses proches et à ses amis. Plus que des épîtres, ce sont de véritables rapports d'étape, voire des dissertations. C'est lors de ce long voyage qu'il voit la Méditerranée pour la première fois. Enthousiasmé, il envoie d'Aigues-Mortes une très longue lettre à sa mère, y glisse une citation en grec, quelques bribes de latin, quatre vers de Shelley, fait référence aux poètes Wordsworth, Keats et Blake, et se met, avec la plume, à rêver de l'Orient mystérieux. La pauvre Sarah, sans doute, n'en demande pas tant (elle a, certes, reçu une bonne instruction en Écosse mais, pour autant, n'est pas versée en langues anciennes). Comme tous les jeunes gens à peine sortis de l'adolescence, Lawrence aime étaler sa science. On notera, pour l'anecdote, que le jeune homme fête son vingtième anniversaire à Châlus (Haute-Vienne), là où fut blessé, en 1199, le roi Plantagenêt Richard Ier Cœur de Lion, le héros tutélaire dont il s'efforce, des deux côtés de la Manche, de retrouver la trace :

> Il était à l'endroit précis où son héros favori avait été mortellement blessé, mais pas à n'importe quel moment : c'était précisément le jour de ses vingt ans [...]. Tout un symbole[2].

Bien que plus de sept siècles d'histoire les séparent, il y a quelques points communs entre Richard Ier d'Angleterre et Lawrence d'Arabie. Ils ont vécu en France (l'un en Aquitaine, l'autre en Bretagne). Ils ont connu l'Orient (le roi lors de la troisième croisade) et ont été à la fois soldats et écrivains. Aucun contemporain de Lawrence n'a connu, mieux que lui, les lieux associés à Richard Cœur de Lion, d'Oxford à Châlus, en passant par Le Mans, la cité des Plantagenêts, où la veuve de Richard, la reine Bérengère, s'était retirée pour y fonder, en 1229, l'abbaye de l'Épau. En cette année 1908, le jeune Lawrence ne repasse pas par Le Mans, déjà visité l'année précédente, et s'il fait aussi l'impasse sur Fontevraud, c'est pour une raison très simple : l'abbaye était alors une prison, et il n'aurait pu la visiter[3]. En passant très vite à Tours, ville également liée à Richard Cœur de

Lion, le voyageur ne peut se douter que vivait là, quelques décennies plus tôt, un de ses grands prédécesseurs orientalistes, le jeune Richard F. Burton[4] qui, entre autres choses, découvrit les sources du Nil et traduisit *Les Mille et Une nuits*. Plus tard, Lawrence croisera de nouveau son fantôme au Caire, à El Ouedj et à La Mecque.

Une personnalité est le fruit d'une longue histoire familiale (certes occultée en l'occurrence, et dès lors d'autant plus présente), d'une éducation (aimante, mais religieuse et rigide), d'un milieu (les Lawrence ont de l'argent, mais leurs rapports sociaux sont limités), des études faites (l'histoire, le grec, le français), les voyages (ils n'ont certes pas manqué) mais aussi des lectures. Elle se nourrit enfin de rencontres dues au hasard. Lawrence, à cet égard, a de la chance. Il saura toujours rencontrer — et séduire — les personnes qui feront basculer son destin.

Ainsi en sera-t-il avec David George Hogarth (1862-1927). Quand Lawrence le rencontre à l'Ashmolean[*] d'Oxford, en 1909, dont il vient d'être nommé conservateur, c'est déjà un homme connu. Ancien élève de Winchester College (en même temps que Edward Grey, ministre des Affaires étrangères de 1905 à 1916), cet archéologue a déjà publié des articles et des ouvrages sur l'Orient, dont *The Nearer East* (1905) et *The Penetration of Arabia* (1908). Hogarth est ce que l'on appelait naguère

[*] Du nom d'Elias Ashmole, astrologue, alchimiste, franc-maçon, homme politique et collectionneur d'art, qui légua ses antiquités à l'université d'Oxford, au XVIIᵉ siècle.

« un orientaliste », un de ces originaux qui aiment l'Angleterre à condition de la voir de loin. En un sens, il préfigure Lawrence, car l'un et l'autre sont à la fois des intellectuels et des hommes d'action. Historien, polyglotte, journaliste à l'occasion, Hogarth est aussi, à ses heures, agent de renseignement de Sa Majesté, à titre bénévole, bien sûr. L'avantage d'un archéologue c'est que, penché sur les vieilles pierres ou les poteries, il paraît inoffensif, alors qu'en réalité il peut s'éloigner du chantier, humer le vent, faire des relevés topographiques qui seront utiles à l'armée britannique et glaner çà et là, mine de rien, d'utiles informations puisque, par définition, il est en contact permanent avec les habitants du coin (dont il parle, ou du moins baragouine, le dialecte). Et puis, l'archéologue voit la politique du présent avec le recul dégoûté de l'historien. Les civilisations, il le sait, sont mortelles, et les politiciens sont pour lui des histrions. Hogarth n'a que mépris pour la démocratie, concept qu'il considère comme absurde en Angleterre et a fortiori dans l'Empire, qu'il soit britannique ou ottoman. C'est un patriote pur et dur, et qui ne demande qu'à aider la Couronne.

À l'époque, Hogarth est peu connu du grand public. Pourtant, cet homme à la laideur légendaire fait partie de cette petite élite très conservatrice qui, dans les coulisses, tire les ficelles. Un homme de l'ombre. Une Éminence grise, servie par une intelligence supérieure. Fin psychologue, il est par ailleurs bien placé à Oxford pour ouvrir l'œil afin de préparer la relève et recruter, l'air de rien, les étudiants qui pourraient se dévouer pour l'Empire.

D'autant qu'à cette époque — il en sera de même durant la Deuxième Guerre mondiale —, les services de renseignement anglais sont entre les mains d'une catégorie de gens méprisés en France — pays porté sur les esprits formatés —, mais très bien considérés en Angleterre : les amateurs, les bénévoles et les touche-à-tout, à condition qu'ils soient intelligents, solides et en bonne santé, indépendants du pouvoir politique mais fiables sur le plan idéologique, capables d'improviser et de s'adapter à n'importe quel environnement, doués en topographie, polyglottes et désintéressés sur le plan financier. Être une fine gâchette ne gâche rien, et savoir séduire peut s'avérer un précieux atout. Le portrait de Lawrence, en somme.

On ne peut exclure que le conservateur de musée voie déjà en lui un excellent candidat non, certes, comme espion stricto sensu, mais comme agent de renseignement bénévole. D'autant que le jeune homme est un passionné d'archéologie et qu'il serait, dès lors, facile de le faire nommer sur quelque terrain de fouille. Les Allemands ne font pas autrement. Le directeur des services de renseignement au Caire, Max von Oppenheim, en poste à l'ambassade, est lui-même un distingué archéologue* et un bon arabisant, et son cadet Curt Prüfer égyptologue et polyglotte.

Tous les biographes s'accordent au moins sur un point : sans Hogarth, son génie tutélaire, il n'y aurait pas eu de Lawrence d'Arabie. Et sans Lawrence, le nom de Hogarth n'aurait droit

---

* C'est à ce titre qu'il rencontrera Lawrence sur le site de Karkemish, en 1912.

aujourd'hui qu'à une simple note en bas de page.

Alfred Milner (1854-1925), autre clef de l'époque où vit Lawrence, illustre bien l'impérialisme britannique. Né en Allemagne d'une mère allemande et d'un père anglais, il a fait de brillantes études classiques à Tübingen et à Oxford, où il est très lié à un certain Arnold Toynbee, qui deviendra le grand historien des civilisations. Devenu journaliste puis secrétaire de George Goschen — un ancien d'Oxford qui sera chancelier de l'Échiquier en 1886 —, il occupe divers postes de haute responsabilité en Égypte d'abord, puis en Afrique australe. En 1909, Milner crée avec Philip Kerr (1882-1940) et Lionel Curtis (1872-1955) — qui deviendra l'ami de Lawrence —, la revue *The Round Table Journal*. Leur objectif est ambitieux : agir sur tous les continents et surtout dans les pays où flotte l'Union Jack, afin de promouvoir les intérêts britanniques et de créer, dans un avenir plus lointain, un grand *Commonwealth des nations* (titre d'un ouvrage de Curtis, publié en 1916). Cette Table Ronde plus ou moins secrète — dont David Hogarth fera, bien sûr, partie — aura des liens avec une autre société de l'ombre, créée une décennie plus tôt par Cecil Rhodes, le baron du diamant et ancien Premier ministre de la colonie du Cap.

C'est Milner qui, en 1917, rédigera l'essentiel de la fameuse « déclaration Balfour ». L'année suivante, il deviendra secrétaire d'État à la Guerre. Bien qu'à demi-allemand par le sang et la culture, ce grand technocrate impérial, persuadé de l'écrasante supériorité de la « race anglaise », incarne le nationalisme de l'époque. Sa seule et unique passion sera l'Empire. Sans épouser ses excès idéologiques, Lawrence se situera à la périphérie de cette mouvance impérialiste, comme beaucoup de ses contemporains (par exemple, le docteur Conan Doyle, présent en Afrique australe lors de la guerre des Boers).

Alfred Milner, Philip Kerr et Lionel Curtis ont, eux aussi, fréquenté l'université d'Oxford, tout comme l'écrivain écossais John Buchan*, collaborateur de Milner en Afrique australe et agent secret pendant la Première Guerre mondiale. Par un curieux hasard, Buchan a publié, en 1897, un livre sur sir Walter Raleigh, l'ancêtre des Chapman. Le père de Lawrence a fait un choix judicieux : c'est bien à Oxford que tout se joue.

Comme tous les hommes de pouvoir, David Hogarth a un carnet d'adresses bien rempli. Il sait frapper à la bonne porte, celle, par exemple, de l'orientaliste Charles M. Doughty (1843-1926), auteur d'un formidable récit de voyage, *Voyages dans l'Arabie déserte*, également connu sous le nom d'*Arabia deserta* publié, en deux volumes, en 1888, l'année de la naissance de Lawrence. Une œuvre étonnante, écrite dans un style archaïsant, qui séduira le jeune étudiant. Il n'est pas douteux que ce livre aura une grande influence sur *Les Sept Piliers de la sagesse*. « *Arabia deserta*, par-delà la minutie et l'apparente objectivité de l'observation,

---

* John Buchan (1875-1940) est surtout connu pour ses romans *Les Trente-Neuf Marches* (1915, adapté à l'écran par Hitchcock) et *Greenmantle* (1916), dont l'action se passe au Proche-Orient.

est le récit d'une expérience émotionnelle unique, d'un affrontement à la fois physique et psychique entre le voyageur et ce qu'il était d'une part, les Arabes et l'Islam d'autre part[5]. »

Doughty, Hogarth, Lawrence : le trio est, à bien des égards, inséparable. Hogarth signera la biographie du premier, une œuvre posthume, publiée en 1929. Et quand *Arabia deserta* est réédité, deux ans plus tard, dans une version allégée, ce sera avec une introduction de T. E. Lawrence. Pour l'heure, l'étudiant d'Oxford, bien décidé à se rendre en Syrie et à s'y promener à pied, écrit à Doughty, lequel tente en vain de le décourager dans une lettre circonstanciée, datée de février 1909. Il est rare que les spécialistes reconnus voient d'un bon œil arriver la relève. Lawrence ne changera pas d'avis.

C'est que, sous l'influence de Hogarth, il a décidé de rédiger son mémoire de fin d'études sur les fortifications laissées par les croisés en Syrie (les biographes parlent d'une « thèse », mais ce mot, associé au doctorat, convient mal ici). Après avoir étudié les châteaux médiévaux en Angleterre, au pays de Galles et en France, Lawrence se doit d'aller en Orient pour quelques semaines. Il ne laisse rien au hasard, se perfectionne au pistolet Mauser (il est, comme son père, bon tireur) et prend à Oxford quelques cours d'arabe élémentaire. Il est doué pour les langues mais, en ce domaine comme dans d'autres, il ne suit aucune méthode. Son français écrit est approximatif, ce qui ne l'empêche pas de lire les meilleurs auteurs dans le texte. Son arabe, c'est surtout sur le terrain qu'il entend l'apprendre. La grammaire ne l'intéresse guère, car il travaille à l'instinct, mémorisant des formules toutes faites et privilégiant les dialectes. Doué d'une excellente mémoire orale, il parviendra vite, une fois en Orient, à un assez bon niveau en arabe. Pour autant, rien n'indique qu'il ait jamais atteint une parfaite maîtrise de la langue, encore moins qu'il se soit penché sur l'arabe littéraire ou ait lu le Coran dans le texte. Les Turcs, certes, le prendront pour un Arabe, mais c'est précisément parce qu'ils étaient turcs. Mais Lawrence a plus d'un tour dans son sac. Il sait qu'une langue se parle, certes, avec des mots, mais aussi avec des gestes, des hochements de tête, des grognements et des silences. Excellent acteur, Lawrence devient vite maître dans l'art subtil du laconisme : pour éviter de faire des fautes, il suffit de ne pas ouvrir la bouche et de hocher la tête d'un air entendu.

Quant aux bagages, il apporte le strict minimum : un guide Baedecker de la Syrie et de la Palestine, des cartes, un bon appareil photo (fourni par Hogarth), des lettres de recommandation et ce qu'il faut de papier et de crayons pour ses dessins. Quoi qu'il advienne, Lawrence saura s'adapter. Il rencontre Harry Pirie-Gordon, un ami de Hogarth, qui lui prête les plans qu'il a réalisés en 1908, sous les auspices de l'École britannique d'Athènes, lors d'un voyage d'étude sur les châteaux médiévaux d'Orient. Lui-même, comme Lawrence, sera agent de renseignement dans la région pendant la guerre. Pour l'argent — car ce genre d'expédition coûte fort cher —, ce sera comme d'habitude : le père de Lawrence paiera.

1909-1914 :
Les derniers beaux jours

Tout semble avoir préparé Lawrence à son destin oriental. Son enfance religieuse fondée sur la Bible et sa connaissance livresque de la Terre sainte. Son amour pour Richard Cœur de Lion et son intérêt pour les croisades, les châteaux du Moyen Âge et les civilisations anciennes. Sa rencontre avec des orientalistes d'Oxford comme David Hogarth. Sa lecture passionnée d'*Arabia deserta* de Doughty. Et puis, Lawrence est un enfant du XIXe siècle, et par conséquent d'un certain romantisme tourné vers l'Orient. Il fait partie de cette génération qui, sur les ailes du rêve, aime se redire les mots de Goethe : « Connais-tu le pays où fleurissent les citronniers[1] ? » En Europe, l'enseignement de la Bible a été un des vecteurs essentiels dans la construction intellectuelle de l'Orient. Depuis des siècles, tous les petits Anglais, même s'ils ne sont jamais allés à l'école, connaissent l'exode en Égypte, le mont Sinaï, Jérusalem, Tibériade, Nazareth, Antioche, Éphèse ou Damas. Ces noms de lieux de l'histoire sainte ne sont pas seulement porteurs de rêve, ils fondent les valeurs de l'Occident. Même les francs-maçons se tournent vers ces pays du Grand Orient où le soleil se lève — car « de l'Orient vient la lumière », celle de la connaissance fondée sur la raison. Volney y passe quatre ans, peu avant la Révolution et, à Paris, l'École des langues orientales est créée en 1795. Au XIXᵉ siècle, la geste des croisades, les récits des voyageurs, les œuvres de fiction, l'égyptologie et les peintures des grands romantiques poussent les Européens vers l'Orient. Les Français ne sont pas en reste, avec Napoléon, Chateaubriand, Lamartine, Nerval et Renan. Rappelons que la version la plus ancienne de *La Chanson de Roland*, retrouvée au XIXᵉ siècle et publiée en 1837, est un des joyaux de la bibliothèque Bodléienne d'Oxford.

Pour Lawrence, la grande aventure commence en 1909. Le jeune homme quitte l'Angleterre le 18 juin et, via Marseille, Gibraltar, Messine et Port-Saïd, gagne Beyrouth, où il arrive le 6 juillet. Puis, pendant trois mois, il visite le Liban, la Palestine et la Syrie[*] : Sidon (Saïda), Tripoli, Antioche, Urfa, Tibériade, Césarée, Nazareth, Haïfa, Saint-Jean-d'Acre, Lattaquié, Alep, Homs... Il fête ses vingt et un ans au Krak des Chevaliers. En tout, un voyage à pied, de plus de mille sept cents kilomètres, seul et sans drogman[**], c'est-à-dire sans interprète. Un voyage qui, certains jours, sera très dur, mais Lawrence serre les dents, à son habitude. Cela fait des années qu'il entraîne son corps à la souffrance. Il en faudrait d'autres pour le faire plier. Rien ne le fera

[*] Certaines des villes citées (comme Antioche) sont aujourd'hui en Turquie.
[**] Le mot *drogman* a donné *truchement* en français.

jamais plier. En Orient, tout le fascine. Certains paysages bibliques plus beaux encore que ceux de ses rêves, les bourgades, les bazars, le cours de l'Oronte (dont Barrès*, qui visite la Syrie en 1914, immortalisera « le chant voluptueux et triste »), les dialectes arabes, ainsi que la vie quotidienne (il loge chez l'habitant ou dans des missions, au hasard des haltes) et les colonies juives (la création du premier *kibboutz* et de Tel-Aviv date de ces années 1909-1910), dont le dynamisme l'impressionne. Lawrence n'oublie pas son sujet de mémoire et visite, appareil photo à la main, une quarantaine de châteaux médiévaux. Le soir, à son habitude, il écrit de longues lettres — elles sont même parfois interminables — à sa famille. Toujours attentif à faire plaisir, il ne manque pas d'acheter, chemin faisant, des timbres pour un de ses frères philatéliste.

Il arrive, certes, quelques mésaventures au voyageur, qui essuie même des coups de feu. Un autochtone l'attaque et lui vole une partie de ses affaires, mais celles-ci seront vite retrouvées par les autorités ottomanes, peut-être impressionnées par les lettres de recommandation du jeune homme. Et puis, comme si le virus de l'Orient ne suffisait pas, voici que, comme tout baroudeur qui se respecte, il attrape la malaria. Le voilà adoubé orientaliste, et il pourra bientôt rencontrer la tête haute celui qui, en Angleterre, s'était montré si sceptique sur ses chances de réussite : Doughty, l'auteur d'*Arabia deserta*.

Après une escale à Naples, il rentre épuisé et très

* *Un jardin sur l'Oronte* (1922), collection « Folio classique », Gallimard, 1990.

amaigri à Oxford, avec quelque retard, et se lance dans la rédaction de son mémoire, qu'il doit soutenir l'année suivante. Les examinateurs loueront la qualité et l'originalité de son travail, très illustré, et donneront au candidat la mention « très bien » (*First Class*). Ce mémoire sera publié après sa mort, en 1936. Pour l'heure, plus question de jouer les Gutenberg et de se lancer dans l'imprimerie. Lawrence veut retourner au Levant. Et, de fait, dès décembre 1910, il repart pour la Syrie, cette fois sur un bateau des Messageries maritimes.

La raison de ce voyage a de quoi surprendre. Alors que le jeune diplômé vient de soutenir avec brio un mémoire sur l'architecture militaire des croisés et que le Jesus College lui attribue une bourse pour des recherches sur la poterie médiévale du XIe au XVIe siècle, c'est sur un site hittite, à Karkemish, qu'il va se rendre. Ce qui, tout de même, fait quelques vagues à Oxford. Sortant son carnet d'adresses, le cher Hogarth, qui vient de rentrer de Constantinople, ne tarde pas à les calmer. Il explique aux autorités universitaires qu'il est impératif que Lawrence puisse se rendre à Karkemish, car sa connaissance des poteries sera fort utile aux éminents archéologues qui, sous l'égide du British Museum, vont procéder à des fouilles. Que les poteries hittites datent de deux ou trois mille ans avant notre ère, et non de la période que Lawrence se propose d'étudier pour ses recherches, ne change rien à l'affaire, poursuit-il... Reste un problème : le British Museum ne peut lui verser un salaire. Hogarth s'arrange alors pour qu'une bourse lui soit attribuée par le Magdalen College.

Au tout début de 1911, il prend des cours d'arabe à la mission américaine de Djebail, l'ancienne Byblos (où Renan était venu travailler en 1860, à la demande de Napoléon III). Son professeur, Miss Faridah el-Akle, une protestante, devient vite une amie, et Lawrence correspondra avec elle jusqu'à la fin des années vingt. Puis il retrouve à Beyrouth son mentor Hogarth, lequel semble doué d'un exceptionnel talent d'ubiquité. C'est que toutes les raisons lui sont bonnes pour s'éloigner de son bureau d'Oxford et fuir une vie domestique qui l'ennuie. Cette fois, le conservateur de l'Ashmolean n'est pas seul. Il est accompagné d'un contremaître grec et de l'archéologue Campbell Thompson. Encore jeune (il n'a que trente-trois ans), celui-ci est un assyriologue réputé, qui s'est illustré en Égypte et en Mésopotamie, en particulier à Ninive. Lawrence va gagner avec eux le site hittite de Karkemish[*], dans une région située au diable vauvert, sur le cours supérieur de l'Euphrate. Difficile à localiser, ce site n'apparaît alors sur aucune carte. Il se situe à Barak, à une trentaine de kilomètres de la petite localité turque de Nizip, dans la province de Gaziantep ou, si l'on préfère, près de la bourgade syrienne de Djérablous, à quelque cent kilomètres au nord-est d'Alep. Par un itinéraire compliqué — car la région connaît alors de très importantes chutes de neige —, les archéologues gagnent Djérablous, via Haïfa et Damas — en bateau, en train puis à dos

* Depuis une modification de frontière en 1939, Djérablous est en Syrie et Karkemish en Turquie.

de chameau (de *dromadaire*, corrigeront les puristes, dont Flaubert s'amusait dans le *Dictionnaire des idées reçues*). Ils parviennent enfin à Karkemish, à la mi-mars 1911.

Il n'est pas interdit de se demander si Hogarth ne s'intéresse pas aussi à la Bagdadbahn, la ligne de chemin de fer Berlin-Bagdad — ainsi appelée par les Anglais et les Français comme pour souligner le danger germanique —, qui passe tout près du site hittite. C'est que les Allemands, bien implantés dans l'Empire ottoman, ont des ambitions affichées. En 1903, ils ont lancé la construction de la Bagdadbahn, avec le soutien des banques, dont la Deutsche Bank et la Banque impériale ottomane, créée à Constantinople, en 1863, par le gouvernement turc associé à l'Angleterre et à la France. Chacun le sait, l'empereur Guillaume II, petit-fils de la reine Victoria, a pour le monde musulman les yeux de Chimène. Le *Kaiser* a visité Constantinople, Baalbeck, Jérusalem et Damas en 1898. Conseillé par l'orientaliste et diplomate Max von Oppenheim, il incarne un des ultimes avatars d'un vieux rêve allemand, la « Poussée vers l'Est », et à la veille de la guerre, l'Allemagne n'hésitera pas à envoyer des agents en Inde britannique pour y fomenter des troubles.

Pour l'heure, en 1911, beaucoup de tronçons sont encore en pointillés (la liaison avec Bagdad ne sera complète qu'au début de la Deuxième Guerre mondiale). Un chantier énorme, car il ne s'agit pas seulement de poser des voies. Il faut aussi recruter et nourrir les ouvriers (beaucoup sont arméniens), creuser des tunnels, construire des ponts et des gares. Un des objectifs des chemins de fer turco-allemands est de faire la jonction à Damas entre la Bagdadbahn et le Hedjaz Railway qui, depuis 1908, relie Damas à Médine. À la fin du XIXe siècle, on pouvait déjà aller en train de Berlin à Konya, via Bucarest et Constantinople. Gertrude Bell, que nous allons bientôt rencontrer, a pu ainsi, en quatre jours, relier Paris au Bosphore.

Depuis 1903, la Bagdadbahn proprement dite commence à Konya, la ville des derviches tourneurs, à quelque deux cent cinquante kilomètres au sud du Bosphore. De là, la ligne file vers Adana, Gaziantep et Nizip, bifurque vers le sud-est en direction de la Syrie par la chaîne de Nurdagi, longe Karkemish puis descend vers Alep, que la ligne atteindra en 1912. Quand Hogarth et Lawrence arrivent sur ce site des bords de l'Euphrate (que les Turcs appellent le Firat), les ingénieurs allemands de la Bagdadbahn travaillent justement — le hasard faisant bien les choses —, à quelques centaines de mètres de là, à la construction d'un pont sur le fleuve. Il ne faut pas tenter le diable, surtout quand celui-ci s'appelle Hogarth, lequel a toujours une oreille qui traîne. Et même plusieurs oreilles puisque, outre sa langue maternelle, il connaît l'allemand, le turc, le français, l'italien et le grec. Un agent de renseignement, comme un journaliste, n'est jamais en vacances.

Sur le site, le jeune Lawrence est un peu l'homme à tout faire, et cela pour une simple raison : il sait tout faire. C'est, certes, un intellectuel — qui aurait pu faire une brillante carrière universitaire —, mais aussi un manuel (comme Churchill, qui se flattait d'être un excellent maçon). Personne sur le chantier ne sait, mieux que lui, comment construire une maison ou poser une porte, car il est, comme son père, excellent bricoleur. Avec des outils rudimentaires, il réalise même une imitation de sculpture hittite sur un linteau. Et puis, il donne un coup de main expert pour les fouilles, trouve un moyen pour améliorer le transport des pierres, photographie tout ce qu'il voit et se montre fin psychologue avec les ouvriers. À son habitude, Hogarth ne tient pas en place, et il lui faut retrouver son bureau au musée Ashmolean d'Oxford, puisqu'il en est le conservateur. Il s'éloigne du terrain, au bout de quelques semaines, laissant pleins pouvoirs à son collègue Thompson, lequel espère découvrir sur le site une inscription bilingue qui ferait avancer la connaissance de l'assyrien. Du coup, Lawrence se retrouve investi de nouvelles responsabilités, ce qui le ravit, car il est ce que les psychologues n'appellent pas encore « un hyperactif ».

Après ses journées de travail, il passe des heures à rédiger des lettres (il a sans aucun doute été un des plus grands épistoliers de son temps) : il reste en contact permanent avec ses parents, ses frères, ses amis. Certains biographes le décrivent comme un être asocial, torturé et solitaire. Pourtant, Lawrence se trouve bien au milieu des ouvriers du chantier, se fait des amis, pratique l'arabe et s'affaire sur tous les fronts. Et puis, comme les visiteurs se succèdent, il fait le guide.

C'est ainsi que le chantier voit arriver, en mai 1911, une certaine Gertrude Bell, une des femmes les plus extraordinaires de l'époque, qui en compte pourtant beaucoup. Geneviève Chauvel donne de cette rencontre singulière une image colorée :

Le 19 mai au matin [...] elle fait une arrivée spectaculaire, bien droite sur sa monture, en jupe-culotte à la cheville et veste de lin beige, casque tressé, drapé de son keffieh de mousseline blanche d'où s'échappent des boucles rousses autour de ses yeux verts. Deux hommes l'accueillent avec cérémonie. Campbell Thompson, l'assistant de Hogarth, grand, l'air affable, plutôt académique. Près de lui Thomas Edward Lawrence, petit et carré, plus jeune, blond aux yeux bleus, habillé d'une drôle de façon : blazer de flanelle grise gansée de rose, amples shorts de flanelle blanche, chaussettes grises et babouches de cuir rouge. Autour de sa taille une ceinture arabe ornée de pompons rouge vif en signe de célibat[2].

Ce récit est proche de celui que, deux jours plus tard, Lawrence envoie à sa mère. Gertrude Bell, qui a vingt ans de plus que lui, est une femme d'une grande intelligence et d'une énergie peu commune. Elle vient d'une famille riche et a fait de très brillantes études à Oxford, en même temps qu'une certaine Janet, qui lui présente bientôt son frère, David Hogarth, en 1899. Passionnée d'histoire et de géographie, ethnologue, observatrice attentive de toutes les ethnies d'Orient, Gertrude connaît aussi les arcanes de l'administration ottomane, ce qui ne l'empêche pas d'étudier tous les points de passage de l'Euphrate et de visiter les sites archéologiques, tout en suivant la progression de la ligne Berlin-Bagdad, appareil photo à la main. Grande épistolière, polyglotte, elle est célibataire et athée. En tout, elle n'en fait qu'à sa tête. Voyageant seule, cigarette à la bouche, souvent habillée comme si elle se rendait à un carnaval, elle a fait le tour du monde, mais son aire de prédilection est l'Orient. Quand elle débarque à Karkemish, l'excentrique globe-trotteuse a déjà publié quelques livres, en particulier sur la Perse. Lawrence et Gertrude : deux destins d'exception que le hasard fait ainsi se rencontrer sur la rive occidentale de l'Euphrate, dans un des endroits les plus reculés de l'Empire ottoman. Ils se retrouveront bientôt en Égypte, quand le Bureau arabe du Caire les recrutera comme agents de renseignement.

En attendant, il faut travailler, malgré les difficultés de tout ordre. Lawrence, à l'occasion, s'improvise médecin, car avec la chaleur, les problèmes de santé sont fréquents sur le site. Ce qui lui permet de connaître encore mieux les ouvriers du chantier. L'un d'eux est un jeune de quatorze ou quinze ans, Selim Ahmed, « garçon d'une grande beauté[3] » qui répond au surnom de Dahoum (« le basané »). Originaire de Karkemish, le garçon devient, au fil des semaines, de plus en plus indispensable à Lawrence, qui le prend sous son aile et le pousse à apprendre à lire. Il semble aujourd'hui acquis que c'est bien à lui que l'écrivain-aventurier dédiera, beaucoup plus tard, *Les Sept Piliers de la sagesse*. D'où l'empressement de certains biographes à imaginer une relation charnelle entre Dahoum et Lawrence. Tout indique, au contraire, que cela n'ira pas au-delà d'une amitié amoureuse, certes intense mais platonique — d'autant plus intense qu'elle est platonique.

Atteint d'une crise sévère de dysenterie à Djérablous en juillet, Lawrence est alors soigné par le nouveau contremaître, Sheikh Hamoudi, et veillé par Dahoum. En août, il décide d'aller se refaire une santé en Angleterre. À Beyrouth, où il prend le bateau pour Marseille, le jeune archéologue fait la connaissance du poète, romancier et dramaturge James Elroy Flecker, du consulat britannique. Le courant passe, et Flecker devient aussitôt un ami cher. Pour peu de temps : le poète mourra en 1915, à l'âge de trente ans. Fidèle en amitié, même au-delà de la mort, Lawrence écrira un essai sur lui, en 1925 (inachevé, ce texte sera publié en 1937).

Une fois de retour à Oxford, où sa mère l'entoure de ses soins envahissants, l'apprenti archéologue ne sait trop ce que l'avenir lui réserve. Retourner à Karkemish lui paraît l'hypothèse la plus alléchante, puisqu'il vient d'apprendre que les fouilles — dont l'avenir était incertain pour des raisons financières — vont sans doute reprendre. À la fin du mois de novembre, à peine remis sur pied, il repart pour Djérablous, contre l'avis des médecins, dont il n'a que faire. Il y reste peu de temps, car tous les problèmes administratifs et financiers ne sont pas résolus. Ce qui tombe bien pour Lawrence puisque, à la demande écrite de David Hogarth quelques mois plus tôt, il a reçu une invitation flatteuse : celle d'effectuer un stage de quelques semaines à la nécropole de Kafr Ammar, à une cinquantaine de kilomètres au sud du Caire, où l'éminent égyptologue Flinders Petrie mène des fouilles. Malgré leurs différences d'âge, de style et de caractère, et surtout la détestation que Lawrence ressent aussitôt pour Mme Petrie, les deux hommes en viennent vite à s'apprécier. C'est que l'éminent égyptologue est, lui aussi, un original, dont Lawrence brosse le portrait dans une de ses lettres :

[L]e professeur est le grand homme du camp — il a près d'un mètre quatre-vingts, des cheveux blancs, une barbe grise, il est massif et actif, sa voix se casse lorsqu'il est ému et il parle constamment à une allure précipitée et fébrile [...]. [L]ui seul a raison en toutes choses : ses subordonnés doivent tous prendre le même nombre de morceaux de sucre que lui dans leur thé, la même sorte de confiture, avec de la langue en conserve, ou être congédiés comme rétrogrades notoires et confirmés. De plus, il a bon caractère, est débordant d'humour, primesautier jusqu'à la bizarrerie (ô combien charmante !) et une source continuelle de joie et de divertissement dans son camp[4].

Mais l'Égypte et les Égyptiens n'intéressent guère Lawrence, qui préfère de beaucoup la Syrie et ses Bédouins. Son destin aurait pourtant pu changer à ce moment-là, puisque le grand Petrie, conquis par ses qualités, lui a proposé une mission de fouilles dans le golfe Persique, d'ailleurs bien payée. L'argent indiffère Lawrence, et c'est, bien sûr, Karkemish, où Dahoum l'attend, qui l'emporte. Il y est de retour en février 1912.

À Karkemish, les choses changent. La situation politique est de plus en plus tendue et instable. L'Anatolie, secouée par la révolution des Jeunes-Turcs de 1908, connaît de grands bouleversements, et l'Empire ottoman vacille, attaqué de toutes parts. Et puis, un nouvel archéologue va remplacer Thompson sur le site. Il s'agit, cette fois, de Leonard Woolley, adjoint de Hogarth à l'Ashmolean d'Oxford. Quelques années plus tard —

après la guerre —, Woolley deviendra une autorité mondiale de la civilisation sumérienne de Mésopotamie. Pour l'heure, bien qu'il ait déjà effectué des fouilles au Soudan et en Égypte, il n'est guère connu que de ses collègues de la région. Lawrence et Woolley deviendront vite amis, même si le second aura toujours, semble-t-il, quelque jalousie secrète envers son cadet.

En mai, Hogarth arrive à son tour sur le site, après avoir effectué un crochet par l'Allemagne où il a prouvé, une fois de plus, qu'il vaut mieux s'adresser à Dieu qu'à ses saints : l'habile archéologue est, en effet, parvenu à rencontrer le *Kaiser* à Berlin et a obtenu son aide pleine et entière pour la protection de Karkemish, que menacent les Allemands béotiens de la Bagdadbahn, qui travaillent à proximité immédiate. C'est que Berlin est bien loin… N'en déplaise au *Kaiser,* utiliser les pierres du site hittite pour la ligne est pour les Allemands une tentation à laquelle ils succombent, dès que les archéologues anglais ont le dos tourné. Justement, avec l'arrivée de la saison chaude, ceux-ci doivent de nouveau suspendre les fouilles en juin. Woolley rentre en Angleterre, mais pas Lawrence, ravi de se retrouver « enfin seul », ou du moins seul avec Dahoum. Il profite de ces trois mois de liberté pour bricoler et sculpter avec un tournevis un linteau de porte hittite — plus vrai que nature — pour le quartier général des archéologues. Éternel nomade, il voyage avec son jeune assistant en Syrie et au Liban, où il retrouve, à Beyrouth, le poète-consul Flecker. Malgré l'épidémie de variole qui frappe la région de Karkemish, il gardera de cet été 1912 un souvenir lumineux.

Les deux archéologues sont de retour en Angleterre à la mi-décembre. Lawrence ne s'y attarde pas et, dès janvier 1913, il est de retour en Orient. Il profite d'une escale à Port-Saïd pour aller saluer Flinders Petrie. Puis, après quelque temps passé à Alep, il regagne Karkemish, où Woolley le rejoint. Retardée, une fois de plus, par des problèmes financiers, la nouvelle saison de fouilles peut enfin se dérouler de fin mars à juin, quand arrivent les grosses chaleurs. Lawrence décide de s'accorder quelques semaines de vacances en Angleterre et, cette fois, il ne rentre pas seul. Ses assistants préférés l'accompagnent : le jeune Dahoum, bien sûr, et le contremaître Sheikh Hamoudi, que Lawrence veut ainsi remercier pour les soins dont ils l'ont naguère entouré quand il était malade. Logés dans le bungalow de Lawrence construit dans le jardin familial, ils découvrent Oxford à bicyclette, à la stupéfaction amusée des habitants. En 1913 il n'est pas si fréquent, c'est le moins qu'on puisse dire, d'y croiser des cyclistes orientaux, vêtus de leurs vêtements traditionnels... Dépaysement total pour les deux Arabes qui, sur le chemin du retour, dès le mois d'août, découvrent aussi l'Italie et l'Égypte.

Quelques semaines plus tard, Lawrence est de nouveau à Alep. Il y accueille son jeune frère Will, qui fait escale en Syrie et y passe quelques jours avant de gagner les Indes, où il va enseigner. Il sera ainsi le seul membre de la famille à avoir visité Damas et, surtout, Karkemish. Les deux frères ne peuvent imaginer que cette rencontre sera la dernière.

C'est au cours de cet été 1913 que Lawrence,

qui est toujours sur plusieurs fronts à la fois, songe, une fois de plus, à écrire un livre qui s'intitulerait *Les Sept Piliers de la sagesse,* une sorte de récit de voyage consacré à sept grandes villes d'Orient : Alep, Damas, Urfa, Jérusalem, Constantinople, Smyrne et Le Caire (le choix des cités reste incertain, car Bagdad, que le jeune archéologue ne connaît pas, apparaît parfois sur la liste de ses « sept piliers »). Comme beaucoup d'autres, ce projet tournera court, mais Lawrence gardera le titre en réserve. L'écrivain chez lui ne dort jamais que d'un œil et, où qu'il se trouve, il consacre toujours une partie de son temps à la lecture et à l'écriture.

La sculpture aussi l'intéresse, et il réalise une œuvre qui fera couler beaucoup d'encre : une gargouille nue, censée représenter Dahoum. Woolley feindra d'en être quelque peu choqué, pour le plus grand plaisir du sculpteur, car tel est sans aucun doute le but recherché. L'image d'un Lawrence grave, le regard bleu rivé sur la ligne d'horizon, est inexacte. C'est, en vérité, un malicieux provocateur. Il se moque volontiers de ceux qui se prennent — ou le prennent — au sérieux, portant, par exemple, un blazer d'Oxford et un short quand il rencontre un homme important, dissertant à l'envi sur l'ancienneté du linteau hittite, qu'il a lui-même réalisé quelque temps auparavant, ou prétendant être né un 15 août, comme Napoléon. La fameuse gargouille, il l'a sculptée en présence d'un visiteur, le lieutenant Hubert W. Young, et c'est par facétie qu'il lui a donné une vague ressemblance avec Dahoum. Allergique à toute autorité — maternelle, universitaire, politique, religieuse, administrative ou militaire —, Lawrence n'en fait toujours qu'à sa tête. Ainsi, alors que des rumeurs commencent à circuler sur son goût pour les éphèbes, il en rajoute — il n'a pas hésité, par exemple, à inviter le jeune Dahoum à Oxford. Il n'aimera que les esprits libres comme David Hogarth, Gertrude Bell, Ronald Storrs, Aubrey Herbert ou Charlotte Shaw. Ce qu'il apprécie chez les Bédouins[*], c'est leur authenticité, leur indépendance, leur anarchisme, leur caractère imprévisible, *sauvage* en somme (si l'on redonne à ce mot son sens étymologique : proche de la nature et non domestiqué). Churchill, expert en excentricité, ne s'y trompera pas.

Les fouilles sont interrompues au début de décembre 1913 (en Syrie, les nuits peuvent être très froides en hiver). Frederic G. Kenyon, le directeur du British Museum, propose alors aux deux archéologues anglais restés sur le site une mission spéciale : participer à des relevés topographiques dans le Sinaï pour le Palestine Exploration Fund (fonds d'exploration de la Palestine), une société savante. Créée en 1865, celle-ci se propose d'effectuer une étude scientifique de la Terre sainte (une vaste région, aux frontières flottantes, qui correspond alors à la Palestine ottomane) et publie, depuis 1869, une revue de qualité, la *Palestine Exploration Quarterly*.

[*] Dans cette affection privilégiée pour les Bédouins, Lawrence est en bonne compagnie, aux côtés d'autres Européens tels que, par exemple, l'orientaliste tchèque Alois Musil (1866-1944), le général John Bagot — dit Glubb Pacha — (1897-1986) ou, plus tard, l'explorateur et écrivain Wilfred Thesinger (1910-2003).

Il est entendu que la mission, en réalité, est double. L'armée anglaise sera chargée des relevés topographiques susceptibles d'intéresser l'état-major militaire, tandis que Woolley et Lawrence établiront une carte précise de la région, avec tous les toponymes arabes, et feront une liste des vestiges archéologiques, surtout ceux liés aux récits bibliques. On voit bien, cependant, que la priorité de Kitchener, alors agent britannique et consul général en Égypte, n'est ni biblique ni archéologique, mais militaire. L'Empire ottoman chancelle, et si d'aventure un conflit venait à éclater, il faudrait de bonnes cartes, en particulier de la région, alors peu connue des Britanniques, située de part et d'autre de la frontière égyptienne, entre la Méditerranée et la mer Rouge (de Rafah, au sud-ouest de Gaza, au golfe d'Aqaba). En cas de conflit, la priorité serait pour les Anglais de protéger le canal de Suez. Comme la zone est territoire ottoman, Londres a cependant dû obtenir le feu vert de Constantinople pour ce qui est présenté aux Turcs comme une mission scientifique, d'où le recrutement comme couverture des deux archéologues descendus de Karkemish. Pour le British Museum, l'expédition de 1914 recèle un autre avantage : il n'aura pas à verser de salaire aux deux archéologues !

Dès janvier 1914, Woolley, Lawrence et Dahoum arrivent à Beersheba, la porte du désert, alors petite bourgade ottomane. Ils y retrouvent bientôt le chef de la mission, le capitaine Stewart Newcombe des Royal Engineers (né au pays de Galles, lui aussi), et se mettent au travail. L'aventure ne déplaît pas à Lawrence, qui n'est pas dupe, cepen-

59

dant, du rôle qui leur est imparti : les archéologues ne sont que des leurres pour berner les Ottomans et masquer l'objectif militaire de l'expédition. C'est, en tout cas, durant cette épuisante mission dont Lawrence est peu persuadé qu'elle servira à grand-chose, qu'il découvre, fin février, un des lieux de ses futurs exploits, le golfe d'Aqaba. Malgré l'opposition des Turcs, il réussira même à se rendre incognito sur l'île Faraoun.

Quinze jours plus tard, remontant vers le nord, il découvre avec ravissement la ville de Pétra, dont il donne à son vieil ami E. T. Leeds, conservateur adjoint de l'Ashmolean, une description enthousiaste :

> Pétra, Ô Leeds, est l'endroit le plus merveilleux du monde. À cause non pas de ses ruines — une affaire tout à fait secondaire —, mais de la couleur de ses rochers, tout rouges, noirs et gris avec des striures de vert et de bleu en petits tortillons... et de la forme de ses falaises, de ses roches escarpées, de ses pics, et sa gorge merveilleuse où coule sans arrêt une eau de source profonde — gorge remplie de lauriers-roses, de lierre et de fougères, et juste assez large pour laisser passer un chameau à la fois, sur environ trois kilomètres de long [...]. Tant que vous ne l'aurez pas vu, vous ne sauriez avoir la moindre idée de ce qu'est la beauté d'un lieu[5].

Mission accomplie. Dès mars, Woolley, Lawrence et Dahoum sont de retour dans le nord, et les fouilles reprennent à Karkemish à la fin du mois. L'atmosphère y est lourde, et les Allemands de la Bagdadbahn ont fort à faire avec leurs ouvriers kurdes, qui s'estiment mal payés. Le pire est finalement évité grâce à l'habileté diplomatique de

Lawrence et Woolley qui, bien qu'ils n'aient rien à voir avec la ligne de chemin de fer, savent qu'une situation tendue chez les Kurdes employés par les Allemands peut avoir des répercussions sur leurs propres ouvriers. Par solidarité ethnique, ceux-ci n'auraient manqué de prendre fait et cause pour leurs collègues du chantier ferroviaire. L'affaire est si grave que le consul britannique d'Alep doit se déplacer. Et puis, Woolley et Lawrence doivent travailler à leur rapport sur le Sinaï et recevoir, à leur habitude, de nombreux visiteurs. L'un d'eux sera le capitaine Newcombe, avec qui ils ont travaillé sur la frontière égyptienne quelques semaines plus tôt. Celui-ci essaie alors, avec la bénédiction de Kitchener, d'obtenir le maximum d'informations sur la ligne de chemin de fer.

Derniers beaux jours à Karkemish. Une fois de plus, la saison de fouilles se termine, et il est temps de rentrer en Angleterre pour mettre un point final au rapport sur le Sinaï. Lawrence est persuadé qu'il sera bientôt de retour sur le site hittite et y fêtera peut-être ses vingt-six ans. Quand il s'éloigne de Karkemish, comment pourrait-il imaginer qu'il n'y reviendra jamais et ne reverra plus son fidèle Dahoum ? Il lui confie son pistolet avant de partir.

À la demande du capitaine Newcombe, qui veut des compléments d'information sur la ligne et leur a écrit de Constantinople à ce sujet, Lawrence et Woolley rentrent en Angleterre par le chemin des écoliers, en prenant la Bagdadbahn qui les conduit en Anatolie. Ils rencontrent alors un ingénieur italien congédié par les Allemands, et Woolley, qui parle bien la langue de Dante, a tôt fait de lui tirer les vers du nez et d'obtenir les renseignements espérés.

Une fois à Oxford, Lawrence reprend son travail de rédaction pour le Palestine Exploration Fund. Il retrouve aussi Hogarth et même Gertrude Bell, qu'il n'a pas revue depuis son passage à Karkemish, en 1911. Tout, décidément, le ramène en Orient, même les mauvaises nouvelles qui parviennent du sanatorium où le consul-poète Flecker, rongé par la turberculose, ne sait même pas s'il pourra fêter ses trente ans[*]. Lawrence lui envoie à Davos, en Suisse, une de ses lettres-fleuve dont il a le secret.

Quelque part en Europe, un étudiant serbe de Bosnie-Herzégovine, Gavriolo Princip, lui aussi atteint par la tuberculose mais animé par le feu de la passion nationaliste, attend son heure. À Sarajevo, le 28 juin, il abat avec un revolver l'archiduc héritier d'Autriche-Hongrie, François-Ferdinand, et sa femme, la duchesse de Hohenberg. Par le jeu des alliances, des rodomontades, des ambitions territoriales et des intérêts économiques, les coups de feu de Sarajevo feront, en réalité, des millions de morts, puisqu'ils déclenchent un des conflits les plus meurtriers de l'histoire. Le 4 août, le Premier ministre Asquith — un ancien d'Oxford — déclare la guerre à l'Allemagne.

[*] James Elroy Flecker mourra le 3 janvier 1915.

Lawrence,
agent de renseignement

Quand la guerre éclate, Lawrence et Woolley ont une seule priorité : terminer leur rapport pour le Palestine Exploration Fund, car Kitchener, l'ancien proconsul d'Égypte nommé ministre de la Guerre, le réclame de toute urgence. Celui-ci espère — ou feint d'espérer — que ce document convaincra les Ottomans que la mission dans le désert était bien scientifique et non militaire. C'est que si, d'aventure, les Turcs s'alliaient aux Allemands, l'approvisionnement en pétrole serait menacé et le canal de Suez — et la route des Indes et de l'Afrique orientale —, en grand danger. En théorie, la Turquie est amie de l'Allemagne, qui a modernisé son armée, mais aussi de la Grande-Bretagne qui, elle, a entraîné ses marins et s'apprête à lui livrer deux navires de guerre que le premier lord de l'Amirauté (ministre de la Marine) Churchill décidera finalement de ne pas livrer. Tout cela, cependant, n'est qu'apparence. Chacun sait que le cœur du général Ismail Enver ne balance pas entre deux prétendants. Son choix sera l'Allemagne, pays où il a fait une partie de ses études. C'est dans la garde prussienne qu'il a reçu sa formation de militaire. Il a été attaché militaire à Berlin, et même sa moustache est taillée comme celle du *Kaiser*. Il y aura bientôt 25 000 officiers et sous-officiers allemands dans l'Empire ottoman, et une mission militaire allemande, menée par le général Liman von Sanders, est arrivée à Constantinople en décembre 1913. Certes, les dix premiers aviateurs turcs ont été formés à l'école Blériot d'Étampes en 1911 et 1912, mais l'Allemagne a ensuite pris la relève. Le 1er novembre 1914, c'est du côté allemand que l'Empire ottoman entre en guerre.

Entre-temps, le fameux rapport enfin terminé, Hogarth fait nommer Lawrence à Londres, à la section géographique de l'état-major général que dirige, justement, le colonel Hedley, un des membres influents du Palestine Exploration Fund. Le jeune archéologue est nommé sous-lieutenant interprète (à titre temporaire), quelques jours avant l'entrée en guerre de la Turquie. Ce qui, du coup, contraint les Anglais à redistribuer les cartes et à réunir, à la hâte, quelques hommes, civils pour la plupart mais triés sur le volet, pour un travail de renseignement en Égypte sous les ordres du colonel Gilbert Clayton, qui a servi sous Kitchener au Soudan et dépend des Affaires étrangères (Foreign Office). Hogarth, Lawrence, Woolley et le capitaine Newcombe font, bien sûr, partie de l'équipe, ainsi que Ronald Storrs (qui occupera par la suite plusieurs postes dans l'administration coloniale britannique) et même Gertrude Bell, en 1915. D'abord très informel, le groupe sera restructuré au début de 1916, à la demande du lieutenant-colonel Mark

Sykes, conseiller de Kitchener pour le Proche-Orient. Ce service prendra alors le nom de Bureau arabe.

Lawrence et Newcombe traversent la France et prennent à Marseille un bateau pour l'Égypte, où ils arrivent à la mi-décembre. Le pays, naguère encore terre ottomane (du moins en théorie), devient ce qu'il est déjà dans les faits depuis une vingtaine d'années, un protectorat britannique. Le *khédive** Abbas II, représentant de l'Empire ottoman, est déposé et remplacé par un sultan francophile et pro-britannique, Hussein Kamel. À la demande de Kitchener, le lieutenant-colonel Henry McMahon** devient haut-commissaire. Un choix significatif : cet officier et gouverneur colonial est né à Shimla, la capitale d'été de l'Empire des Indes, située au pied de l'Himalaya, et a effectué dans le sous-continent l'essentiel de sa carrière, donnant même son nom, quelques semaines avant la guerre, à la fameuse « ligne McMahon », qui marque alors la frontière entre les Indes et le Tibet. Cet Anglo-Indien*** est un homme discret, mais les hommes de pouvoir comme Kitchener aiment placer aux postes de décision des êtres un peu ternes, ceux qui ne font pas d'ombre et se contentent d'obéir.

À Londres, le ministre de la Guerre a fort à faire sur tous les fronts. À l'inverse de beaucoup de ses collègues, l'Orient, où Churchill a vécu, est une de

* Titre (d'origine perse) donné au souverain/vice-roi d'Égypte à l'époque de l'Empire ottoman.
** Comme le maréchal Mac-Mahon, président de la République française au XIXᵉ siècle, Henry McMahon était d'origine irlandaise.
*** Au sens que le mot avait alors : Anglais né aux Indes ou y étant installé.

ses priorités. Celles de Lawrence sont d'un tout autre ordre : il essaie, en vain, d'avoir des nouvelles de Dahoum. Ce qui ne l'empêche pas d'abattre, à son habitude et dès son arrivée, un travail considérable, même si ce travailleur compulsif donne à tous l'impression de ne rien faire.

Sur le terrain, la situation est d'une terrifiante complexité. Les politiciens de Londres, tout d'abord, ne sont pas d'accord sur grand-chose, sinon que la guerre doit être brève. Il y a de forts tiraillements, par exemple, entre les Affaires étrangères et l'Inde britannique dont, par une curieuse fantaisie administrative, dépendent la Mésopotamie et Aden, ce qui ne facilite pas les choses :

> Pas un problème militaire qui ne relevât à la fois de plusieurs ministères dont chacun prétendait le résoudre à sa façon. Le War Office, le Foreign Office, le Colonial Office, l'Intelligence Service, l'Amirauté, l'India Office et la *Résidence du Caire* avaient tous leur mot à dire et entretenaient leurs propres agents dans les divers pays musulmans [...] Et comme aucun de ces services ne voulait renoncer à ses vues personnelles, le résultat était celui que l'on pouvait escompter : ils se paralysaient mutuellement[1].

Les différents services sont, du moins, d'accord sur un point : les Indes vont jouer un rôle essentiel durant la guerre, car elles possèdent un potentiel militaire considérable. Les troupes indiennes seront déployées en Mésopotamie et au Tanganyika (où la guerre sera rude et longue) mais aussi en France, où les premières troupes indiennes arrivent, sous les acclamations de la population, dès la fin de septembre 1914. Près d'un million et demi d'Indiens participeront au combat, en France, en Orient et en Afrique de l'Est. À lui seul, ce chiffre montre combien le canal de Suez joue un rôle essentiel dans le conflit, non seulement pour le passage des troupes indiennes, mais aussi pour le transport du pétrole acheminé du golfe Persique. Or, Churchill a décidé en 1911 que la Royal Navy remplacerait le charbon par le pétrole.

Guerre ou pas, la carte géopolitique du Proche-Orient fait de la région une poudrière. Les Arabes rêvent de liberté, et les Occidentaux sauront les caresser dans le sens du poil, mais ce qu'ils ont en tête est d'un ordre différent : eux aussi veulent bouter les Ottomans hors du Proche-Orient, mais pour prendre leur place. La vague autonomie dont ils parlent ne signifie pas indépendance. Les Britanniques ont leurs habitudes en Mésopotamie, dont un nouveau parfum, celui du pétrole de l'Anglo-Persian Company, se mêle désormais à ceux de l'encens et des aromates. Les Français se sentent chez eux sous le soleil de Syrie ou à l'ombre des cèdres du Liban, pays où ils sont installés depuis des lustres. Bien qu'alliés, la perfide Albion et la France imbue d'elle-même se regardent en chiens de faïence.

En Asie Mineure et en Orient, l'Empire ottoman compte non seulement des Turcs, des Arabes, des Druzes, des Kurdes et des Arméniens (dont des centaines de milliers, accusés de collaborer avec la Russie, seront massacrés par les Ottomans ou déportés, en 1915 et 1916). Il y a aussi des chrétiens et des juifs, ceux-ci de plus en plus nombreux depuis que le mouvement sioniste entend créer un nouvel État en Palestine. Telle a été la promesse du premier congrès sioniste, tenu à Bâle, en 1897, sous l'égide de Theodore Herzl. L'idée n'est pas nouvelle, mais l'antisémitisme du XIXᵉ siècle, l'affaire Dreyfus et les pogroms de Roumanie ou de Russie lui ont donné une force nouvelle. Bien des Européens se montrent favorables à ce projet d'État juif, de Disraeli à Churchill, de Rothschild à Henri Dunant, le fondateur de la Croix-Rouge.

Le sud de la région, avec la ville sainte de La Mecque, est lui-même sous la coupe des Hachémites, mais les Bédouins sont divisés en clans et en tribus, et leurs réactions sont imprévisibles. Qui serait assez malin pour les réunir sous la même bannière ? Lawrence y songe, dès 1915. À part la religion, tout sépare les Arabes des Turcs. Quand le sultan-calife Mehmed V lance une guerre sainte contre les Occidentaux, beaucoup d'Arabes font la sourde oreille. N'étant pas les descendants du Prophète, les Ottomans d'Anatolie n'ont, disent-ils, aucune légitimité pour lancer un *djihad*.

L'Empire ottoman a duré plus de six cents ans. À son apogée, il regroupe une grande partie du pourtour méditerranéen, de l'Algérie à la Grèce, en passant par l'Égypte, la Palestine et la Syrie. Il comprend aussi la Mésopotamie, la péninsule Arabique, les rivages de la mer Rouge, du golfe d'Aden et du golfe Persique, ainsi que le pourtour de la mer Noire et les Balkans. Côté occidental, cet Empire ne s'arrête alors qu'à la frontière autrichienne. Au XIXᵉ siècle, cependant, l'Empire se désagrège et perd, surtout en Europe et dans le Maghreb, une grande partie de son territoire. Il y a trois raisons à cela : la montée des nationalismes, la dynamique de la colonisation européenne et les ambitions des Russes, pour qui l'Empire ottoman est « l'homme malade de l'Europe ». La Grèce est désormais indépendante. L'Algérie puis la Tunisie sont tombés aux mains des Français et la Tripolitaine (Libye) entre celles des Italiens. Puis, en trois décennies, les Turcs perdent la Roumanie, la Serbie, la Crète, la Bulgarie, la Bosnie et l'Albanie. En 1885, les Britanniques ont créé en Égypte, afin de protéger le canal de Suez, un protectorat qui ne dit pas son nom. Et les Français, qui se sentent chez eux au Liban, rêvent d'une Grande Syrie où flotteraient les trois couleurs. Quand éclate la guerre, l'Empire ottoman n'est plus que l'ombre de lui-même, même s'il dispose encore d'une armée forte, encore que celle-ci compte dans ses rangs de nombreux Arabes. Les Occidentaux vont donner le coup de grâce aux Turcs, et ils le feront d'autant plus volontiers que les Ottomans ont choisi de s'allier à ce que l'on appelle les Puissances centrales, c'est-à-dire l'Allemagne et ses alliés.

La situation au Proche-Orient n'a jamais été aussi complexe. À Constantinople, le pouvoir est dirigé par un sultan, du moins en théorie car, en réalité, ce sont désormais les Jeunes-Turcs qui mènent le bal. Ces nationalistes purs et durs ont mis en place un triumvirat, formé d'Enver Pacha, Djamal Pacha et Talaat Pacha[*], lesquels, d'une main de fer, répriment dans le sang tout danger

---

* Dans l'Empire ottoman, le terme honorifique *pacha*, d'origine turque, était accolé au nom des gouverneurs de province, officiers ou dignitaires. Il pouvait aussi, à l'occasion, être attribué à des Occidentaux, comme le fameux John Bagot, devenu « Glubb Pacha ».

potentiel, réel ou imaginaire (génocide arménien). Dans la péninsule Arabique, les Britanniques essaient de se concilier les bonnes grâces de la dynastie des Hachémites et, en particulier, du Bédouin Hussein Ibn Ali, le chérif de La Mecque depuis 1908. D'autant que le chemin de fer, qui relie Damas à Médine, longe le canal de Suez. Il permettrait désormais aux Ottomans de mener une offensive militaire contre les Anglais et de couper la route des Indes. Ce chemin de fer est la fameuse « ligne du Hedjaz » — le Hedjaz étant cette région montagneuse qui constitue la rive orientale de la mer Rouge. Construite par les Allemands entre 1900 et 1908, cette ligne stratégique relie, en quelque mille trois cents kilomètres, le Hedjaz à Damas, où la Bagdadbahn permet de gagner la Turquie. Elle constitue, en 1914, un danger potentiel majeur, même si certains tronçons, établis à la hâte, restent fragiles. Il devient, dès lors, essentiel pour les Britanniques de contrôler cette vaste région et pour cela, dans un premier temps, d'y développer un réseau de renseignement. C'est ce à quoi Lawrence et ses collègues s'emploient désormais au Caire.

La Grande-Bretagne n'est pas prise de court. Estimant que l'Orient est sa chasse gardée — les Français n'étant, au mieux, que des fumistes ou des amateurs —, elle surveille la région depuis des années et a fait dresser des cartes. Mais Londres ne se contente pas de lorgner vers La Mecque. Le vaste désert arabe, pays bédouin par excellence, est désormais contrôlé — autant que faire se peut —, par un certain Ibn Séoud, lequel a de grandes ambitions politiques et territoriales. Opposé aux Ottomans, il s'est rapproché de la Grande-Bretagne, qui, en 1902, l'a aidé à reconquérir Riyad. En 1910, c'est à bras ouverts qu'il a reçu le capitaine William Shakespear — difficile de faire plus anglais —, nommé l'année précédente agent politique (c'est-à-dire, en somme, ambassadeur-espion) au Koweït. Né à Bombay, formé à Sandhurst, ayant effectué aux Indes l'essentiel de sa carrière, cet homme d'exception est à la fois militaire, haut fonctionnaire, diplomate, polyglotte, photographe et agent de renseignement. Shakespear est persuadé qu'il faut jouer la carte d'Ibn Séoud, dont il devient vite, à Riyad, le conseiller militaire. En mars 1914, l'officier anglais n'a pas hésité à parcourir près de trois mille kilomètres, de Koweït à Aqaba, pour dresser les cartes sommaires dont les armées de Sa Majesté pourraient un jour avoir besoin. Le 14 novembre, la guerre étant déclarée, l'armée des Indes débarque dans le golfe Persique et occupe la ville de Bassora, sur l'estuaire de l'Euphrate et du Tigre, non loin d'Abadan, où arrive par oléoduc le pétrole venu de Perse. La présence des troupes anglaises interdit désormais à l'ennemi de venir s'approvisionner.

Shakespear, ce grand serviteur de l'Empire, alors âgé de trente-six ans, ne pourra goûter longtemps les fruits de son travail. Quelques semaines plus tard, le 24 janvier 1915, lors d'une escarmouche à Jarrab, des Bédouins alliés des Ottomans l'abattent et le décapitent[*]. Il sera remplacé par un excentri-

---

[*] Son corps repose toujours à Koweït City, près de la tour Al Hamra.

que qui hait l'*Establishment* dont il fait partie, Harry St. John Philby[*], un Anglo-Indien né à Ceylan, haut fonctionnaire aux Indes, ornithologue, polyglotte et espion à ses heures. Il choisira de jouer la carte d'Ibn Séoud, ennemi du chérif Hussein, et se convertira à l'islam.

Lawrence est l'homme des grands espaces, non des métropoles. Il apprécie peu Beyrouth et Le Caire. Du moins ce poste dans la capitale égyptienne lui permet-il d'être au cœur des événements. Il épluche les dépêches secrètes et les rapports confidentiels venus des quatre coins de l'Orient, scrute les photos aériennes, interroge les prisonniers ottomans et rédige des notes de synthèse — ce qui lui permet, et il ne s'en prive pas, d'ajouter son grain de sel et, du moins peut-il l'espérer, d'influencer ainsi les grands décideurs. Un travail à temps plein, à raison d'une quinzaine d'heures par jour. Depuis que sa mère lui a expédié sa bicyclette, au début de 1915, il circule librement dans les rues de la ville.

Si Lawrence déteste les Égyptiens et Le Caire (lui préférant Alexandrie), il rencontre, au fil des jours, toutes sortes de gens. Ses collègues d'abord qui, choisis avec le plus grand soin, sont des originaux en marge de la hiérarchie officielle. David Hogarth, le capitaine Newcombe et Gertrude Bell sont déjà de vieilles connaissances. D'autres sont des nouveaux venus dans sa vie, par exemple Kinahan Cornwallis[**], qui prendra la direction du Bureau en 1916,

---

[*] Connu sous le nom de « Kim » Philby, son fils, né en 1912 à Ambala (ville chère à Kipling), deviendra espion lui aussi, mais du côté soviétique.

[**] Né aux États-Unis, fils de l'écrivain et fonctionnaire colonial du même nom, Kinahan Cornwallis.

et Philip Graves, grand spécialiste des papillons et fin connaisseur de l'Anatolie, puisqu'il a été, avant la guerre, correspondant du *Times* à Constantinople[*]. Il y a même un Français, le Père Antonin Jaussen, un dominicain de l'École pratique d'études bibliques de Jérusalem, réfugié en Égypte. Cet ecclésiastique à la barbe imposante est un excellent arabisant, et Lawrence le trouve amusant et fin. Originaire de Sanilhac (Ardèche), Jaussen — qui vivra en Orient de 1890 à 1959 — est archéologue, ethnologue, épigraphiste et photographe. Mais l'homme qui impressionne le plus Lawrence est Ronald Storrs, dont il brossera plus tard un singulier portrait :

> Le premier d'entre nous était Ronald Storrs, attaché pour le Moyen-Orient, l'Anglais le plus brillant alors en poste dans la région et aussi le plus profond, bien que ses paupières fussent alourdies par la paresse, ses yeux ternis par le souci de sa santé, et sa bouche enlaidie par des soucis impériaux. Il n'en sema pas moins ce que nous récoltâmes, et fut toujours le premier et le plus grand d'entre nous[2].

Formé à l'anglaise, dans les meilleures écoles privées puis à Cambridge, Storrs, comme Lawrence, se nourrit de culture classique (mention Très Bien à Cambridge), mais c'est aussi un bon arabisant. La guerre amuse ce dilettante, au demeurant non dépourvu d'ambition, qui s'intéresse surtout aux arts et à la littérature. Malgré leurs différences, les deux hommes deviendront amis à vie. Pour l'heure,

---

[*] En 1921, Philip Graves sera, dans les colonnes du *Times*, un des premiers à démystifier *Le Protocole des sages de Sion*.

73

ils échangent les livres de leur bibliothèque personnelle, en particulier les classiques grecs et latins (qu'ils lisent dans le texte, cela va sans dire). Excellent linguiste, bon pianiste, grand épistolier, Ronald Storrs signera aussi quelques livres, dont ses *Mémoires* et son journal, publié après sa mort.

Un autre de ses collègues est Aubrey Herbert, un original de génie, vêtu comme l'as de pique, poète à ses heures et myope comme une taupe. C'est le demi-frère de Carnavon, le richissime mécène qui finance les fouilles de Howard Carter et contribuera ainsi à la découverte du tombeau de Toutankhamon. Herbert a fait ses études à Eton et à Oxford. Député depuis 1911, ami du Premier ministre Asquith, il est, lui aussi, polyglotte, et se flatte de connaître l'albanais, l'allemand, l'arabe, le français, l'italien et le turc. Avant de se retrouver en Égypte en 1915, il a participé à la bataille de Mons, en Belgique. Fait prisonnier par les Allemands, il est parvenu, bien qu'à moitié aveugle, à s'évader[*]. Il est l'auteur de quelques précieux ouvrages, dont *Mons, Anzack & Kout*[**] (1919) et un récit posthume de ses voyages, *Ben Kendim*, publié en 1923.

Herbert n'est pas le seul député présent au Caire. Il y a aussi George Ambrose Lloyd, formé à Eton et Cambridge, un ultra-conservateur, qui connaît le turc et rêve d'un Empire britannique tou-

---

[*] Le romancier John Buchan s'inspirera d'Aubrey Herbert pour son personnage de Sandy Arbuthnot, chasseur d'espions allemands, en particulier dans *Greenmantle* (1916). On retrouve Herbert dans *Des oiseaux sans ailes* de Louis de Besnières (Gallimard, coll. « Folio », 2008).

[**] Anzak : acronyme de *Australian & New Zealand Army Corps.*

jours plus puissant. Il ne restera pas très longtemps en Orient, assez de temps pourtant pour déceler le talent d'écrivain de Lawrence.

Presque tous jeunes, ces hommes viennent de familles très aisées — et la seule femme de l'équipe, Gertrude Bell, ne fait pas exception. Ils appartiennent à ces puissants réseaux que constituent, pour leurs anciens étudiants, Oxford et Cambridge. Vue des tranchées de Verdun au cœur boueux de l'hiver, leur situation est certes fort enviable, et certains les considèrent alors, sans aucun doute, comme d'indécents pistonnés, des « planqués de l'arrière », menant une vie de *pacha* sous le soleil enchanté de l'Orient et rédigeant de vagues rapports inutiles avant de hanter, en soirée, quelque bouge cairote peuplé de lascives danseuses du ventre sur le déclin ou d'entreprenants bardaches. Le Caire et, plus encore, Port-Saïd ou Alexandrie sentent le soufre. C'est dans le port conçu par Alexandre le Grand que l'écrivain E. M. Forster, trente-six ans, affecté à la Croix-Rouge, aura sa première relation durable avec un homme. Lawrence a d'autres priorités. Ses soirées, c'est le plus souvent seul qu'il les passe, plongé dans la lecture des écrivains grecs ou latins.

Le travail de ces hommes sera cependant essentiel à la victoire finale, car la perte de l'Égypte et de son canal au profit des Ottomans aurait changé le cours du conflit et de l'histoire. Mais la région n'est pas sans danger, loin de là. Shakespear a trouvé la mort quelque part en Arabie, et Lawrence risquera sa vie à de nombreuses reprises.

Ces agents de renseignement sont jeunes, puisque tous nés entre 1875 et 1888. Clayton, leur chef, a quarante ans en 1915 et Lawrence, le benjamin de l'équipe, en a vingt-sept. Sykes, Herbert, Woolley, Storrs, Lloyd, Cornwallis et Newcombe ont la trentaine. À quarante-sept ans, Gertrude Bell fait figure de douairière, et Hogarth, à cinquante-trois, de patriarche. Quel que soit leur âge, ces planqués de l'Orient s'enivrent du nectar de la guerre, non pour sa violence, mais parce qu'elle est pour eux, ils le pressentent, une expérience unique et un formidable tremplin. Et puis, pourquoi le nier ? Ils préfèrent le Nil à la Tamise, le plein soleil à la grisaille, l'aventure au train-train quotidien ou au lent égrènement des heures. Ils illustrent à merveille, en somme, la phrase attribuée à Clemenceau, docteur en médecine et expert en bons mots : « La guerre est une chose trop sérieuse pour n'être confiée qu'à des militaires. » Si l'on excepte Clayton et Newcombe, ces hommes n'ont des grades que pour la bonne règle, et à titre temporaire. David Hogarth, par exemple, n'a rien d'un marin de Sa Majesté, et voici pourtant qu'il se retrouve, comme réserviste, sous l'uniforme de la Navy. L'habit ne fait ni le moine ni l'officier, et même sous l'uniforme, que ses supérieurs ont fini par lui imposer, le sous-lieutenant Lawrence se moque de l'élégance empesée des militaires.

En Orient, 1915 est une année difficile. Dès janvier-février, les Ottomans, sous les ordres de Djamal Pacha et du général von Kressenstein, cherchent à s'emparer du canal de Suez, du côté d'Ismaïlia. Ils se heurtent aux soldats indiens et néo-zélandais et se replient le 3 février. Quelques semaines plus tard, les forces navales et terrestres de l'Entente — en l'occurrence des Franco-Britanniques —, veulent prendre le détroit des Dardanelles et, de là, Constantinople. La Navy, sous les ordres de Churchill, est persuadée de l'écrasante supériorité de la marine anglaise. Or, les Ottomans, sous les ordres du général Liman von Sanders, résistent, dans de durs combats, où s'illustre Mustafa Kemal. L'opération fait, en quelques mois (surtout d'avril à novembre), un demi-million de victimes ottomanes, dont beaucoup d'Arabes, et de Franco-Britanniques, dont des Australiens, des Néo-Zélandais et, du côté français, des Sénégalais. La bataille de Gallipoli, également appelée des Dardanelles, est une lourde défaite qui a conduit à la démission de Churchill.

Au Caire, Lawrence et ses collègues assistent de loin à la défaite. Plus que jamais, Lawrence est persuadé qu'il faut lancer une opération contre les Turcs. Il conviendrait, écrit-il, de faire d'une pierre deux coups : un débarquement dans le port d'Alexandrette*, à la charnière de l'Anatolie et du Levant, occuperait les Turcs, tout en coupant l'herbe sous le pied des Français. Une fois Alexandrette conquise par les Britanniques, il suffirait, pour éviter toute friction entre les tribus arabes de Syrie, de placer à la tête du pays ainsi débarrassé des Ottomans un dignitaire incontestable de l'islam historique, de préférence anglophile : Hussein, le chérif de La Mecque.

Personne, au Caire, ne met en doute l'intelligence et l'habileté du « petit Lawrence », comme

---

* Aujourd'hui Iskunderun (Turquie).

on l'appelle, et encore moins sa connaissance du monde arabe. Mais ce n'est, tout de même, qu'un jeunot, et son plan est trop anti-français pour séduire les hauts responsables britanniques. Ceux-ci ne veulent pas heurter de front leurs alliés, alors que les pays de l'Entente doivent, par définition, feindre de s'entendre. Même si, bien sûr, la politique reste la politique et n'interdit pas, en coulisses, de passer des accords secrets avec les Arabes, lesquels espèrent ainsi se voir octroyer, à la fin de la guerre, la meilleure part du gâteau. Le haut-commissaire McMahon écarte l'idée d'un débarquement au nord, mais fait des appels du pied à La Mecque. Et c'est ainsi que se prépare, dans l'ombre des ministères ou des bureaux de Londres et du Caire, ce que les historiens appelleront bientôt « l'accord Sykes-Picot ».

En cette année 1915, la famille Lawrence paie à la guerre un lourd tribut, puisque, à deux semaines d'intervalle, deux de ses fils — Frank en mai, puis Will en septembre — trouvent la mort en France. Dans ses lettres, le jeune sous-lieutenant tente de consoler ses parents. Comme pour mieux s'en persuader lui-même, il leur écrit que cette double tragédie est, somme toute, un grand honneur. Il est surtout touché par la mort de Will, dont il s'est toujours senti très proche.

Le désastre de Kout

Pour Lawrence, la routine cairote sera cependant interrompue, en août 1915, par un séjour de quelques jours à Athènes puis, l'année suivante, par une mission de deux mois en Mésopotamie. C'est que les choses ont bien évolué depuis le débarquement des forces anglo-indiennes à Bassora, sur le golfe Persique. Celles-ci, sous les ordres du général Charles Townshend, ont progressé vers le nord et atteint Ctésiphon, en novembre 1915. Bagdad n'est plus qu'à une trentaine de kilomètres. Persuadé que la prise de cette ville mythique, celle des *Mille et Une nuits*, ferait oublier le désastre des Dardanelles, le Premier ministre Asquith pousse à la poursuite des opérations, ainsi que le commandant en chef de l'armée des Indes Beauchamp Duff et le général John E. Nixon, qui commande la force expéditionnaire en Mésopotamie. À Delhi, la nouvelle capitale, le vice-roi Hardinge se prend même à rêver et considère que la Mésopotamie pourrait devenir une sorte de protectorat de l'Inde britannique et accueillir ainsi son trop-plein de population. Incarnation de l'impérialisme anglais,

Hardinge, ami du roi Edward VII, a été blessé par une bombe lors de l'inauguration de la nouvelle capitale. Servir aux Indes est une tradition familiale, puisque son grand-père a lui-même été viceroi, de 1844 à 1848. Se sentant investi d'un rôle essentiel, Hardinge n'hésite pas, en février 1915, à se rendre à Bassora pour juger sur place de la situation et galvaniser les troupes.

Fin stratège, le ministre de la Guerre Kitchener reste beaucoup plus prudent. Il sait que les Anglo-Indiens connaissent mal le terrain et ne disposent que de cartes sommaires. Et puis, l'intendance ne suit pas. Pour tout arranger, la baraka n'est jamais du côté du général Townshend qui, comme jeune capitaine, a déjà vécu, en 1895, le long siège de Chitral, au nord-ouest des Indes, d'où son surnom de « Chitral Charlie ». Un excentrique et un égocentrique, lui aussi francophone et même marié à une Française, mais meilleur joueur de banjo que grand stratège.

Les Anglo-Indiens sont en outre confrontés à un problème majeur : l'acheminement des vivres, des animaux et du matériel qui, depuis le golfe Persique, devient de plus en plus difficile. Bien entraînées, les troupes ottomanes sont sous les ordres du commandant Khalil Pacha et, surtout, d'un officier prussien de haut rang, von der Goltz (à qui les Turcs ont attribué le titre de *pacha*), un officier septuagénaire de la vieille école, compétent et impitoyable. Le jeu est inégal, et l'armée indienne doit, à marches forcées, se replier vers le sud.

La débâcle est bientôt totale. En décembre 1915, les troupes venues des Indes se retrouvent encerclées à Kout al-Amara, une bourgade de quatre mille habitants, située sur les bords du Tigre, à cent soixante kilomètres au sud de Bagdad. Alors que les soldats manquent de tout, et surtout de nourriture, malgré quelques tentatives de ravitaillement par des aéroplanes de la RFC — la *Royal Flying Corps* — survolant les lignes en rase-mottes (une première dans l'histoire). Le siège durera près de cinq mois, et c'est en vain que les cipayes attendront l'arrivée des secours venus du Golfe.

À Londres, le ministre de la Guerre Kitchener dispose pourtant d'un précieux atout, son expérience. Il connaît à la fois l'armée des Indes, dont il a naguère été le commandant en chef, ainsi que l'Orient, puisqu'il a été en poste au Caire. Or, chacun le sait, comme le déplore Kant, « tout homme a son prix, pour lequel il se vend ». Il convient dès lors, pense Kitchener, de jouer sur la corruption supposée des Turcs. La mission que le haut-commissaire McMahon, à la demande du ministre de la Guerre, confie au turcophone Herbert et à l'arabiste Lawrence, promu capitaine, est simple : ils doivent soudoyer les Ottomans avec un million de livres en or. Appâtés par le gain, les Turcs permettront alors aux forces anglo-indiennes, du moins Kitchener et McMahon l'espèrent-ils, de se replier vers le Golfe.

Le 5 avril, Lawrence arrive sous les palmiers de Bassora. Il y retrouve Gertrude Bell, que le vice-roi Hardinge a envoyée sur place, et l'assyriologue Campbell Thompson, un des anciens de Karkemish (l'Orient est un tout petit monde, et Lawrence retrouvera aussi, à Kout, Hubert W. Young, devant

qui il a naguère sculpté la gargouille de Dahoum).
Malgré la chaleur, l'heure n'est cependant pas à
l'évocation des bons souvenirs. Quelques jours plus
tard, le colonel W. H. Beach, T. E. Lawrence et
Aubrey Herbert arrivent à Kout et, agitant le drapeau blanc, rencontrent les Turcs, mais toute trac-
tation s'avère impossible : dans un de ses rares
moments de vertu, le général Enver a déjà fait savoir, de Constantinople, qu'il refuse l'or anglais.
Les jeux sont faits, et le 29 avril 1916, le général
Charles Townshend doit se rendre. Pour les Anglais, cette défaite sera une des plus cuisantes de la
guerre : vingt-trois mille morts, des milliers de blessés, et plus de onze mille prisonniers — presque
tous sont des cipayes indiens ou des Gurkhas[*] —,
dont cinq mille ne reviendront pas. Bons princes,
les Turcs enverront « Chitral Charlie » à Constantinople. Logé dans une grande demeure surplom-
bant le Bosphore et entouré de domestiques, le
général y coulera des jours heureux, jusqu'à la fin
du conflit.

Pourquoi cette tragédie, qui aurait pu être évi-
tée ? Une des faiblesses de la Grande-Bretagne
engagée en Orient est que les troupes envoyées en
Mésopotamie ne dépendent alors ni du Caire ni de
Londres, mais de l'état-major de l'armée des Indes,
même si celui-ci doit, en principe, en référer en
haut lieu. Sur les aristocratiques hauteurs de
Shimla, dans la douce fraîcheur de l'Himalaya, des
officiers supérieurs, une tasse de thé à la main, ont

* Soldats d'origine népalaise recrutés, depuis 1815, dans l'armée des Indes.
200 000 d'entre eux participèrent aux combats de la guerre 1914-1918.

pris leurs décisions sans se soucier du sort de leurs hommes épuisés. Sur les bords du Tigre, au cœur de cette Mésopotamie tant convoitée, les cipayes et les Gurkhas ont souffert du froid et de la chaleur, des moustiques, de la maladie, de la faim, de la soif et, plus encore sans doute, de l'indifférence glacée de leurs supérieurs.

Comme les hauts gradés de Shimla, le général Townshend, persuadé de la supériorité intrinsèque de l'armée des Indes, sous-estime l'ennemi turc. Dans *Les Sept Piliers de la sagesse*, Lawrence résumera la situation en quelques lignes :

> [L]a Grande-Bretagne ne doutait pas à l'époque d'une victoire aussi rapide que facile et envisageait l'écrasement de la Turquie comme une promenade de santé. C'est pourquoi le gouvernement des Indes ne voulut pas entendre parler du moindre accord avec les nationalistes arabes, propre à gêner son projet de faire jouer à la future colonie mésopotamienne le rôle d'une Birmanie qui se sacrifie pour le bien général[1].

Tragédie humaine (Lawrence parlera d'un « long calvaire »). Désastre militaire. Erreur politique surtout. Absence de cohésion entre les diverses administrations de Londres, du Caire et de Shimla. La Grande-Bretagne sera atterrée par cette défaite aussi humiliante que celle des Dardanelles. À Delhi, le général Beauchamp Duff, relevé de ses fonctions en octobre de cette année 1916, se suicidera en janvier 1918.

Après quelques jours à Bassora, où Gertrude Bell devient la correspondante du Bureau arabe, le capitaine Lawrence rentre au Caire, le 26 mai, et y retrouve ses piles de dossiers. Mais, où qu'il se trouve, il n'oublie jamais sa vocation secrète, celle d'écrivain. Or, justement, il a un projet depuis quelques mois : créer une petite revue confidentielle, qui ne se contentera pas d'informations brutes et publiera aussi des analyses de fond substantielles, de préférence bien écrites. Les rédacteurs sont vite trouvés, puisque tous ses collègues du Bureau, ou presque, sont des anciens d'Oxford et de Cambridge pétris de culture classique, comme Ronald Storrs ou Gertrude Bell.

C'est ainsi que sort, le 6 juin 1916, le premier numéro de ce qui va devenir *The Arab Bulletin*, dont Lawrence a été le premier responsable. Destinée à quelques *happy few*, puisque tirée à une trentaine d'exemplaires, la revue connaîtra, de 1916 à 1919, cent quatorze numéros qui, aujourd'hui encore, constituent une mine d'informations pour l'historien[*]. Mobilisé par d'autres missions, Lawrence sera vite remplacé à ce poste par David Hogarth, qui dirige désormais le Bureau arabe au Savoy Hotel, puis par Kinahan Cornwallis, mais il continuera d'y collaborer. C'est dans cet *Arab Bulletin* que Lawrence dressera, en 1917, une liste de vingt-sept préceptes[**] pour faciliter les contacts avec les Bédouins du Hedjaz.

Depuis plusieurs mois, à Londres, les Britanniques s'activent beaucoup en coulisses. Afin de couper la route aux Ottomans et aux Allemands, ils

___

[*] La collection complète a été rééditée, en quatre volumes (1 900 pages), à Cambridge (Archive Édition), en 1986.
[**] Ils ont été publiés dans les annexes de la biographie de Jeremy Wilson, *Lawrence d'Arabie : la biographie autorisée de T. E. Lawrence* (1989), traduit de l'anglais par Maurice Larès et Jean-François Moisan (Denoël, 1994).

ont chargé le haut-commissaire McMahon de convaincre les Arabes de prendre les armes afin de conquérir leur liberté. Ce que fait celui-ci, en toute bonne foi. À plusieurs reprises, il écrit à l'émir Hussein, le chérif de La Mecque, descendant de Hachim et donc, assure la tradition, de Mahomet. Or, sans l'aval et la bénédiction du chef spirituel des Hachémites, rien ne sera possible. Hussein n'a certes plus l'âge d'être un chef de guerre, approchant ou dépassant, personne ne le sait au juste, les quatre-vingts ans. Reste que son prestige est immense, puisqu'il est le gardien de La Mecque, ville sainte entre toutes, et de son pèlerinage. De ce fait, l'histoire de son clan et ses responsabilités religieuses lui donnent une légitimité incontestable dans les tribus arabes, mais aussi chez les Ottomans et tous les musulmans du monde, y compris ceux de l'Inde britannique. C'est un homme imposant, courtois, élégant mais versatile, dont le regard, dit-on, hypnotise ou séduit tous ceux qui croisent sa route.

Les tractations entre McMahon et Hussein se poursuivent pendant de longues semaines, car le chérif, sentant le vent tourner dans le bon sens, a des exigences, et pas seulement financières. Il veut, bien sûr, l'indépendance de la péninsule Arabique et du Hedjaz, mais entend aussi mettre la main sur la Grande Syrie, voire la Mésopotamie. Puis il se prend à rêver : en somme, il se verrait bien devenir calife de tout le monde arabo-musulman. Or, les alliés français et britanniques ont, dès septembre 1914, conclu un accord de caractère général : à la fin de la guerre, ils devront se mettre d'accord sur les clauses de l'armistice. Et pour ne pas être pris de court, ils ont déjà commencé, en secret, à se partager sur une carte les dépouilles de l'Empire ottoman. Même si les détails restent flous, il leur paraît déjà acquis que le Proche-Orient sera divisé en deux sphères d'influence, une française et une anglaise.

En attendant la victoire, il convient de jouer serré avec Hussein et de cacher aux Arabes leurs intentions réelles. Les Britanniques parlent d'indépendance, mais envisagent tout autre chose : une vague autonomie, qui pourrait se concevoir sous la forme imprécise d'un dominion. Les Anglais savent, mieux que d'autres, feindre de laisser le pouvoir à des gens qui, pourtant, n'en ont aucun. Cette technique, ils l'ont déjà utilisée aux Indes jusqu'en 1858 : couvert d'honneurs, un empereur moghol régnait à Delhi, mais tout se décidait à Calcutta, la capitale officielle, et à Shimla, la capitale d'été, par ailleurs quartier général de l'armée des Indes.

Les Britanniques abreuvent Hussein de belles promesses — celles qui n'engagent que ceux qui y croient —, et les accompagnent d'un sésame qui a fait ses preuves depuis longtemps : l'argent. Londres se garde même de dévoiler à McMahon que, l'armistice conclue, les deux puissances occidentales reprendront la main sur les Arabes et se partageront l'Orient dans le sens de leurs intérêts. L'alliance entre les Britanniques et les Arabes apparaîtra alors comme ce qu'elle est : un marché de dupes, ourdi sur les bords de la Tamise et de la Seine. Une fois la victoire sur les Ottomans assurée, grâce à l'aide des Arabes grisés par la perspective des lendemains qui chantent, les Anglais écarteront McMahon et l'enverront au diable (le Balouchistan, en l'occurrence). Ce qui sera fait le 1er janvier 1917 avec la nomination d'un nouveau haut-commissaire en Égypte, Reginald Wingate. Dès lors, les belles promesses naguère faites aux Arabes par McMahon s'évanouiront comme autant de mirages en plein désert.

Élaboré en secret — ou du moins dans un relatif secret —, le plan a été négocié avec les Français dans les premiers mois de 1916 et signé à Londres le 16 mai. Bien qu'il soit entré dans l'histoire sous le nom de d'« accord Sykes-Picot », le document porte la signature de ses vrais promoteurs, Edward Grey, le ministre des Affaires étrangères, et Paul Cambon, un des fondateurs de l'Alliance française, ancien résident de France en Tunisie et à Constantinople, promoteur de l'Entente cordiale et ambassadeur à Londres pendant vingt-deux ans (il a fait ses études de droit en Grande-Bretagne). Selon Henry Laurens, cet accord franco-britannique aurait cependant été appelé « Sykes-Picot », afin de dégager la responsabilité des politiques qui l'ont conçu : « Cette appellation n'est pas innocente, elle a été imposée par le gouvernement britannique lors de la Conférence de la paix afin de minimiser les engagements pris en les ravalant à des initiatives de subalternes, au grand dam des Français[2]. »

Reste que Mark Sykes et François Georges-Picot ont bien joué un rôle clef dans les négociations : l'Anglais est un proche collaborateur de Kitchener, et le Français a été consul de France à Beyrouth avant de revenir au Caire, aux côtés du représentant de la République française en Égypte, Albert Defrance, ancien sous-directeur du Levant au Quai d'Orsay, fin connaisseur de l'Orient et marié à une Libanaise.

Qui fait la guerre prépare la paix... Georges-Picot, hostile aux Britanniques, parvient à faire attribuer à la France l'administration de la Grande Syrie, du Liban et du nord de la Mésopotamie, tandis que les Anglais se verront confier la Mésopotamie du sud et la Transjordanie. L'accord prévoit aussi quelques cas particuliers (la Palestine, Jérusalem et le port d'Alexandrette). Quelques avantages seront enfin attribués à d'autres alliés (Russie et Italie). Quant aux Arabes, la réalité ne sera pas à la hauteur de leurs grandes espérances : ils n'auront, pour l'essentiel, que la péninsule Arabique. « Cet accord secret Sykes-Picot était l'expression de l'impérialisme du XIXe siècle : il divisait le Proche-Orient selon des frontières arbitraires, comme l'Afrique avait été dépecée dans les décennies précédentes. Il satisfaisait les appétits des États bénéficiaires suivant les rapports de force. Il visait surtout à apaiser les tensions entre la France et la Grande-Bretagne, nuisibles à la lutte contre l'ennemi commun[3]. »

Au Caire, seuls quelques hauts responsables, comme le général Clayton et David Hogarth, connaissent l'accord Sykes-Picot dans le détail. Lawrence lui-même n'en sera informé que plus tard, puisqu'il regagne Le Caire dix jours après la signature du document. Et désormais les priorités des Britanniques en Orient sont autres : sous la férule du chérif de La Mecque, Hussein ibn Ali, les Arabes s'apprêtent à prendre les armes contre les Ottomans. C'est qu'il y a désormais urgence : sous les ordres du major von Stotzingen, quelque trois mille cinq cents soldats s'apprêteraient à descendre vers Hodeida, au Yémen, ultime maillon entre Berlin et sa colonie d'Afrique de l'Est (Tanganyika). Or, l'arrivée de renforts allemands au Yémen mettrait en grand danger Aden — escale obligée pour les convois de troupes anglaises arrivant de Bombay —, mais aussi l'île britannique de Perim contrôlant Bab el-Mandeb, le détroit qui sépare le golfe d'Aden et la mer Rouge. D'autant que Berlin dispose dans la région d'une station radio, qui émet des programmes de propagande à destination de l'Empire ottoman et du Tanganyika.

Lever de rideau au Hedjaz

Côté arabe, le début de la révolte s'avère assez prometteur. En quelques semaines, les soldats du chérif Hussein chassent les Turcs de La Mecque et de Ta'if — bourgade en altitude proche de la ville sainte —, et s'emparent des ports de Djeddah, Rabigh et Yenbo. L'éphémère Royaume du Hedjaz naît alors, avec La Mecque comme capitale, et Hussein, le 27 juin, s'en autoproclame roi. Les Britanniques apportent aux libérateurs une aide substantielle en armes et en argent, mais hésitent sur la suite des opérations. Faut-il aussi envoyer des troupes ? D'un point de vue militaire, un débarquement anglais permettrait de bouter les Turcs hors de la région, mais sur le plan politique, cela fragiliserait beaucoup l'allié Hussein, à qui des musulmans pourraient reprocher d'avoir besoin des Occidentaux, c'est-à-dire des chrétiens (authentiques ou présumés) —, pour asseoir son autorité. La Grande-Bretagne ne peut ignorer que l'Empire des Indes a lui-même une importante communauté musulmane. Même au Caire les avis sont partagés. Agissant en rivaux, les hauts responsables anglais y jouent des partitions différentes et tentent, chacun de leur côté, d'influencer Londres. Le propre de tout pouvoir est de générer des administrations rivales qui, au lieu de servir l'État, s'observent et se nuisent. « Trop de cuisiniers gâtent la soupe », dit pourtant le proverbe anglais. Le haut-commissaire McMahon l'ignore encore, mais ses jours au Caire sont comptés.

Hussein et trois de ses fils — Ali, Abdullah et Fayçal — sont eux-mêmes partagés sur la suite qu'il convient de donner aux opérations. Certes, leurs troupes connaissent le terrain et font preuve de ruse, de courage et de panache. Pour autant, elles sont indisciplinées et ne font pas le poids devant les Turcs bien armés qui tiennent la ville de Médine, terminus de la ligne de chemin de fer. La garnison est sous les ordres de Fakhri Pacha, un officier compétent mais impitoyable, qui s'est naguère illustré dans le massacre des Arméniens et à la bataille de Gallipoli. Tenace, il ne se rendra jamais.

Les premières victoires du chérif Hussein apparaissent dès lors bien fragiles. Au Caire, Lawrence trépigne. Ce qui ne l'empêche pas de s'activer sur tous les fronts, même ceux qui paraissent mineurs : c'est ainsi qu'il conçoit et dessine avec son ami Storrs la sortie des premiers timbres postaux du nouveau Royaume du Hedjaz afin de prouver que le divorce est, cette fois, consommé avec l'Empire ottoman. Remplaçant les vignettes turques utilisées depuis 1881, ces timbres en piastres entrent en circulation en octobre 1916, soit au cours de l'année 1334 du calendrier musulman. Preuve, une fois de plus, que Lawrence, philatéliste en ses vertes années, s'intéresse à tout et a des talents pour tout (le dessin, en l'occurrence, mais aussi les techniques de reproduction en couleurs). Mis au courant du projet, Hogarth, alors à Londres, s'enthousiasme et informe le général Clayton que le roi George V, grand philatéliste, attend ces nouveaux timbres avec impatience. Lawrence n'oubliera pas d'en envoyer quelques-uns à son frère Arnold.

C'est alors que l'anticonformiste Clayton, le chef du renseignement, décide d'envoyer à Djeddah deux observateurs en qui il a toute confiance, Storrs et Lawrence. Encore que, pour celui-ci, la mission ne soit en rien officielle, puisque c'est, aux yeux de tous, pour une permission bien méritée qu'il s'éloigne incognito du Caire, le 12 octobre. Quatre jours plus tard, il se retrouve avec Storrs à Djeddah, ce petit port de la mer Rouge, où Arthur Rimbaud, fuyant Charleville, s'était arrêté jadis, sur le chemin d'Aden. Une autre époque... Encore qu'il y ait, en cette année 1916, un autre Français en train de bourlinguer sur un boutre dans la mer Rouge, au large de l'Abyssinie et de Djibouti. Trafiquant d'armes, de haschisch et de perles, cet homme se fait appeler Abd el-Haï, mais son nom d'état civil est Henry de Monfreid. Lui aussi a fui l'Europe, où il s'ennuyait, pour courir l'aventure en Orient. Ce qui lui permet d'espionner et de photographier les positions turques. Une façon comme une autre de faire la guerre, puisque l'armée l'a réformé. Clin d'œil des dieux ? Peut-être, car il y a des points communs dans le destin de Rimbaud, Monfreid et Lawrence, ne serait-ce que leur non-conformisme viscéral et leur allergie à toute vie rangée.

Pour l'heure, faute de poètes français en cavale, ce sont des officiers que Lawrence rencontre à Djeddah, en tout premier le colonel Cyril Wilson, représentant de Sa Majesté et correspondant local du Bureau arabe. Il fait aussi la connaissance du colonel Édouard Brémond, qui, depuis quelques semaines, est le chef de la mission militaire française en Égypte et au Hedjaz, laquelle est, pour l'essentiel, composée de civils et de militaires musulmans. Cet officier est un homme cultivé et de grande expérience. Il a longtemps servi en Algérie et au Maroc, parle arabe et connaît fort bien le monde musulman, du moins celui des colonies d'Afrique du Nord. Or, une mission peut en cacher une autre, et celle de Brémond est tout autant politique que militaire : le président du Conseil Aristide Briand entend d'abord donner un gage à l'islam afin d'asseoir son pouvoir dans ses colonies du Maghreb et de freiner les ambitions des Hachémites. Derrière les salamalecs des Français, qui songent plus à la Syrie qu'au Hedjaz, on perçoit en filigrane un objectif plus intéressé : celui de faire flotter, plus au nord, les trois couleurs. Pour l'heure, alors que la France est en pleine guerre, voici qu'elle trouve le temps et l'argent pour faciliter la venue à La Mecque, fin septembre 1916, d'une délégation de plus de six cents pèlerins musulmans, dont les lourdes valises regorgent de coûteux cadeaux.

La première rencontre entre le barbu Brémond et le « petit Lawrence », toujours rasé de près, reste courtoise, mais tout les sépare, et le courant ne passe pas. L'Anglais comprend que le Français est surtout là pour inciter les Bédouins à assiéger Médine, ce qui leur ferait perdre beaucoup de temps, car la garnison turque est solide, mais une telle action retarderait d'autant leur marche vers Damas et leur interdirait de prendre pied dans une région tant convoitée par la France. En vieux routier de l'art militaire, le colonel Brémond envisage un débarquement de soldats au Hedjaz — soldats ou officiers qui, pour l'essentiel, seraient des musulmans du Maghreb, comme le remarquable Hadj Chérif Cadi, premier Algérien à entrer à Polytechnique ou le capitaine Sidi Raho. Le chef de la mission militaire française n'oublie pas que La Mecque et Médine sont, pour les mahométans, des villes saintes entre toutes. Le jeune Lawrence, que ces calculs politico-religieux laissent indifférent, pense, au contraire, qu'il faut laisser toute liberté de manœuvre aux Bédouins du roi Hussein. À ses yeux, un débarquement des forces alliées, fussent-elles composées de musulmans, serait perçu par les Arabes et par les musulmans de l'Empire comme une humiliante provocation.

Djeddah est un point stratégique sur la mer Rouge, artère vitale qui, du canal de Suez au golfe d'Aden, s'étire sur près de deux mille kilomètres et quelque 450 000 kilomètres carrés. Plus au sud, sur l'autre rive, il y a Port-Soudan, une bourgade créée par les Britanniques au cours de la décennie précédente afin de servir à la fois de port sur la mer Rouge et de terminus à la ligne de chemin de fer reliant le Nil à la côte soudanaise. Quand Lawrence arrive dans le Hedjaz, le Soudan égyptien est, depuis des années, dans la sphère d'influence britannique, et son gouverneur général — pour quelques semaines encore — est Reginald Wingate.

La mission que Lawrence s'est lui-même fixée est simple : il veut choisir le chef naturel de la révolte arabe. Hussein est trop vieux et son fils Zeid, vingt ans — né d'une mère turque —, est trop jeune. Lawrence fait d'abord, à Djeddah, la connaissance d'Abdullah, trente-cinq ans, qu'il trouve sympathique, mais « trop sage, trop détaché, trop badin[1] ». Puis il se rend en bateau à Rabigh, plus au nord, pour y rencontrer Ali, trente-sept ans. Verdict : « un homme de qualité, scrupuleux, prudent, somme toute agréable, mais sans grande force de caractère » et, qui plus est, tuberculeux[2]. Lawrence part enfin pour Hamra, près du *wadi** Safra où Fayçal, trente-trois ans, a dressé son camp. Un éprouvant voyage en chameau de plus de cent cinquante kilomètres à travers le désert, voyage pour lequel le capitaine Lawrence s'est habillé en Bédouin. Naguère encore, une telle expédition aurait pour lui été un jeu d'enfant mais, confiné depuis des mois dans son bureau du Caire, il n'a plus la forme physique de ses années à Karkemish — qui lui paraissent déjà si lointaines. Et la chaleur du désert est écrasante, puisque la température peut atteindre une cinquantaine de degrés.

Lawrence tombe aussitôt sous le charme de Fayçal, et le choix s'impose de lui-même : des fils en

---

* Le mot arabe *wadi* signifie : vallée, cours d'eau (temporaire). On le retrouve sous la forme « oued » en Afrique du Nord et « gwad » en Espagne, comme dans le nom du fleuve Guadalquivir.

âge de combattre, c'est Fayçal, le cadet des trois, qui sera le mieux à même de conduire la révolte.

[J]e sentis au premier regard que j'avais trouvé l'homme que j'étais venu chercher en Arabie, ce chef qui était tout ce qui manquait à la révolte arabe pour atteindre à la victoire. Grand et élancé, semblable à une colonne, il portait une longue robe de soie blanche et un keffieh brun retenu par un cordon rouge vif et or. Il gardait les paupières baissées ; sa courte barbe noire et la pâleur de son visage lui faisaient comme un masque contrastant avec la vigilance tranquille, singulière, qui émanait du reste de sa personne[3].

Et Lawrence ajoute :

Il s'entendait à jauger les hommes. S'il avait la force de réaliser ses rêves, il irait très loin, car il était tout entier dans son œuvre et ne vivait pour rien d'autre [...]. En attendant, était offert à notre main, si elle était suffisamment grande pour la saisir, le plus bel instrument que Dieu eût jamais forgé pour le Levant, le prophète qui donnerait une forme irrésistible à l'idée œuvrant derrière le soulèvement arabe[4].

Lawrence, on le voit, possède un don assez rare : c'est un fin psychologue (ce qui ne l'empêchera pas de commettre des erreurs de jugement). Dans *Les Sept Piliers de la sagesse*, il excelle dans le portrait qu'il brosse de toutes les personnes qu'il croise, même s'il en rajoute un peu — c'est une des lois du genre —, pour donner à son récit plus de nervosité, de souffle et de pittoresque. Ce sens psychologique, qui ne s'apprend pas dans les manuels, explique aussi les contradictions apparentes qui apparaissent dans ses propos. Il dit à chacun ce qu'il convient de dire pour obte-

nir le meilleur d'eux-mêmes. À l'inverse de beaucoup d'officiers ou de politiques qui préparent
leurs opérations sur le papier, lui prend en compte
la géographie, l'histoire et la psychologie des peuples. C'est ainsi qu'il réalisera bientôt un rêve
impossible : prendre Aqaba.

Lawrence regagne le port de Yenbo le 26 octobre
1916. Il passe quelques jours à rédiger un rapport,
retourne à Djeddah puis, au lieu de repartir tout de
suite vers Le Caire, monte sur le bateau de l'amiral
Rosslyn Wemyss, vite séduit par ce petit agent de
renseignement qui revient d'une mission au Hedjaz.
Or, cet officier supérieur n'est autre que l'arrière-
petit-fils du roi William IV. Ami personnel de
George V, il vient d'une des plus riches et plus célèbres familles d'Écosse, dont le château fortifié se
dresse dans une bourgade du comté de Fife qui porte
son nom, Wemyss.

Lawrence passe sur la rive soudanaise de la mer
Rouge. Méprisant une fois de plus la voie hiérarchique, il entend se rendre de Port-Soudan à Khartoum, en compagnie de l'amiral, afin d'informer de
vive voix le gouverneur général Wingate de la
situation au Hedjaz. La chance sera de son côté,
puisqu'il frappe à la porte du palais de Wingate
non seulement aux côtés de Wemyss, mais à un
moment crucial : c'est alors, en effet, que Wingate
va apprendre qu'il a été choisi pour remplacer au
Caire le haut-commissaire McMahon.

Reginald Wingate*, qui les reçoit, a déjà eu une
longue et brillante carrière, ayant notamment servi

---

* Son cousin Orde Wingate s'illustrera en Birmanie pendant la Seconde Guerre
mondiale.

aux Indes, à Aden, en Égypte et en Afrique du Sud, avant de remplacer Kitchener comme gouverneur général du Soudan en 1899. Franc-maçon, comme beaucoup de grands serviteurs de l'Empire à cette époque, spécialiste du renseignement, c'est un officier cultivé, qui n'a pas hésité à apprendre l'arabe. Sujet à de violentes colères, Wingate, dit-on, n'est pas facile, mais Lawrence saura le séduire. Il passe ainsi à Khartoum deux ou trois jours d'intenses discussions, ce qui ne l'empêche pas de consacrer une partie de son temps — ce n'est pas un grand dormeur — à relire un de ses livres préférés, *Le Morte Darthur* de Malory. Personne n'en a alors conscience, mais le destin de la révolte arabe se joue là, au palais de Khartoum. Un capitaine de vingt-huit ans, qui n'est même pas un militaire de carrière, s'enthousiasme pour la révolte arabe et disserte, d'égal à égal, sur l'avenir de l'Orient avec deux quinquagénaires, piliers de l'*Establishment*, Reginald Wingate, le nouveau haut-commissaire du Caire, un des fonctionnaires les plus décorés de l'Empire, et Rosslyn Wemyss, qui, dès l'année suivante, deviendra premier lord de l'Amirauté, c'est-à-dire commandant général de la marine anglaise, un des plus hauts titres du royaume.

Tandis que Lawrence prend le train pour regagner l'Égypte, des messages sont échangés entre Khartoum et Le Caire, puis entre Le Caire et Londres. Mais les jeux sont déjà faits. Au lieu d'un débarquement franco-anglais au Hedjaz, comme le suggère le colonel Brémond, les Alliés choisissent l'option Lawrence : pas de débarquement en force, mais envoi de conseillers auprès de Fayçal. Cette solution arrange bien Londres et Paris, car c'est avant tout sur le front de Verdun, où la situation est grave, qu'il convient de faire converger l'essentiel de l'effort militaire. L'Orient, après tout, est bien loin.

À peine arrivé au Caire, Lawrence apprend du général Clayton qu'il lui faut, sur-le-champ, repartir pour le Hedjaz pour y conseiller les Bédouins. Ce qui, semble-t-il, ne l'enthousiasme pas, loin de là, et les raisons qu'il donne méritent d'être notées :

> Cela ne me disait absolument rien, et je fis valoir que je n'étais pas la bonne personne : j'abominais, plaidai-je, les responsabilités, et s'il y avait un rôle qui en comportait, c'était bien celui de conseiller, sans compter que, ma vie durant, les objets m'avaient infiniment mieux réussi que les êtres, et les idées mieux que les objets, ce qui me rendait doublement difficile la mission d'amener avec succès des hommes à se plier à mes fins. Ils n'étaient pas ma matière première, on ne m'avait pas formé à cette discipline. Je n'avais rien d'un soldat, j'avais le métier des armes en horreur[5].

Même s'il ne faut pas exclure que Lawrence tente, après coup, de se dédouaner en affirmant qu'il n'était en rien taillé pour la mission qui lui était confiée en novembre 1916, la citation contient un passage essentiel parce qu'on y décèle une confidence et un regret teinté d'amertume : « Ma vie durant, les objets m'avaient infiniment mieux réussi que les êtres, et les idées mieux que les objets. » Sa vie montre pourtant qu'il a mieux réussi dans ses rapports humains que la plupart des gens. Il n'a cessé de se faire des amis — de vrais amis, des amis pour la vie, dont le soutien, jusqu'au dernier jour, sera indéfectible. Comme tous les êtres d'exception, il s'est certes heurté à quelques hommes, par exemple le colonel Brémond ou le colonel Wilson, mais même ce dernier fera, l'heure venue, amende honorable et le recommandera pour une haute décoration, la Distinguished Service Order.

Sans doute moins à contrecœur qu'il ne le laisse entendre, le nomade Lawrence reprend la route du sud et retrouve le port de Yenbo le 2 décembre 1916.

Premiers combats

À Yenbo, la situation sur le terrain a bien changé depuis son départ pour le Soudan, à la fin du mois d'octobre. Certes, les Arabes ont mené çà et là des attaques mais, mal dirigés, ils ont subi des revers face aux Turcs. Retranchés à Médine, ceux-ci lancent des opérations-surprise d'autant plus efficaces qu'ils possèdent une solide artillerie, dont les Bédouins ont une peur extrême. C'est que les Turcs sont de vrais professionnels, conduits par de bons officiers, alors que les soldats des fils Hussein n'ont comme atouts que le courage, la soif de liberté et la connaissance du terrain. Pour les Britanniques, ce sont des soldats d'opérette, rebelles à toute discipline militaire, toujours prêts à gaspiller leurs munitions en tirant vers le ciel et à chaparder ici et là pour se payer en nature.

Le soutien des Alliés ne leur est pourtant pas mesuré. Tout d'abord, la Navy qui croise dans la mer Rouge peut apporter aux Arabes un puissant appui en bombardant les positions ennemies, quand celles-ci sont proches de la côte. Et divers conseillers ou instructeurs européens, le Français

Brémond par exemple, sont déjà sur place. Il y a aussi le colonel Wilson, qui déteste le freluquet venu du Caire. Lawrence le retrouve sans enthousiasme excessif.

Pour peu qu'une occasion se présente de provoquer un officier supérieur à cheval sur la hiérarchie, les principes, les plis du pantalon et les bons usages militaires, on peut compter sur Lawrence, adolescent attardé, pour arriver les mains dans les poches. Alors qu'il n'a aucune expérience militaire, il n'hésite jamais à disserter sur la stratégie, bref à faire la leçon à des officiers supérieurs burinés par de longues et dures campagnes aux quatre coins de l'Empire. Peu importe. Ce qui est plus grave, c'est que le colonel Wilson et le colonel Brémond restent pour le moins réservés devant la technique de guérilla que lui, Lawrence, entend mener et qu'il mènera, en effet, jusqu'à la victoire.

À Yenbo, le nouvel arrivant fait la connaissance d'un exceptionnel instructeur de trente-six ans, Herbert Garland, éminent chimiste et expert en métaux, surnommé — par ironie ? — Bimbashi (*major* en turc, c'est-à-dire commandant). L'homme, qui a servi plusieurs années au Soudan, maîtrise la langue arabe. Avant d'inventer une grenade rudimentaire, dite « grenade Garland » (utilisée lors de la campagne des Dardanelles), puis une mine pour faire sauter les lignes de chemin de fer, ce spécialiste des explosifs a, dix ans plus tôt, publié un roman sentimental situé à Guernesey. Maniant mieux la dynamite que la plume, le « commandant » enseigne à Lawrence les rudiments de son art (avant de devenir le dernier responsable de l'*Arab Bulletin*, en 1919). Lawrence rendra hommage à ce discret héros dans *Les Sept Piliers de la sagesse* :

> Il avait des procédés bien à lui pour faire sauter les trains, abattre les lignes télégraphiques ou découper les métaux, et sa connaissance de la langue arabe, alliée aux libertés qu'il prenait avec les théories enseignées à l'École du génie, lui permettait de former en un tournemain des Bédouins illettrés au métier de saboteur. Il me familiarisa au passage avec les explosifs. Alors que les personnels du génie manipulaient cela comme le saint chrême, Garland, lui, fourrait dans sa poche une poignée de détonateurs accompagnée de cordeau Bickford et d'amorces, puis il enfourchait gaiement son méhari et partait toute une semaine, jusqu'au chemin de fer du Hedjaz. Sa santé était défaillante et le climat le rendait souvent malade. Son cœur fragile faisait des siennes après un effort ou un coup dur. Mais il traitait ces risques avec la même désinvolture que ses détonateurs[1]...

Baptême du feu pour Lawrence... Le 2 janvier 1917, au chant du coq, il conduit son premier raid : avec un petit groupe d'hommes, il attaque une position turque. La victoire est facile, mais il s'agit, en réalité, d'une ruse pour détourner l'attention des soldats ottomans. Pendant ce temps, le gros des troupes de Fayçal, une armée de plusieurs milliers d'hommes, quitte Yenbo. « Armée » est un bien grand mot, car il s'agit d'un ensemble hétéroclite, bruyant et anarchique, que Lawrence va immortaliser avec son appareil photo, qui ne le quitte jamais. Certains de ces hommes se déplacent à dos de chameau, d'autres vont à pied. Ces étonnants soldats de la liberté prennent la direction du nord en longeant la mer Rouge. L'objectif est de s'emparer, à quelque deux cent quatre-vingts kilomètres de là, du port d'El Ouedj, que tient une garnison de deux cents Turcs. Les Arabes prennent leur temps, car Fayçal en profite, chemin faisant, pour recruter de nouveaux combattants dans les tribus, ce qui demande du temps. Avant d'arriver au cœur du sujet, il faut palabrer, échanger des nouvelles, respecter les bons usages et parler argent.

À Yenbo, Lawrence a tout prévu : le *Hardinge* de la marine britannique, que commande le capitaine de vaisseau William Boyle, quitte le port et remonte la mer Rouge, chargé d'armes, d'eau et de vivres. On embarque aussi quelques centaines de combattants arabes et des marins anglais, ainsi qu'un nouveau conseiller militaire, le commandant Vickery, arabisant confirmé et militaire d'expérience, qui, en galonné de la vieille école, toise de haut le « petit Lawrence ». Brillant officier (il terminera sa carrière comme amiral de la Flotte), mais doté d'un mauvais caractère, cet aristocrate portant monocle a servi en Chine, dans les mers du Sud et à Gibraltar, avant de commander la patrouille navale dans la mer Rouge. À l'évidence, Vickery et Lawrence ne sont pas faits pour s'entendre, et ce sera sans déplaisir que celui-ci le verra rejoindre le front de la Somme, en mars 1917. Pour l'heure, l'archéologue devenu chef de guerre retrouve bientôt un de ses fidèles, Newcombe, promu lieutenant-colonel, ce qui leur permet d'évoquer le bon vieux temps — le Sinaï et Karkemish.

Après quelques combats, le port d'El Ouedj tombe le 23 janvier. La puissance de feu de la marine britannique, que commande l'amiral Wemyss, a vite raison du moral des Turcs. Accompagnés par le commandant Vickery, les Arabes montés sur le *Hardinge* débarquent et s'emparent de la ville, qui est alors pillée, mais l'armée de Fayçal n'était pas au rendez-vous. Bref, la messe est dite depuis longtemps quand le gros de l'armée atteint enfin El Ouedj. Lawrence est choqué d'apprendre que vingt Arabes et un Anglais ont été tués lors de la prise d'assaut du port. Des pertes inutiles, selon lui :

> Il estimait qu'un combat ne s'imposait pas : les Turcs se seraient rendus très rapidement faute de vivres, si la ville avait été assiégée. La mort de douzaines de Turcs ne rachetait en rien la perte d'un seul Arabe [...]. Les liens du sang sont si forts, dans le désert, qu'une perte de vingt hommes y cause un deuil plus considérable que celle de mille hommes en Europe[2]...

Deux possibilités s'offrent alors. Soit bifurquer vers l'est et redescendre plein sud pour libérer Médine. Soit poursuivre vers le nord pour atteindre Aqaba, mais alors il faut, à tout prix, éviter que la garnison turque de Médine, forte de quelque douze mille hommes, ne puisse, elle aussi, monter vers la Palestine et la Syrie, où elle ferait la jonction avec l'armée ottomane, mettant ainsi en péril toute la stratégie des Alliés. Dans les deux cas, il faudra d'abord couper les lignes du télégraphe et faire sauter des ponts et des tronçons de la ligne de chemin de fer, artère essentielle pour l'armée turque. Après les cours accélérés donnés par le « commandant » Garland, le roi de la dynamite, il convient de passer sans tarder aux travaux pratiques.

Lawrence n'est déjà plus là. Le 27 janvier, il a sauté dans un bateau et est reparti pour Le Caire afin de discuter de la situation et de faire le point avec ses supérieurs. Par une singulière coïncidence, Brémond est à Suez et au Caire en même temps que Lawrence, et les deux hommes vont se rencontrer. C'est que le colonel français cherche à forcer la main à ses supérieurs. Selon lui, le doute n'est pas possible : les Alliés doivent, sans tarder, prendre Aqaba. Lawrence, au contraire, estime qu'il n'y a aucune urgence et que, de toute façon, quand l'heure sera venue, ce sont les Bédouins de Fayçal, non des soldats « chrétiens », qui devront lancer une attaque sur ce petit port de pêche. Il sait que si Brémond envisage un débarquement allié à Aqaba, c'est parce qu'il aimerait que les Arabes restent au Hedjaz, où il y a tant à faire, à commencer par la libération de Médine. Le colonel ne souhaite pas voir les Bédouins monter vers le nord, c'est-à-dire vers la Syrie, qu'il considère comme la chasse gardée de la France.

Le général Clayton souhaiterait garder Lawrence près de lui, au Bureau arabe qui, sans lui, semble tourner au ralenti. Mais il vient de recevoir un câble du chérif de La Mecque réclamant la présence permanente de Lawrence. Ce qui tombe bien : lui-même veut sans tarder redescendre dans le sud pour y rencontrer Fayçal et contrecarrer les plans de Brémond. Dès lors, Clayton n'a guère d'autre choix que de renvoyer son protégé au Hedjaz. Dès le 6 février, Lawrence est de retour à El Ouedj. Commence alors pour lui le chapitre le plus coloré, mais aussi le plus éprouvant de sa vie, celui qui le fera entrer à la fois dans l'histoire et dans le mythe. Un chapitre si chargé d'événements qu'il paraît écraser sa vie. Or, cette épopée, qui va faire basculer son destin, sera brève — vingt mois à peine, de février 1917 au début d'octobre 1918 quand, quittant Damas, il reprendra le chemin de l'Angleterre.

La bataille du rail

Le téléphone arabe ou anglais n'est pas resté inactif. Le roi Hussein, qui aime la technologie, a été le premier habitant de la région à être relié au monde par le truchement de cet instrument magique, gage de modernité (il suffit d'appeler le 1 à La Mecque). Et peu à peu, la nouvelle de la révolte parvient dans des villes comme Damas et Jérusalem, ainsi que dans les bourgades et les oasis les plus reculées. Ce qui suscite de nouvelles vocations, qui viennent gonfler les rangs des combattants. Parmi les nouveaux venus, on compte un des chefs de la grande famille des Howeitat, l'intrépide et sanguinaire Auda Abu Tayi, que Lawrence fera bientôt entrer dans sa légende. Certaines recrues sont des Arabes, qui combattaient naguère dans l'armée ottomane — des déserteurs donc, selon les Turcs. Ces hommes ont un avantage sur les Bédouins : ce sont des soldats professionnels. C'est le cas, par exemple, de Jaafar Pacha, qui sera un des meilleurs officiers de Fayçal et de Lawrence.

Recruter prend du temps, beaucoup de temps, car en Orient rien ne se fait dans la précipitation.

Tout est fonction des liens tribaux et familiaux, des frontières invisibles qui séparent les différents groupes, sans oublier les alliances et les rivalités qui, au fil des siècles, ont réuni ou déchiré ces communautés jalouses de leur identité et de leur territoire. Pour convaincre des ennemis héréditaires de s'unir sous la bannière hachémite, il faut de la diplomatie et des cadeaux mais surtout de l'or, dont les Britanniques ne semblent alors pas manquer. Il convient ensuite de discipliner un peu cette armée hétéroclite et de pousser ces hommes vers un but commun. Le moindre grain de sable peut tout compromettre.

Par chance, la technique de guérilla, qui sera celle privilégiée, convient à tous. Elle ne demande pas une logistique élaborée, mais exige du courage, de la ruse et une connaissance du terrain. Dans une guerre conventionnelle, comme à Austerlitz ou Verdun, deux armées s'affrontent. La technique de guérilla se résume en deux verbes : frapper et fuir. De petits groupes très mobiles et insaisissables attaquent par surprise l'ennemi, lui causent le maximum de pertes, puis s'évanouissent dans la nature, encore qu'il ne soit pas interdit, à l'occasion, de se livrer à quelques pillages. Dans ces exercices, les Arabes vont se montrer excellents. Ils sont taillés pour cette guerre de harcèlement avec une poignée d'hommes, non pour une confrontation massive sur un champ de bataille où, quels que soient le courage des combattants et le génie des officiers, la victoire revient aux plus nombreux, aux plus disciplinés et aux mieux armés. Or, l'artillerie fait défaut aux troupes arabes. Sur le littoral de la mer

Rouge, elles peuvent du moins compter sur les canons de la Navy. Au début de la guerre, les quelques rares aéroplanes anglais utilisés servent pour des missions de reconnaissance.

La guérilla existait bien avant l'adoption du mot espagnol *guerilla* (souvenir lexical de la « petite guerre » d'embuscades menée dans la péninsule Ibérique contre les armées de Napoléon). Par une singulière ironie, cette forme de harcèlement sera utilisée, avec un égal succès, par les deux côtés pendant cette guerre, en Arabie par Lawrence et au Tanganyika par le général Paul von Lettow-Vorbeck. À la tête d'une petite armée, celui-ci tiendra la dragée haute aux Britanniques pendant quatre ans. Seul général allemand invaincu, Vorbeck ne rendra les armes que plusieurs jours après l'armistice, et c'est en héros qu'une Allemagne humiliée le recevra alors à Berlin.

Durant ces premiers mois de 1917, de nombreux raids sont effectués sur la ligne de chemin de fer du Hedjaz. Couper les lignes télégraphiques et faire sauter les rails devient vite un jeu d'enfant, parfois sous la direction de Lawrence, mais surtout du colonel Newcombe et du commandant Garland. Le but est de créer le maximum de dommages à la voie pour que le remplacement des rails ne puisse se faire trop vite. Car les Ottomans, qui ne sont jamais très loin, ont à leur disposition un stock presque inépuisable de rails, entreposés à Médine en vue du tronçon Médine-La Mecque qui reste à construire (il ne le sera jamais). L'objectif poursuivi par Lawrence et les Arabes est double : il faut à la fois isoler les Turcs de Médine et, plus encore sans doute, les empêcher de se replier vers le nord, où ils pourraient prendre à revers les troupes alliées, du côté de Beersheba. Un danger qui est loin d'être virtuel. Le Premier ministre, le Gallois David Lloyd George, ne l'ignore pas. Suivant de près, à Londres, la situation en Orient, il donne au quartier général du Caire des ordres précis pour éviter toute jonction entre les Ottomans implantés dans le théâtre nord des opérations (du côté de Gaza et de Beersheba) et les divisions turques de Médine.

Lawrence a parfois été accusé d'avoir joué double jeu pour mieux tromper les Arabes. Il est vrai qu'il est, d'abord et avant tout, au service de Sa Majesté (le contraire, en pleine guerre, aurait été surprenant). Reste qu'il se montre d'une grande loyauté envers Fayçal, l'allié de la Grande-Bretagne. Dès son retour au Hedjaz, en février 1917, jouant cartes sur table, il l'informe même de l'accord Sykes-Picot et des projets français, portés par le colonel Brémond, de lancer une opération franco-anglaise sur le port d'Aqaba — opération dont le véritable objectif serait moins de libérer la ville de la présence turque que de contenir les Arabes dans le sud. D'où la décision de Fayçal de ne pas trop s'attarder dans le Hedjaz et de remonter vers le nord afin de s'emparer de Damas et des villes de Syrie avant la fin des hostilités. Du coup, espère-t-il, la donne s'en trouverait changée, l'accord Sykes-Picot deviendrait caduc, et tout redeviendrait négociable.

Les raids contre la voie ferrée gagnent peu à peu en efficacité, mais leur principal intérêt est moins de créer des dommages irréparables que de contraindre les Turcs à déployer des détachements le long de la ligne afin de protéger les ouvriers venus placer de nouveaux rails ou réparer un pont. L'effet psychologique d'un raid constitue toujours un point positif, car il crée chez l'ennemi un climat d'insécurité.

Début mars, Lawrence est au plus bas de sa forme. Il se remet à grand-peine d'une dysenterie et souffre d'une furonculose. Alors qu'il lui faudrait se reposer, il reprend la route pour aller faire le point avec Abdullah, le frère de Fayçal, qui a dressé son camp au sud-est d'El Ouedj. C'est alors que va se produire un événement majeur qui marquera Lawrence à jamais. Le groupe d'hommes qui l'accompagne est composé d'Arabes de la région, mais aussi de Maures de lointaine origine marocaine, ce qui ne facilite ni la cohésion ni le dialogue. La chaleur exaspère les tensions.

Le 12 mars, du côté de l'oued Kitan, Ahmed, un des Maures, tire à bout portant sur Salem, un homme de la tribu des Ageyl — bien connue du côté de Bagdad. La loi du talion doit s'appliquer sur-le-champ. Ali, le chef de la tribu d'Ahmed, exige l'exécution immédiate du coupable. « C'est en vain, écrira Lawrence, que je tentai d'amener Ali à changer d'avis : recru de fièvre et de migraine, je peinais à organiser mes pensées ; mais il est probable que même en pleine possession de mes moyens je n'eusse pas obtenu la grâce d'Ahmed, car Salem était aimé de tous et son assassinat était inexcusable[1]. » Lawrence veut à tout prix éviter que les deux tribus ne s'entretuent, non seulement ce jour-là mais surtout ensuite à El Ouedj, dans les troupes de Fayçal. C'est que la vengeance fait partie du code d'honneur dans cette Arabie où les liens du sang sont essentiels. « Des représailles, écrira Lawrence, se seraient ensuivies qui eussent mis notre unité en péril[2]. » Le capitaine Lawrence décide de procéder lui-même à l'exécution d'Ahmed. Sortant son pistolet, il fait feu sur le meurtrier.

Il s'effondra en hurlant, son sang jaillissant sous son vêtement, et ses contorsions le firent rouler presque jusqu'à l'endroit où je me tenais. Je tirai une seconde fois, mais tremblais si fort que je ne fis que lui briser le poignet. À présent allongé sur le dos, les pieds orientés vers moi, il vociférait encore mais avec moins de force. Je me penchai en avant et tirai une dernière fois, visant le gras de son cou, sous la mâchoire. Son corps fut secoué d'une ultime convulsion[3].

À moins de vingt-neuf ans, Lawrence vient de tuer un homme. La guerre a montré son vrai visage. Ce n'est plus un grand jeu pour adolescents attardés ou une tragédie romantique avec épées et revolvers en carton-pâte. En un instant, la guerre est devenue ce qu'elle est — en Orient comme à Verdun —, une boucherie décidée par des hommes de pouvoir qui, eux, ne voient jamais la couleur du sang. La mort violente n'est belle, métamorphosée par le verbe, que dans les discours et les oraisons funèbres.

Lorsque Lawrence parvient au camp d'Abdullah, il n'est plus que l'ombre de lui-même. Meurtri dans son âme, épuisé par la fièvre, il reste allongé pendant plus d'une semaine. Ainsi contraint à l'inactivité totale, il réfléchit, et ce qui était naguère une possibilité parmi d'autres devient pour lui une certitude : le meilleur moyen d'affaiblir les Turcs est de les laisser croupir à Médine :

Un après-midi, je m'arrachai à un sommeil agité, en nage, couvert de mouches, pour me demander à quoi diable aurait pu nous servir Médine [...]. Aujourd'hui, nous faisions le blocus du chemin de fer et l'ennemi en était réduit à le défendre. La garnison de Médine, ramenée à un effectif inoffensif, était désormais immobilisée dans des tranchées et détruisait sa capacité de déplacement en mangeant des bêtes qu'elle ne pouvait plus nourrir. Nous les avions privés de leur pouvoir de nuisance et voulions malgré cela prendre la ville[4].

Conclusion : il ne faut surtout pas attaquer Médine, mais intensifier les raids sur la ligne de chemin de fer. Quelques jours plus tard, le 29 mars 1917, Lawrence, accompagné du capitaine algérien Raho, lance un premier raid contre la gare d'Aba el-Naam, à quelque cent quarante-cinq kilomètres au nord de Médine. Tenue par une garnison de quatre cents hommes, elle subira de lourdes pertes (soixante-dix tués ou blessés pour un seul blessé léger du côté bédouin). D'autres raids suivent, non sans quelques déboires, car il y a des surprises, et il suffit d'une erreur de quelques millimètres pour que les mines Garland ne fonctionnent pas. Il faut alors prendre de gros risques pour les localiser de nuit et les réactiver. « Poser une mine du type Garland était déjà une opération délicate, mais tâtonner dans l'obscurité sur cent mètres de voie ferrée en quête d'un détonateur ultrasensible enfoui dans le ballast me semblait une occupation propre à faire reculer les compagnies d'assurance[5]. »

Dans le même temps, la situation évolue dans le conflit mondial. Dans une Russie épuisée, grèves et manifestations se multiplient, et le 2 mars, le tsar Nicolas II doit abdiquer. En Palestine, les troupes britanniques du général Murray piétinent du côté de Gaza et enregistrent de sévères défaites contre l'armée ottomane. En Mésopotamie, au contraire, le général Maude s'empare de Bagdad le 11 mars, et Gertrude Bell ne tarde pas à s'y installer. Le 6 avril, les États-Unis, touchés dans leurs intérêts économiques par la guerre sous-marine, abandonnent leur neutralité de façade pour rejoindre enfin le camp de l'Entente (les premiers soldats américains, avec Pershing et Patton, débarquent à Boulogne le 13 juin). En France, les combats s'intensifient. L'offensive du Chemin des Dames commence au petit matin du 16 avril.

Deux jours plus tôt, Lawrence a retrouvé la mer Rouge et regagné le camp de Fayçal, à El Ouedj. C'est à son retour qu'il fait la connaissance du redouté Auda Abu Tayi. Comme toujours chez Lawrence, c'est la première impression qui compte et, justement, la fascination qu'il ressent pour le Bédouin est immédiate.

On nous avait rapporté beaucoup de choses sur cet homme et ce que j'en avais appris m'avait amené à la conclusion que son concours nous permettrait de forcer le verrou d'Aqaba ; lorsque, l'ayant écouté quelques instants, je perçus la force et l'absence de détours du personnage, je sus que nous touchions au but [...]. Il devait avoir plus de cinquante ans et ses cheveux noirs étaient striés de blanc, mais il était encore robuste et très droit, aussi souple, svelte et vif qu'un homme beaucoup plus jeune. Son visage, magnifique jusque dans ses rides et sillons, reflétait le grand chagrin de sa vie, la disparition d'Annad, son fils préféré [...] Il possédait de grands yeux expressifs qui semblaient de velours noir[6].

Bref, « la majesté d'un rapace dans le corps d'un chat de gouttière », dit Rémi Kauffer[7], encore que le chat ait perdu toutes ses dents. Roublard, paillard, vantard, bavard et porté sur l'or, Auda appartient au clan des Howeitat, lesquels n'ont pas une réputation d'enfants de chœur. Comme combattant, le tableau de chasse du Bédouin, pourtant très sélectif, est encore plus impressionnant. L'homme tient, en effet, un compte précis des Arabes qu'il a tués de ses mains, mais n'y ajoute pas les Turcs qu'il a trucidés, ceux-ci étant à ses yeux trop méprisables pour entrer dans ses statistiques. Des gendarmes ottomans, venus naguère l'importuner pour une banale histoire d'impayé, s'en sont un jour rendu compte avant de se retrouver, dans l'instant, au paradis d'Allah. Si l'on en croit Lawrence, Auda, lors de cette première rencontre, quitte soudain la tente de Fayçal pour aller écraser son dentier avec une pierre. « J'étais en train de manger le pain de mon seigneur avec des dents turques[8] ! » explique-t-il. Et Lawrence ajoute que le Bédouin « s'alimenta très chichement pendant trois mois, jusqu'à ce que nous eussions pris Aqaba et que sir Reginald Wingate lui eût envoyé d'Égypte un dentiste qui lui confectionna un dentier allié[9] ».

Tout semble séparer Lawrence et Auda. D'un côté, un jeune intellectuel formé à Oxford, frotté de latin et de grec, réservé sinon timide, si peu

116

porté sur la gent féminine qu'on le dit vierge, et sans doute l'est-il, en effet. De l'autre, un vieux forban analphabète, sûr de lui et fort en gueule, amateur de chair fraîche et jouissant d'une flatteuse réputation de virilité (vingt-huit mariages). Les deux hommes, pourtant, se retrouvent dans leur capacité à rêver à ces temps lointains où l'être humain pouvait être héroïque. Et le plus âgé n'est pas celui qu'on pense. À côté de Lawrence, éternel adolescent, Auda, malgré les apparences, a gardé, lui, une âme d'enfant :

> Il voyait sa vie comme une geste où chaque événement avait une portée et chaque personnage une dimension héroïque. Il avait la tête pleine de récits des razzias du temps jadis et des poèmes épiques qu'il déversait sur son plus proche auditeur [...]. Il parlait de lui-même à la troisième personne et était si certain de sa gloire qu'il se plaisait à faire courir sur son propre compte des histoires peu à son avantage [...] ; avec tout cela il était pourtant véritablement modeste, candide comme un enfant, sans détour, honnête, bienveillant et profondément aimé de ceux qu'il embarrassait le plus, à savoir ses amis[10].

D'autres que Lawrence continueront la bataille du rail qu'il a lancée dans le sud. Lui ne rêve plus désormais que d'une seule chose : prendre Aqaba et pousser vers le nord. Et il sait qu'il aura maintenant à ses côtés un allié de poids, fût-il édenté : le redoutable Auda Abu Tayi, d'autant que celui-ci connaît bien l'oasis de Ma'an, à la charnière du Sinaï et du Néguev. Or, une fois arrivé là, le port d'Aqaba n'est plus qu'à cent quinze kilomètres. Une petite promenade à dos de méhari.

Pendant ce temps, Mark Sykes est descendu du

Caire pour tenter de rassurer par de belles paroles le chérif Hussein et son fils Fayçal. Mission fort délicate pour ce richissime baronnet formé à Cambridge, garçon brillant et cultivé, francophile, fin connaisseur de l'Empire ottoman et de l'islam, grand voyageur, député, auteur de plusieurs livres, au demeurant catholique, bon imitateur et doué d'un grand sens de l'humour, comme en attestent ses remarquables caricatures. Or, les chefs bédouins connaissent déjà, depuis plusieurs semaines, l'essentiel de l'accord Sykes-Picot. Ils sont bien conscients du double jeu des politiques anglais, mal vécu par les hommes sur le terrain comme le colonel Wilson, le commandant Joyce ou le capitaine Lawrence. Pour l'heure, cependant, les Arabes ont besoin des Britanniques, tout comme ceux-ci ont besoin d'eux. Dès lors, ils continuent d'espérer que la suite des événements jouera en leur faveur et que, le conflit terminé, loin de se retrouver les dindons de la farce, ils hériteront de la Syrie, en vertu de « la tradition vieille comme le monde que le sol appartient au conquérant[11] ». Mark Sykes rencontre Lawrence à El Ouedj, le 7 mai, deux jours avant le départ de celui-ci pour le nord. Il est douteux que l'entretien entre les deux hommes, dont la teneur est restée confidentielle, ait été facile. Il serait cependant injuste d'accabler Sykes pour des décisions qui, somme toute, relevaient d'abord et avant tout de la haute sphère du pouvoir politique, même si, à l'évidence, il y a apporté sa contribution personnelle.

La prise d'Aqaba

Le 9 mai, Lawrence se lance dans le désert en compagnie d'une petite troupe d'une quarantaine d'hommes, des Bédouins pour l'essentiel, sous les ordres d'Auda Abu Tayi et de Nassir, l'émir de Médine, qui fera profiter la colonne de sa parfaite connaissance du terrain. Il y a aussi deux Syriens : Neesib el-Bekri, un nationaliste dont l'habileté politique sera utile quand ils arriveront dans le nord, et son compagnon Zeki, un officier de Damas. « Cela paraissait une bien petite troupe pour arracher une province de plus à l'ennemi[1]. » Les Bédouins ont prévu de recruter chemin faisant et, à cet effet, Fayçal leur a remis vingt-deux mille livres-or, car payer fait partie des traditions du désert. On apporte de la nourriture pour des semaines, des armes et, bien sûr, de la dynamite. D'autant que Lawrence sait que ses troupes vont devoir traverser la voie ferrée quand, pour tromper l'ennemi et éviter toute rencontre avec les Ottomans, elles obliqueront vers le nord-est, à travers le désert du El Houl.

Cette mission est intéressante à plus d'un titre.

Elle prouve d'abord la stupéfiante indépendance d'esprit de Lawrence, car c'est de son propre chef qu'il décide de partir pour une longue opération dont l'objectif final est de prendre Aqaba. Or, il n'a pas encore vingt-neuf ans, et sa formation dans ce domaine se limite à une vague préparation militaire. Certes, il a jadis lu, avec voracité, tous les grands classiques de l'art militaire, comme le célèbre *Essai général de tactique* de Jacques de Guibert, publié à Londres en deux volumes, en 1772. Il a étudié les écrits du maréchal Maurice de Saxe, du général von Clausewitz et les dépêches de Napoléon, mais aussi visité bien des champs de bataille, surtout en France, et réfléchi à l'art militaire en étudiant de très près, crayon à la main, les fortifications du Moyen Âge en Europe et en Orient. Et il s'est aussi nourri de récits guerriers. Il connaît *L'Anabase* de Xénophon — dont l'action se passe en Mésopotamie, en Anatolie et dans le monde grec —, ainsi que *L'Histoire de la guerre du Péloponnèse* de Thucydide, *L'Odyssée* d'Homère et *La Guerre des Gaules* de Jules César. Même en Orient, il se nourrit de chansons de geste et de récits héroïques et ne se déplace jamais sans son exemplaire de *Le Morte Darthur*.

Comment ses supérieurs formés à Sandhurst pourraient-ils voir en Lawrence autre chose qu'un sympathique autodidacte ou un fumiste de salon peu porté sur le respect dû au grade ? Eux sont des professionnels burinés par le soleil de l'Empire, comme en attestent leurs décorations glanées aux Indes ou en Afrique australe. Lui, sa seule étoile est celle qui, depuis toujours, le guide. Et puis, Lawrence a des protecteurs. Au Caire, tout le monde le connaît et l'apprécie, à commencer par le haut-commissaire Wingate. Pour autant, la protection d'une hiérarchie est, par définition, chose bien fragile. Il suffit d'un faux pas ou d'une défaite pour que les vents tournent, car alors un soutien trop marqué pourrait attirer des ennuis et retarder une promotion. En quittant ainsi le Hedjaz, de son propre chef, Lawrence risque très gros. Il en est conscient, mais ne doute guère du succès de sa mission. Il n'informe même pas ses supérieurs de son départ.

Son initiative usait, ou même abusait, de la liberté que lui laissaient ses supérieurs, le Bureau arabe, le haut-commissariat en Égypte et l'état-major du corps expéditionnaire en Méditerranée. Il ne désobéissait pas, mais se lançait dans une aventure de son cru, en plaçant Clayton, Wingate et Murray devant le fait accompli, alors qu'il avait seulement évoqué l'expédition avec eux, sans que fût prise de décision[2].

Au bout d'une dizaine de jours, la ligne Damas-Médine apparaît. Le temps de disposer quelques charges de dynamite, et il faut repartir, car le plus dur reste à faire. En obliquant vers le nord-est, on entre dans le redoutable désert du El Houl. Suivre la ligne en direction de la Palestine serait, certes, beaucoup plus simple et plus court, mais le risque est trop grand de tomber sur une patrouille d'infanterie et de méharistes turcs bien armés. De plus, suivre la voie laisserait entendre que les Bédouins se dirigent vers Ma'an et donc vers Damas ou Aqaba. Or, dans une guerre d'escarmouche, l'effet de surprise est essentiel.

La traversée du désert s'avère d'autant plus difficile que les soldats sont bientôt pris sous un vent de sable, le *khamsin*, et qu'il faut s'en protéger. Encore que Lawrence, qui ne fait jamais rien comme tout le monde, ait un faible pour ce vent du désert : « Ce vent est animé d'une malveillance manifeste et délibérée, il paraît avoir dessein de détruire l'humanité ; or je trouve plaisant de lui tenir tête, de le défier et de surmonter son déchaînement[3]... » L'implacable chaleur du désert va permettre à Lawrence de marquer un point psychologique. Le 24 mai, les Arabes constatent soudain qu'un des leurs, Gassim, manque à l'appel. Son méhari, suivant les autres, continue bien d'avancer, mais la selle est vide. Ce qui signifie que l'infortuné cavalier, victime d'épuisement, est tombé et que, dès lors, il est condamné. Ce qui ne touche personne, car Gassim est un personnage peu intéressant. « Mauvais coucheur, tire-au-flanc dans toutes les marches, méfiant, rogue et brutal », précise Lawrence[4]. Raison de plus pour aller le chercher. Sans en avertir quiconque, le seul Anglais du groupe fait demi-tour et se lance à la recherche de Gassim, qu'il retrouve au bout de quelques kilomètres et ramène vers la caravane. L'épisode contribuera beaucoup à sa légende chez les Bédouins, qui le répéteront de campement en campement, d'oasis en oasis. Il sera considéré comme la preuve irréfutable du courage physique de cet Anglais assez fou pour faire seul marche arrière afin d'aller sauver un abruti, qui s'était endormi en plein désert. Les Arabes ne tarderont pas à l'appeler « Aurens ». Quelques jours plus tard, le plus dur est fait, et la caravane retrouve un paysage moins âpre et plus habité, le pays des Howeitat, là où Auda Abu Tayi compte le plus d'amis, qu'il se promet de recruter pour la dernière partie de la mission.

Le laissant là à son travail de recrutement et supportant mal les palabres et la promiscuité après la solitude du désert, Lawrence décide d'en profiter pour effectuer, avec deux hommes, un voyage de reconnaissance en Syrie. Une expédition risquée, voire suicidaire, car le trio va se retrouver en plein territoire ennemi. Le capitaine Lawrence espère ainsi se faire une idée plus précise de la situation sur place, en particulier à Damas, et y rencontrer quelques partisans qu'il entend motiver pour les combats à venir quand, après Aqaba, les Bédouins remonteront vers la Palestine et la côte syrienne. Et puis, il est de ces gens qui soignent le mal par le mal, la fatigue par la fatigue. Or, ces derniers mois ont été très éprouvants pour Lawrence sur le plan physique et moral. Il a perdu deux de ses frères, a été malade à plusieurs reprises et a dû exécuter un de ses hommes. Même s'il est peu porté sur la bonne chère, il a souffert de la nourriture des Bédouins et perdu plusieurs kilos. Et surtout, il se demande désormais si sa mission a un sens, puisqu'il n'est qu'un pion sur le cynique échiquier des Britanniques. Comme par inadvertance, il a pris la tête d'une révolte mais, il le sait, les dés sont pipés. Quoi qu'il advienne, les Anglais ne tiendront pas les promesses qu'ils ont faites et, du coup, c'est lui, Lawrence, qui risque d'apparaître comme un traître.

Quoi qu'il en soit, il a besoin de se refaire une santé et de changer d'air. Pour cela, il lui faut s'éloigner. Pour lui, dont la tête a été mise à prix par les Turcs — mais ceux-ci, par chance, ne savent pas à qui il ressemble —, le danger est partout. Dans *Les Sept Piliers de la sagesse*, Lawrence se montre discret sur ces quelques jours durant lesquels il parcourt quatre cent cinquante kilomètres, et certains biographes n'hésitent pas à imaginer quelque rendez-vous secret avec Dahoum. Reste qu'il remettra à Clayton un rapport circonstancié, accompagné de cartes précisant son itinéraire. Il monte d'abord vers la région de Damas, qu'il atteint à la mi-juin, en profitant pour dynamiter çà et là quelques rails et rencontrer des nationalistes syriens. Puis il se rapproche d'Amman et redescend vers le sud, où il retrouve Auda et ses hommes, du côté de Nebk, le 18 juin. De là, gonflée de nouvelles recrues, la caravane se dirige vers Baïr. Dans les jours qui suivent, Lawrence fait encore sauter des rails sur la ligne Damas-Médine et s'en prend à un pont conduisant vers la Palestine. Le but de ces opérations de diversion est de faire croire aux Turcs — qui n'ont pas été sans repérer la présence des Bédouins — que leur objectif est la Palestine. Le 3 juillet, les Arabes écrasent un bataillon turc (trois cents morts, deux seulement du côté arabe). Un formidable succès pour le moral des troupes. Cette fois, la route d'Aqaba est ouverte.

Mais pourquoi Aqaba ? Pour le comprendre, il suffit de regarder une carte de la région. À l'ouest, le canal de Suez et la mer Rouge. Au centre, la péninsule du Sinaï, qui se présente sous la forme d'un triangle inversé. À l'est, le golfe d'Aqaba, dont le petit port, tenu par les Turcs, occupe une place stratégique de tout premier ordre. Prendre Aqaba, c'est s'emparer d'une des portes de la région, puisque la ville se trouve à la charnière du Sinaï, du Néguev et de la péninsule Arabique. Elle fut jadis un des grands centres commerciaux nabatéens (Pétra n'est qu'à cent quarante kilomètres de là), puis un port romain, avant de devenir, pour les Arabes du nord ou du Maghreb, la voie d'accès la plus commode pour gagner La Mecque et Médine, du moins jusqu'à l'ouverture du canal de Suez et la construction de la ligne Damas-Médine. En 1917, Aqaba est le dernier port ottoman sur la mer Rouge.

Dès le début de la guerre, les alliés veulent s'en emparer. La seule solution envisagée — c'est celle que préconise le colonel Brémond — est d'arriver par la mer Rouge, mais le risque est réel, puisque la bourgade, entourée de montagnes, est protégée par des batteries turques tournées vers la mer. Personne, sauf le capitaine Lawrence, n'envisage sérieusement d'attaquer par l'intérieur. Le terrain, qui passe par l'oued Itm, en est difficile, les points d'eau y sont rares, mais surtout les éventuels attaquants risqueraient d'être pris dans un étau : au sud, la garnison turque du port et, au nord, celle de l'oasis de Ma'an. Dans les régions montagneuses comme l'arrière-pays d'Aqaba ou l'Afghanistan, on ne peut rien sans le soutien des tribus locales. Or, justement, Lawrence a à ses côtés des hommes comme Auda, qui sont ici chez eux, ou du moins chez des cousins à la mode d'Arabie, puisque beaucoup de ces Bédouins appartiennent à la grande famille des Howeitat.

Tout le monde se sent d'autant plus motivé que chacun espère bien piller Aqaba et y découvrir des monceaux d'or. Violer, massacrer et se remplir les poches — le tout avec force coups de fusil et dans une atmosphère de liesse populaire — est un programme pour l'heure plus séduisant que la perspective abstraite et lointaine de l'indépendance, même si l'un n'empêche pas l'autre. Après diverses escarmouches et une dure bataille livrée contre les Turcs du côté d'Aba el-Lissa, la caravane des combattants s'engage dans l'étroit passage qui conduit à Aqaba et s'approche peu à peu de la ville :

Nous descendions les gorges de l'oued Itm, dont le caractère sauvage et accidenté allait croissant à mesure que nous pénétrions dans la montagne. [...] [N]os ennemis n'avaient pas imaginé une attaque venant de l'arrière-pays et, de tous leurs ouvrages de défense, pas une tranchée ni une redoute n'était orientée vers l'intérieur. Notre avancée, provenant d'une direction aussi inattendue, sema la panique parmi eux. Ils eurent le bon sens de ne pas essayer de freiner notre progression ; une telle tentative se fût révélée infructueuse, car nous avions avec nous les tribus montagnardes, grâce auxquelles nous aurions pu garnir les hauteurs de fusils dont le tir plongeant aurait rendu la gorge intenable à des troupes dépourvues de protections au-dessus de leur tête[5].

Au matin du 6 juillet, les Turcs d'Aqaba se rendent sans vraiment se battre. C'est une formidable victoire, à la fois militaire et psychologique, pour Lawrence et ses hommes (mille deux cents Ottomans morts ou faits prisonniers, contre deux morts du côté arabe). « La manœuvre fut conduite sur 950 kilomètres de pistes du désert, en moins de deux mois (9 mai-6 juillet). Lawrence, qui n'aimait pas les Romains, pouvait se souvenir d'Hannibal pendant la deuxième guerre punique, d'Espagne à Capoue. Avec ses preux amis, il avait effectué, en miniature, une manœuvre semblable, enveloppante et surprenante. [...] Lawrence y gagna la gloire et la confiance illimitée de ses supérieurs[6]. »

Comme il l'a déjà montré, quelques semaines plus tôt, lors de sa mission solitaire en Syrie, Lawrence est capable de couvrir de longues distances en peu de temps. Il le prouve à nouveau en prenant, dès le lendemain de la prise d'Aqaba, le chemin du Caire avec un petit groupe de ses hommes. En quarante-neuf heures, ils couvrent à dos de chameau quelque deux cent quarante kilomètres à travers le Sinaï et atteignent Shatt, sur le canal de Suez, le 9 juillet. Passer sur l'autre rive ne se fait pas sans difficultés, car les petits chefs s'en mêlent. Lawrence y parvient cependant et, toujours nu-pieds et vêtu en Bédouin, saute dans un train. À Ismaïlia, il entrevoit sur le quai de la gare l'amiral Wemyss aux côtés d'un imposant inconnu. Il s'agit du général Allenby, qui, depuis le 28 juin, remplace au Caire Archibald Murray, commandant en chef de la force expéditionnaire en Égypte, rappelé en Europe à la suite de ses échecs répétés sur le front de Gaza. Bien que présents partout, les alliés se partagent, en fait, les plus hautes responsabilités militaires (aux Britanniques le Proche-Orient, aux Français les Balkans).

Le lendemain midi 10 juillet, Lawrence se retrouve devant la porte de Clayton, son supérieur, chef du Bureau arabe et des services de renseignement. Voyant soudain débarquer ce Bédouin dé-

penaillé dans son bureau, celui-ci l'invite sèche-
ment, de la voix et de la main, à déguerpir. Lawrence doit utiliser son plus bel accent d'Oxford
pour être reconnu.

Informé de son retour, le général de cavalerie
Allenby le fait aussitôt venir dans son bureau pour
le féliciter. Moment historique que la rencontre de
ces deux hommes. Tout, à première vue, les sépare,
à commencer par leur âge (cinquante-six ans d'un
côté, vingt-neuf de l'autre) et leur style de vie (le
général est marié et père d'un fils de dix-neuf ans,
qui mourra au front, quelques jours après cette rencontre, le 29 juillet). Le général, qui a été formé à
l'école militaire de Sandhurst, a un physique massif,
qui impressionne (on l'a surnommé « le Tau-
reau »), alors que Lawrence est un petit gringalet,
qui paraît d'autant plus maigre qu'il a perdu plusieurs kilos au cours des mois précédents. L'officier
supérieur de cavalerie irradie la confiance en lui,
alors que le jeune capitaine paraît d'une singulière
— mais trompeuse — timidité. Allenby est connu
pour son mauvais caractère, et Lawrence pour son
égalité d'humeur. Le général aime les oiseaux et les
roses et a roulé sa bosse sur tous les champs de
bataille, de l'Afrique australe à la Belgique (il s'est
illustré à la bataille de Mons), alors que Lawrence
n'a connu que les escarmouches du Hedjaz, même
si la prise d'Aqaba brille désormais à son palmarès.
D'un côté la discipline, de l'autre ce qu'il faut bien
appeler une forme d'anarchie. Allenby vient d'une
famille très riche et connue (il descend même de
Cromwell par sa mère), Lawrence d'un milieu plus
modeste (ce qui, d'ailleurs, est très relatif).

Pourtant, les valeurs morales des deux hommes sont, pour l'essentiel, les mêmes, puisque fondées sur la Bible et la défense de l'Empire. L'un et l'autre sont des esprits curieux et rusés. Lawrence est, certes, plus cultivé et plus doué que son aîné sur le plan intellectuel, mais celui-ci est loin d'être borné. Il comprend vite, par exemple, que la victoire en Orient ne sera possible que si l'armée anglaise s'adapte à un environnement culturel et psychologique bien différent de celui de l'Europe. Du reste, il a naguère été confronté à la guérilla en Afrique du Sud.

Allenby ne doute pas de la victoire finale. Avant de le faire partir pour l'Égypte, le Premier ministre Lloyd George lui a demandé une chose : lui offrir Jérusalem comme cadeau de Noël. Pour y parvenir, le général pressent tout de suite que Lawrence sera pour lui un allié précieux. Malgré leurs différences, le courant passe bien, mais ils ne seront jamais des proches. Unis par un destin commun, tous deux deviendront des personnages de légende. Allenby aura de la chance : sa biographie sera écrite de son vivant par un homme d'une culture exceptionnelle, poète et spécialiste de russe, Archibald Wavell, nommé en juin 1917 à l'état-major en Palestine, après s'être illustré aux Indes, en Afrique du Sud et à la bataille d'Ypres (il terminera sa carrière comme avant-dernier vice-roi des Indes).

Cette première rencontre entre Lawrence et Allenby se termine par une phrase sibylline du général : « Bien, je vais faire mon possible pour vous aider. » Et Lawrence d'ajouter : « J'ignorais dans quelle mesure je l'avais convaincu, mais l'avenir

prouva que cet homme pensait toujours exacte-
ment ce qu'il disait, et que ce qui relevait du possible d'Allenby était de nature à contenter le plus
exigeant de ses sujets[7]. » Pour commencer, Lawrence est promu commandant (*major*) et fait che-
valier dans le Très Honorable Ordre du Bain,
honneur insigne pour un Anglais ordinaire, mais le
héros, en l'occurrence, déteste les décorations.

Arrêt sur image : c'est au cours de cet été 1917
que l'attaché militaire au consulat de France au
Caire, René Doynel de Saint-Quentin — cousin de
Guynemer —, brossera, dans un de ses rapports,
un portrait de Lawrence :

[P]etit et mince, la mâchoire imberbe et volontaire, le front
très haut couronné de cheveux blonds, toujours en désordre,
les yeux très clairs, illuminés par l'intensité de la pensée. Il
donne une profonde impression d'énergie et d'intelligence [...]
Au début de la guerre, Newcombe, Lawrence et Woolley tra-
vaillèrent au War Office. Puis ils furent envoyés au Caire où ils
organisèrent, sous la direction du colonel Clayton, la nouvelle
section militaire de l'Intelligence Service. Je les connus au printemps 1915 et fus témoin de leur labeur acharné. Lawrence
l'emportait d'ailleurs de beaucoup sur les deux autres, par sa
puissance de travail, son extraordinaire mémoire et son jugement très sûr[8].

La tragédie de Deraa

Aqaba, beaucoup moins éloignée que le port d'El Ouedj, devient alors la base de l'armée arabe, sous les ordres du commandant Pierce Charles Joyce, un Irlandais qui, au fil du temps, est devenu un inconditionnel de Lawrence (quand il l'a vu pour la première fois, en novembre 1916, à Port-Soudan, Joyce a surtout noté combien celui-ci était sale et mal peigné)... Pour la conquête de la Syrie, la prochaine étape, les forces arabes vont passer sous les ordres d'Allenby, du moins en théorie, car les Anglais savent qu'elles resteront, dans la réalité, incontrôlables. Il convient cependant de ne pas heurter de front le roi Hussein et d'obtenir son accord de principe. Lawrence va s'y employer. Quittant Le Caire, il descend jusqu'à El Ouedj. De là, le 22 juillet, un aéroplane de la Royal Flying Corps le conduit à Djeddah, où il retrouve Fayçal et le commandant Joyce. Six jours plus tard, il y rencontre enfin le roi du Hedjaz, dont Lawrence n'apprécie guère les « propos incohérents », le discours religieux et la « propension destructrice des hommes étriqués à toujours nier l'honnêteté de leurs adversaires », d'autant que « les personnes mal intentionnées parvenaient à persuader le roi que nous étions foncièrement déloyaux envers La Mecque[1] ». Le vieil homme, à l'évidence, ne fait guère confiance aux Anglais, mais le colonel Wilson, qui connaît bien le roi du Hedjaz et les méandres de sa pensée, parvient à le convaincre. Lawrence profite de l'occasion pour visiter La Mecque. Il n'est pas le premier Européen à s'y rendre, loin de là. Avant lui, il y a eu, par exemple, Ludovico di Barthema au XVe siècle, Joseph Pitts au XVIIe siècle, Ulrich Seetzen en 1809, Johann Burckhardt en 1814 et Richard Burton en 1853[2]. Oser s'y rendre reste, cependant, toujours un exploit, puisque cela peut signifier la mort pour un non-musulman.

Voyageant incognito, Lawrence achète un poignard en or au bazar de La Mecque. Puis il regagne Aqaba, où d'inquiétantes rumeurs laissent entendre que le vieux forban Auda s'apprêterait à rejoindre les Turcs. Une poignée de pièces d'or — simple avance sur ce qui ne manquera pas de suivre — va mettre un point final à ses velléités. Lawrence apprécie trop les qualités d'Auda pour le laisser passer à l'ennemi. Avant de regagner Le Caire, où il fêtera ses vingt-neuf ans, il informe l'état-major qu'il n'y a « nulle apparence de trahison dans l'air[3] » :

C'était peut-être assez éloigné de la réalité, mais la tromperie était délibérée de ma part ; j'atténuais régulièrement dans mes communications toute vérité difficile à avaler, car c'était l'Égypte qui, en prélevant sur ses réserves, nous maintenait en vie. Pour qu'elle continuât à nous consentir des sacrifices, nous devions entretenir sa confiance — et notre légende. La multitude avait besoin de héros romanesques[4].

Lawrence n'ignore sans doute pas que certains hommes politiques — dont le Premier ministre — ne seraient pas hostiles à un accord de paix avec l'Empire ottoman (ce qui signifierait la fin de la révolte arabe). Non que l'Angleterre se désintéresse soudain de l'Orient, mais une paix séparée avec les Turcs arrangerait les alliés, car elle permettrait de rapatrier des hommes sur le front principal, en Europe, où la situation reste fort délicate.

Pour compliquer une situation déjà très complexe, les États-Unis, toujours prêts à faire la morale, condamnent par avance tout ce qui, la paix venue, apparaîtrait comme une mainmise franco-britannique de type colonial sur la région. Même le Vatican s'en mêle, car le Saint-Siège s'inquiète du futur statut de Jérusalem. La situation des juifs en Palestine fait aussi débat en haut lieu, dans les grandes capitales occidentales. En Palestine, les sionistes parlant yiddish se heurtent aux juifs autochtones parlant arabe. Les juifs, en réalité, sont partagés. David Ben Gourion, par exemple, reste tout d'abord fidèle à l'Empire ottoman, avant de choisir le camp britannique. À Londres, le chimiste Chaim Weizmann, né en Russie, formé en Suisse puis devenu citoyen britannique en 1910 (il enseigne à l'université de Manchester), découvre un moyen simple de produire de l'acétone, un des composants essentiels de la cordite. Ce fervent sioniste est un proche d'Arthur Balfour, l'ancien Premier ministre devenu, en décembre 1916, ministre des Affaires étrangères. À Alexandrie, l'agronome Aaron Aaranson — que Lawrence a rencontré au Savoy Hotel du Caire — collabore avec les services de renseignement britanniques. Alors pro-anglais, cet agronome juif originaire de Roumanie a créé, en 1915, une organisation secrète, la Nili. Un de ses proches est Avshalom Feinberg, un botaniste qui a étudié à Paris, où les hasards de la vie l'ont fait se lier d'amitié avec le philosophe Jacques Maritain, marié à une juive. Ancré en Palestine, au cœur de l'Empire ottoman, le réseau d'espionnage Nili a été découvert par les Turcs, qui ont intercepté un de ses pigeons voyageurs porteur d'un message compromettant. Ont suivi des arrestations, des exécutions et des tragédies (Sarah, la sœur d'Aaranson, se suicide, en 1917, après avoir été torturée). Au vrai, tout le Proche-Orient est alors une fourmilière d'espions, d'informateurs, de préposés à l'intox et d'agents provocateurs de tout poil : Britanniques, Français, Turcs, Allemands et Juifs sionistes sont passés maîtres dans ce grand jeu, qui parfois s'avère un double jeu. Même les ecclésiastiques s'en mêlent, comme le Père Antonin Jaussen, avec qui Lawrence a déjà travaillé au Caire.

À Aqaba, les forces alliées et arabes tiennent désormais cette ouverture cruciale sur la mer Rouge, bientôt gardée par un bâtiment de guerre britannique. Au fil des semaines, le petit port voit arriver de nouvelles troupes anglaises et françaises, celles-ci surtout constituées de tirailleurs maghrébins, sous les ordres de l'excellent capitaine Rosario Pisani (dont Lawrence, peu suspect de francophilie primaire, dira le plus grand bien dans *Les Sept*

Piliers de la sagesse). À la fin d'août 1917, Aqaba compte quelques milliers de soldats arabes, montés d'El Ouedj et autres villes du Hedjaz. Désormais bien armés, ceux-ci, sous les ordres de Fayçal, manquent cependant d'entraînement et de discipline, et leurs motivations varient au fil des jours. Toutes ces troupes sont sous l'autorité directe d'Allenby, et le statut de Lawrence reste, somme toute, assez flou. Sans doute est-il sur le papier un simple officier de liaison, un statut périlleux puisqu'il lui faut jouer à la fois une partition arabe — celle de son cœur — et une partition anglaise — celle de sa nationalité. Le général Allenby lui fait confiance, mais une confiance limitée, car il ne tarde pas à comprendre que l'homme est un franc-tireur et n'en fait qu'à sa tête :

On a voulu faire de lui un stratège sans voir ce qu'il est bien plutôt : un chef de bande-né, un razzieur, un corsaire. Dans ces expéditions du désert, il a toutes les qualités qui ont rendu célèbres les marins de la Course : Drake ou Jean Bart, qui combinaient leurs coups avec un mélange d'astuce prudent puis de hardiesse folle et montaient à l'abordage au milieu de leurs chenapans. Outre un courage éclatant, il a comme eux le sang-froid imperturbable dans le danger, l'ascendance magnétique sur les hommes, le souci constant de la manœuvre, des ruses, de la surprise, le coup d'œil immédiat et ce flair dans la bataille qui ne s'acquiert pas[5]...

En cette fin de septembre 1917, les forces ottomanes, conseillées par les Allemands, sont loin de rester inactives. Installées du côté de Ma'an, elles se rapprochent d'Aqaba, et les Turcs utilisent quelques aéroplanes. Afin de répondre à ce nouveau danger, les Britanniques installent un aérodrome de fortune à Kuntilla, à quelque quatre-vingts kilomètres au nord-ouest du port. Quant à Lawrence, il reprend ses raids contre la ligne de chemin de fer et les trains turcs avec ses Bédouins, parfois même avec le capitaine Pisani. Pendant ce temps, Allenby prépare sa grande offensive d'automne contre les Turcs. Il est prévu que, lorsque l'opération sera lancée, Lawrence se portera avec ses hommes en direction de la Syrie, obligeant ainsi les Ottomans à disperser leurs troupes.

Le premier objectif choisi par Lawrence sera des ponts de chemin de fer sur le tronçon Damas-Deraa, afin de couper la route, de manière durable, à l'arrivée des renforts venus du nord. Comme pour la prise d'Aqaba, il décide de passer par l'intérieur et d'attaquer là où les Turcs ne l'attendent pas. Quittant Aqaba le soir du 24 octobre, il emprunte le chemin du désert avec une troupe faite de bric et de broc, qui grossit au fil des jours. Lawrence est accompagné par le lieutenant C. E. Wood, officier du Génie et expert en explosifs, du soldat Thorne, ainsi que par deux adolescents espiègles qui, depuis quelques mois, le suivent partout, s'étant autoproclamés ses serviteurs (Lawrence les appellera Farradj et Daoud dans *Les Sept Piliers de la sagesse*). De passage à Aqaba, le polyglotte George Lloyd, son ancien collègue du Bureau arabe, a tenu, par amitié, à faire un bout de chemin avec Lawrence, avant de regagner Aqaba au bout d'une semaine, car il est attendu à Versailles. Il y a là aussi des Bédouins, sous le commandement d'un des hommes dont Lawrence se sent le plus proche, le bel Ali ibn al-Hussein, qu'il ne faut pas confondre avec son homonyme, frère de Fayçal —, un des chefs de la tribu des Harith. La troupe comprend même des mitrailleurs indiens de religion musulmane et des Arabes d'origine algérienne sous la bannière d'Abd el-Kader, petit-fils de l'émir algérien du même nom. Dans la première moitié du XIXe siècle, son grand-père avait lutté contre la France, et une partie de la famille s'était installée en Syrie.

Trop optimiste, Lawrence a fait la sourde oreille quand le colonel Brémond l'a averti à Aqaba que, selon ses informateurs, cet Abd el-Kader jouait double jeu. « L'avis de Brémond suffisait à rendre le sheik sympathique à Lawrence[6]. » « Cette habitude qu'ont les Français, écrira-t-il, de dépeindre leur pays sous les traits d'une belle femme leur inspire une animosité collective à l'encontre de ceux qui ne sont pas sensibles à ses charmes[7]. » Or, Brémond ne s'était pas trompé. Une fois à Azraq, en Syrie, Abd el-Kader disparaît avec sa troupe le 4 novembre. Le danger devient extrême, car il paraît alors probable qu'Abd el-Kader a rejoint les Turcs. Sa défection est d'autant plus inquiétante qu'il connaît le premier objectif de la mission : la vallée de la rivière Yarmouk, située entre Deraa et le lac de Tibériade. Espérant le battre de vitesse, Lawrence et une soixantaine d'hommes poursuivent cependant et atteignent de nuit un des ponts construits dans la gorge du Yarmouk, à Tell el-Chehab. Par malchance, un des combattants glisse et fait tomber son fusil. Amplifié par le silence de la nuit et la topographie de la gorge, le bruit semble assourdissant. La garnison turque réagit aussitôt et fait feu dans l'obscurité. Il faut fuir. La défaite est totale, même si Lawrence réussit quelques heures plus tard à faire dérailler un convoi de deux locomotives et onze voitures, dont celle de Mehmed Djemel Pacha, commandant du 8e corps d'armée ottomane. Mais les quelques dizaines d'hommes du commando Lawrence doivent se replier face à plusieurs centaines de Turcs. Les Arabes sont déçus : ils ne pourront pas piller le train. Qu'importe, c'est tout de même une petite victoire.

Le temps est exécrable. Depuis quelques jours, il s'est mis à bruiner, et les nuits sont fraîches. Épuisés, les hommes et les méharis se reposent alors quelques jours dans la « citadelle bleutée » d'Azraq, « juchée sur son rocher au-dessus des palmes bruissantes, des prés verdoyants et des sources étincelantes[8] ». Un lieu chargé d'histoire, qui ne peut que séduire un archéologue :

Azraq est plongée dans une insondable mare de silence et d'histoire ancienne, elle est pétrie d'un étrange savoir où se mêlent poètes errants, grands capitaines, royaumes perdus, tous les crimes et actes chevaleresques, la défunte magnificence des cours de Hira et de Ghassan, dont l'histoire la moins romancée évoque la geste d'Arthur. Chacun de ses cailloux, chacun de ses brins d'herbe, rayonne de poésie et vous transporte avec ses réminiscences d'un lumineux et nébuleux Éden, aboli il y a si longtemps[9].

Malgré le temps qui ne cesse de se dégrader, Lawrence semble peu pressé de retrouver Aqaba. Avant de quitter la Syrie, il aimerait au moins atteindre le deuxième objectif de la mission que lui a confiée Allenby : organiser un soulèvement contre les Turcs dans la population locale. Plus facile à dire qu'à faire car, à l'inverse des Bédouins, les Arabes de la région sont des sédentaires, et se révolter contre les Ottomans ferait courir à leurs familles un risque majeur. Lawrence décide alors, le 20 novembre, de pousser une reconnaissance à Deraa, nœud de communication essentiel pour les Turcs, puisque la gare permet de se rendre dans le nord et le sud, mais aussi d'atteindre la Méditerranée (par la ligne Deraa-Haïfa). Pas assez superstitieux pour admettre que la baraka n'est pas au rendez-vous, le commandant anglais veut forcer la chance et faire oublier son échec dans la gorge du Yarmouk.

Un engrenage fatal s'est mis en place. Ayant refusé d'écouter les conseils de prudence du colonel Brémond, Lawrence a fait confiance à Abd el-Kader. Il s'est néanmoins rendu vers un des ponts tenus par les Turcs, mais sa mission a échoué en raison d'un impondérable dont il n'était en rien responsable. Comme pour prendre sa revanche, il décide alors de se rendre en territoire ennemi. C'est courir un risque inutile, car sa tête est mise à prix, et Abd el-Kader a peut-être livré aux autorités ottomanes le maximum de détails sur ses traits, son physique et ses vêtements. Prenant la route de Deraa avec quelques compagnons, le commandant Lawrence ne se doute pas que sa vie, à vingt-neuf ans, est sur le point de basculer.

20 novembre 1917. Vêtu en mendiant, Lawrence se promène dans les rues de Deraa, accompagné

d'un certain Mijbil. L'homme « était le compagnon idéal pour cette entreprise, car il était assez vieux pour être mon père et avait tout d'un paysan sans histoires[10] ». Mais Lawrence est vite repéré par un sous-officier turc. Impossible de fuir. Le militaire le conduit dans une enceinte militaire, où on l'interroge sur son identité. Peut-être le prend-on pour un déserteur de l'armée ottomane. Lawrence donne un nom d'emprunt et précise qu'il est circassien. La réponse est habile. Originaires du Caucase, les Circassiens sont présents dans tout l'Empire ottoman. Lawrence sait qu'il ne peut se faire passer pour un Arabe de Syrie, mais les Circassiens sont physiquement proches des Européens. L'officier turc reste sceptique. On le conduit dans une pièce, où sont groupés quelques suspects. Il y attendra toute la journée. La nuit venue, les soldats le conduisent dans la chambre à coucher d'un notable, gratifié du titre de *bey*. Était-il vraiment le gouverneur de la ville ? Lawrence le pense alors, mais ce n'est pas certain, le terme *bey* étant honorifique et passe-partout dans le monde ottoman. Peut-être s'agissait-il tout bonnement d'un quelconque officier, de mèche avec deux ou trois comparses.

« Il se mit alors à me flatter, à vanter mon teint clair, la beauté de mes mains et de mes pieds, me disant tout le désir que je lui inspirais, promettant de m'exempter de l'exercice et des corvées, de faire de moi son ordonnance, de me payer, si je consentais à l'aimer[11]. » Comme Lawrence résiste, le *bey* appelle la sentinelle et fait déshabiller le visiteur récalcitrant. Sa jeunesse, sa peau blanche, ses cheveux blonds, ses yeux bleus et ses traits androgynes ne déplaisent pas au Turc qui s'approche, mais le prisonnier lui décoche un coup de genou.

Le *bey* fait alors venir quatre autres soldats et leur ordonne d'entraver les bras et les jambes du suspect.

> Là-dessus, il m'embrassa. Après quoi il dégaina la baïonnette d'un des soldats. Je pensai qu'il allait me tuer et en fus navré, mais il se borna à relever un pli de chair sur ma cage thoracique et, non sans peine, à le traverser de part en part pour ensuite imprimer un demi-tour à la lame. La douleur me fit grimacer, cependant qu'un filet de sang s'écoulait au long de mon flanc et tombait goutte à goutte sur le devant de ma cuisse. L'autre, l'air satisfait, y trempa le bout des doigts pour m'en poisser le ventre[12].

Puis le Turc donne ordre à ses hommes de conduire Lawrence dans une autre pièce. L'Anglais y sera fouetté à coups de cravache, puis violé. La souffrance n'empêche pas le plaisir sexuel, ce qui troublera beaucoup Lawrence par la suite. Les soldats le ramènent alors devant le *bey*. « Cette fois, il fit le délicat et me repoussa, reprochant vertement à ses sbires d'avoir été assez stupides pour penser qu'il voulait dans son lit d'une loque ensanglantée et toute trempée, souillée de la tête aux pieds[13]. » Lawrence est enfin conduit dans une baraque de planches, et les Turcs font venir un infirmier arménien pour panser ses plaies. Après quoi, l'un d'entre eux informe leur victime qu'une des portes n'est pas fermée à clef. De bons bougres, en somme.

Le lendemain matin, Lawrence quitte son appentis, puis parvient à retrouver Mijbil et à regagner Azraq.

Je me sentais très mal, comme si une partie de moi était morte ce soir-là à Deraa, me laissant mutilé, incomplet, seulement à demi moi-même. Ce ne pouvait être la souillure, car nul n'a jamais plus que moi tenu le corps pour quantité négligeable ; peut-être cela venait-il de ce que mon courage avait été brisé par cette souffrance atroce qui, en me faisant ramper, m'avait ravalé au rang de la bête et qui, depuis, ne m'avait pas quitté, exerçait sur moi fascination, terreur et désir morbide, attitude teinte peut-être de lasciveté et de perversité, mais pareille à celle de la phalène qui se précipite dans la flamme[14].

Cet épisode est sans doute le plus commenté et le plus controversé de la vie de Lawrence. Son biographe Robert Graves ne lui consacre que cinq lignes en 1927, mais le principal intéressé, il est vrai, était encore en vie[15]. Certains des détracteurs de Lawrence récusent d'emblée la tragédie de Deraa. Tout ne serait qu'un fantasme né dans l'imagination tourmentée d'un exhibitionniste jouant à la victime. Mais qu'aurait-il eu à gagner en inventant cette scène de toutes pièces ? Le lecteur attentif a plutôt le sentiment qu'il n'a pas osé tout dire, loin de là, et que les choses furent, en réalité, plus atroces et plus traumatisantes qu'il ne le laisse entendre. Il ne commencera à en parler, à mots voilés, que des mois plus tard, et il faudra attendre *Les Sept Piliers de la sagesse* pour obtenir une version plus circonstanciée, encore que lacunaire et corrigée au fil des éditions. Lawrence y fera aussi allusion dans une lettre adressée à l'épouse de Bernard Shaw, le 26 mars 1924. En réalité, un traumatisme sexuel ne se jauge ni au souvenir flottant que la victime en garde, ni au récit approximatif qu'elle en donne au fil du temps, mais à ses conséquences psychologiques, dont les plus lourdes, différées, se manifestent des années plus tard. Or, il n'est pas douteux que, après Deraa, Lawrence sera à jamais un autre homme.

Certains vont plus loin. La flagellation et le viol auraient bien eu lieu, disent-ils, mais à la demande expresse de Lawrence. La scène ne se serait pas déroulée à Deraa, mais dans la citadelle d'Azraq. L'acteur principal n'en aurait pas été un Turc, mais Ali ibn al-Hussein, un beau Bédouin qui fascinait Lawrence. En tout état de cause, ajoutent-ils, comment peut-on imaginer que le *bey*, son méfait accompli, aurait laissé fuir Lawrence, dont la tête était mise à prix (vingt mille livres de l'époque) ? À cette question, les réponses les plus simples sont peut-être les meilleures : le Turc ne l'avait pas reconnu, tout simplement, ou il tenait plus à sa réputation de bon père de famille qu'à l'argent. Autre version, souvent développée : les faits, qu'ils soient réels ou fictifs, seraient une preuve supplémentaire de l'homosexualité[*] de Lawrence, le gouverneur turc de Deraa, fin psychologue, ayant, dans l'instant, deviné sa vraie nature, ce qu'il aurait voulu dire par la phrase sibylline qu'il avait prononcée : « Je sais à quoi m'en tenir sur ton compte[16]. »

Or, rien de tangible ne prouve, de manière convaincante, les goûts supposés de Lawrence. Certes,

---

[*] Le mot *Homosexualität* fut créé en 1868 par un écrivain hongrois germanophone, né à Vienne, Karl-Maria Kertbeny (1824-1882). D'abord utilisé, surtout en Allemagne, par un cercle restreint de spécialistes, ce terme à connotation médicale passa lentement dans le langage courant, au début du XXᵉ siècle. Son emploi était encore rare en 1917.

aucun biographe ne peut le nier, attiré par les jeunes hommes, il a aimé certains d'entre eux. Est-il, cependant, si naïf de penser que les choses en restèrent là ? Tout montre que Lawrence avait une horreur pathologique des rapports physiques, quels qu'ils soient, tant avec les femmes qu'avec les hommes. Passionné de culture et de littérature grecque, il n'ignorait rien de « l'amour qui n'ose pas dire son nom », cet amour qui ne le choquait pas outre mesure chez les autres, surtout chez les Bédouins. Mais l'acte sexuel, quelle qu'en fût l'orientation, le laissait indifférent (il l'a dit et écrit). C'était, selon lui, une source d'ennuis, comme le prouvait le parcours sentimental de ses parents qui, certes, lui avaient donné la vie, mais dont la liaison avait rejeté dans les ténèbres extérieures — celles de l'Irlande — quatre jeunes filles, les demi-sœurs des frères Lawrence. Une absence dont les biographes parlent peu, ou même pas du tout, mais cette douloureuse histoire familiale demeura d'autant plus présente en filigrane qu'elle ne fut jamais évoquée.

La stricte éducation victorienne que Lawrence avait reçue inhiba et tint en respect ce qui était sans doute, en effet, sa vraie nature. Lawrence avait, certes, un sens élevé de l'amitié, sentiment cousin de l'amour. À plusieurs reprises, il déclara sa préférence pour le corps des hommes, mais de loin, comme il aimait les nus des statuaires grecques. À l'instar de l'anorexique qui trouve un subtil plaisir dans le refus de la nourriture, du prêtre qui se grise de chasteté ou du moine qui se flagelle dans sa cellule, Lawrence avait un rapport singulier avec le corps. La privation était son plaisir : peu de nourriture, peu de sommeil, pas d'alcool ou de tabac. Il tenait aussi les êtres *à distance*. Ses parents, ses frères, ses supérieurs hiérarchiques, les femmes et les hommes, les politiques et les religieux, quelle que fût leur chapelle. Même ses lettres, pourtant si longues et si nombreuses, sont des chefs-d'œuvre de réserve et de retenue. Préférer le truchement de la correspondance à l'intimité n'est-il pas un subtil moyen de garder une certaine distance et de garder le contrôle ?

Toute sa vie, Lawrence chercha à prouver que, malgré sa taille, il était un homme. Pour l'essentiel, il vécut dans un univers masculin avec ses frères, ses camarades d'Oxford, ses collègues archéologues ou militaires, mais la séparation entre les sexes était la norme à son époque, surtout dans des milieux comme l'armée, l'enseignement et l'université. S'il se sentait si bien en terre musulmane, c'est peut-être parce que les hommes et les femmes y menaient, somme toute, des vies séparées. Il pouvait s'intéresser aux femmes — l'épouse de Bernard Shaw, par exemple —, quand il n'y avait aucun risque d'intimité. Charlotte Shaw fut sa « plus que mère » ; comme un enfant qui veut se rassurer, il se plaignait auprès d'elle afin de se faire plaindre. Il y avait des choses que, seule, cette femme pouvait comprendre, le mépris de la chair, par exemple. Bien que mariée, elle n'eut jamais de rapports sexuels avec son mari.

En outre, l'anticonformisme de Lawrence est attesté : il aimait choquer, voire provoquer, et ne s'en privait pas. « Mais choquer qui ? demande

Roger Stéphane. L'homosexualité est la dernière chose qui puisse scandaliser un Anglais[17]. » C'est oublier un peu vite que cette préférence sexuelle était un crime dans l'Angleterre de son époque, comme l'avait montré le procès d'Oscar Wilde. La vie privée de E. M. Forster, contemporain de Lawrence, était un secret de polichinelle mais, bien qu'écrit vers 1914, son roman *Maurice*, très explicite à cet égard, ne fut publié, à titre posthume, qu'en 1971.

Certes, la peine de mort pour le « péché contre nature » était abolie depuis 1861, mais la législation avait été durcie en 1885 et en 1898[18]. La guerre n'arrangea pas les choses, la propagande présentant cette spécialité comme un « vice allemand » et, dès lors, « comme un crime presque équivalent à la trahison[19] ». Pour autant, l'application de la loi anglaise se trouvait corrigée par la personnalité des juges. De ce fait, elle était à géométrie variable, chacun sachant que, depuis des lustres, « le beau vice », comme on disait jadis dans les jardins de Versailles, se portait bien dans les *public schools* et à Oxford. Il fleurissait aux quatre coins de l'Empire, à l'ombre des palmiers et des jacarandas en fleurs, chez les officiers, les diplomates, les hauts fonctionnaires et peut-être même chez les vice-rois. Reste qu'il suscitait encore, sous le sévère crachin d'Albion, de vertueux haut-le-cœur chez les bigots et les « honnêtes gens ».

La liste des présumés coupables, s'il avait fallu l'établir, aurait été fort longue, à commencer par le ministre de la Guerre Kitchener, que d'aucuns classaient dans la même catégorie que Lawrence.

Dès lors, celui-ci, s'il avait souhaité suivre cette pente, aurait pu s'adonner en Orient à ces plaisirs interdits sans risquer autre chose qu'un sourire ironique ou complice. Il aurait été en bonne compagnie car, pour les artistes et écrivains uranistes, le voyage en Orient était, depuis longtemps, un passage initiatique obligé. Les felouques du Nil et les dunes du désert en avaient vu et en verraient, sans doute, bien d'autres. L'analyse de Florence Tamagne résume l'essentiel :

> T. E. Lawrence est [...] un excellent exemple d'inadaptation à la réalité sexuelle. Attiré par les hommes, il ne dépasse jamais l'enthousiasme platonique et bride ses désirs qu'il juge malsains [...]. L'épisode le plus douloureux de sa vie, sa capture et son viol par le bey accentuèrent son sentiment de honte et de culpabilité. Sa répulsion vis-à-vis de la sexualité ne cessa de s'affirmer, sans jamais trouver de solution[20].

Florence Tamagne rappelle la confidence d'un ami d'enfance de Lawrence, Vyvyan Richards : « Il n'y avait en lui ni chair ni sensualité d'aucune sorte : il ne comprenait tout simplement pas[21]. » De tenaces rumeurs couraient, cependant, sur lui, mais aucun uraniste digne de foi — à commencer par le plus célèbre d'entre eux, l'écrivain E. M. Forster, qui vivait en Égypte à la même époque que Lawrence —, n'a dit ou laissé entendre que celui-ci était connu pour ses frasques. Comme Baden-Powell ou Kitchener, c'était un abstinent ou, à la rigueur, un fort discret sympathisant. Encore qu'il convienne, par rigueur scientifique, de rester prudent. Le professeur Arnold Lawrence a veillé, avec un soin jaloux et pendant plus de vingt ans, à la sérénité de sa mère et donc à la vertu posthume de son frère, et certains documents pourraient avoir été écartés. Roger Stéphane a raison d'écrire que « ce n'est pas l'acte qui caractérise la sexualité, mais le désir[22] ». Bien malin qui, à un siècle de distance, pourrait cependant dire avec certitude ce qu'étaient les désirs secrets de Lawrence.

Reste un point plus mystérieux. Pratiqua-t-il comme stimulant sexuel la flagellation — passive en l'occurrence —, que l'on appelait alors le « vice anglais » ? Le fouet était pratique courante en Angleterre, et cela depuis des siècles, même dans les écoles et les familles. Il l'était aussi dans les prisons, l'armée et la marine. Certaines victimes de ces punitions y trouvaient un plaisir érotique, qu'elles cherchaient ensuite à renouveler. Se fondant sur le témoignage tardif d'un de ses camarades des Blindés, John Bruce, les biographes de Lawrence assurent que c'est ainsi qu'il connut, de 1923 à 1934, quelques frissons érotiques. Selon ces confidences, qui datent de 1968, les préliminaires suivaient un rituel compliqué, et les séances se déroulaient dans le plus grand secret (un chantage n'était jamais à exclure, et on imagine sans mal ce que les journalistes auraient écrit s'ils avaient découvert la chose). Il est très probable, en effet, que le viol subi en Syrie ait conduit Lawrence à cette pratique masochiste, afin de répéter le plaisir ambivalent découvert en Orient — peut-être même avant —, et, en même temps, se punir de l'avoir connu. Peu importe. Que Lawrence ait été — ou non — asexué, impuissant, homosexuel, flagellant ou misanthrope ne change rien à l'essentiel : cet

épisode constitua pour lui un traumatisme majeur :
« Cette nuit-là, dans Deraa, la citadelle même de
mon intégrité personnelle s'était irrémédiablement
écroulée[*][23]. »

* Souvent citée, cette phrase des *Sept Piliers de la sagesse* n'apparaît pas dans la
« version d'Oxford » (1922), mais dans la « version des souscripteurs » (1926).

« *Te Deum* » pour Jérusalem

Laissant ses hommes pour l'hiver dans la citadelle d'Azraq, Lawrence reprend la route du sud.
Le 3 décembre, il est de retour à Aqaba, d'où un
aéroplane le conduit à Suez, puis au quartier général d'Allenby, du côté de Gaza. Après son échec
dans la vallée du Yarmouk, il s'attend à de sévères
critiques, mais chacun, au contraire, se dit heureux
de le revoir, Clayton et Hogarth en particulier.
Allenby, lui, est sur un nuage. « Il était tellement
plein de ses victoires que mon rapport succinct
relatif à l'opération avortée contre un pont sur le
Yarmouk fut jugé suffisant et que je n'eus pas à
m'étendre sur ses circonstances[1]. » L'offensive en
Palestine s'avère, en effet, un succès. Les Britanniques, qui ont pris Beersheba le 31 octobre et Gaza
le 7 décembre, poursuivent leur marche victorieuse
vers Jérusalem, que survolent des aéroplanes anglais
de reconnaissance. Lawrence est aux côtés du
général quand parvient la nouvelle tant espérée :
les Britanniques, supérieurs en nombre il est vrai,
y ont fait fuir les soldats ottomans, pourtant com-
mandés par l'ancien ministre de la Guerre en

Prusse, le général Erich von Falkenhayn. Jérusalem est tombée. Le cadeau de Noël du Premier ministre anglais est arrivé avec quelques jours d'avance.

C'est alors que Lawrence fait la connaissance du commandant Richard Meinertzhagen (sa riche famille, qu'il prétendait danoise, était d'origine allemande). De dix ans son aîné, cet homme est un original haut en couleur, par ailleurs ornithologue, excellent cartographe et agent de renseignement. Rusé, astucieux, mystérieux, mythomane même sans doute, antisioniste reconverti dans le sionisme, l'homme a roulé sa bosse en Allemagne, aux Indes, en Birmanie, en Afrique du Sud, en Afrique orientale et dans l'île Maurice. Même s'il n'a pas été, loin de là, le premier dans l'histoire à tenter de tromper l'ennemi, il fait preuve d'un grand talent dans l'art de la désinformation, en laissant derrière lui des documents montés de toutes pièces.

En novembre 1917, l'inventeur du plan trompeur, le colonel Meinertzhagen, fournit au commandement turc de faux renseignements sur les intentions des Britanniques : rapports confidentiels truqués sur les positions de l'armée d'Allenby, direction erronée de l'offensive préparée, date inexacte du jour J, appât d'allusions calculées transmises par radio en messages codés, et, pour convaincre de la véracité de cette duperie, l'abandon apparemment accidentel d'une sacoche pleine de documents militaires par Meinertzhagen lui-même au cours d'une galopade devant les lignes ennemies[2].

Lawrence, qui aime les originaux et les farceurs, sympathise avec ce brillant marchand d'illusions, dont il brosse le portrait dans *Les Sept Piliers de*

la sagesse : « Esprit logique, profondément idéaliste, il était si possédé par ses convictions qu'il se
montrait disposé à atteler le mal au char du bien
[...] Ses instincts étaient étayés par une formidable
force physique et une âme féroce que rien n'entra-
vait, ni doutes, ni préjugés, ni usages ou règle du
jeu[3]. » Plus tard, en 1959, Meinertzhagen publiera
ses carnets de campagne, mais son texte est un
témoignage fragile, car l'auteur l'a modifié des
décennies après les événements.

Pour l'heure, Lawrence et Meinertzhagen, que
les hasards de la guerre réunissent à Gaza, évo-
quent sans doute le développement récent du conflit. C'est que bien des événements se sont déroulés
ces derniers mois. En France, des poilus refusent de
retourner à la boucherie ; les mutineries se multiplient et sont sévèrement réprimées. En Russie,
début novembre, Lénine a réussi son coup d'État
bolchevique et proposé, quelques jours plus tard,
une offre d'armistice aux Puissances centrales.
L'Allemagne et la Turquie vont pouvoir concentrer
leur effort militaire en France et en Orient. Dans le
même temps, une promesse écrite est aussi venue
changer la donne. Le chimiste Weizmann, ardent
sioniste, a rendu une aide considérable à l'effort de
guerre, ce qui mérite récompense.

Le 2 novembre, dans une lettre dactylographiée
adressée à Lionel Walter Rothschild — un proche
de Weizmann —, le ministre des Affaires étrangères Balfour fait savoir que le gouvernement de Sa
Majesté « envisage favorablement l'établissement
en Palestine d'un Foyer national pour le peuple juif
et fera tout ce qui est en son pouvoir pour faciliter

la réalisation de ce projet, étant clairement entendu qu'il ne sera rien fait qui puisse porter préjudice aux droits civils et religieux des communautés non juives existant en Palestine... » Une lettre qui entrera dans l'histoire sous le nom de « déclaration Balfour ». Bien que flou dans sa formulation, son contenu préfigure, en filigrane, la création d'un État juif, même si les termes utilisés — « Foyer national » (« *national home* ») — peuvent prêter à bien des interprétations. Formidable victoire pour les sionistes, cette décision capitale, s'ajoutant aux accords Sykes-Picot, va compliquer encore plus l'après-guerre en Orient, puisque les Arabes, qui ont cru aux promesses naguère proférées par le haut-commissaire en Égypte Henry McMahon, seront désormais confrontés à deux réalités dont la synthèse en leur faveur sera pour le moins délicate : la mainmise franco-britannique en Orient et l'établissement d'un « foyer national juif ».

11 décembre 1917 : Allenby s'apprête à rentrer dans Jérusalem. Huit cent dix-huit ans plus tôt, le 15 juillet 1099, un descendant de Charlemagne, Godefroi de Bouillon — un des héros d'enfance de Lawrence — entrait, lui aussi, dans la ville sainte, qu'il venait de débarrasser des Sarrasins, et Jérusalem resta chrétienne pendant des décennies avant d'être reprise par les musulmans, puis de nouveau perdue... Les Turcs s'y installèrent, pour quatre siècles, en 1517.

Plus récemment, le 31 octobre 1898, c'est en ami des Ottomans que la ville recevait l'empereur Guillaume II et la *Kaiserine* Auguste, lors d'un long voyage en Orient, commencé à Constantinople. C'était l'époque où l'Allemagne ne jurait que par la Turquie, qui le lui rendait bien. Le *Kaiser* avait prévu d'entrer à Jérusalem de façon théâtrale et spectaculaire. De lourds travaux s'étaient avérés nécessaires. Il avait même fallu paver la rue qui conduit à la porte de Jaffa et abattre un pan de muraille afin de permettre le passage de la voiture de l'impératrice. « *Deutschland über Allah* », ironisait la presse anglaise (l'expression allait servir de titre, en 1917, à un opuscule de E. F. Benson). Toute la presse d'Europe couvrait l'événement. L'envoyé spécial du *Figaro* n'était autre que l'Angevin René Bazin. Reprenant ses « notes de route », celui-ci allait en faire un livre, *Croquis de France et d'Orient* (1899).

Jour historique, à plus d'un titre, que ce mardi 11 décembre 1917. Tandis que des aéroplanes survolent la cité pour prévenir toute attaque aérienne des Ottomans, le général Allenby, sur le coup de midi, prend possession de Jérusalem. S'il est fier, c'est avant tout d'avoir conquis la ville sans le moindre coup de feu afin de ne blesser en rien les pierres et les Lieux saints (ses ordres, à cet égard, ont été stricts). Quelques heures plus tôt, le très catholique Mark Sykes lui a envoyé un télégramme, suggérant d'être plus subtil que le *Kaiser* qui, comme un rustre, était arrivé à cheval. Allenby sera donc plus délicat : c'est à pied, comme Jésus — dont la chrétienté s'apprête à fêter la Nativité —, que, précédé de deux aides de camp, le commandant en chef de la Force expéditionnaire en Égypte s'engage dans la cité, aux côtés du lieutenant-colonel français Léonce Philpin de Piépape, auteur apprécié d'une *Histoire militaire du pays de Langres et du Bassigny*, du général Louis Bols, chef de l'état-major, et du fringant lieutenant-colonel Paolo D'Agostino, dont le couvre-chef à panache attire tous les regards.

Derrière eux avancent le général Clayton et les membres de son état-major. On reconnaît aussi François Georges-Picot, le diplomate français attaché à la Force expéditionnaire en Égypte, ainsi que les attachés militaires alliés représentant la France — en la personne de René Doynel de Saint-Quentin —, l'Italie et les États-Unis. Archibald Wavell et T. E. Lawrence (celui-ci pour une fois en uniforme, emprunté il est vrai) sont, bien sûr, de la fête. Il ne manque guère que le pauvre Stewart Newcombe, fait prisonnier par les Turcs, du côté de Beersheba, le 2 novembre (emprisonné à Constantinople, il parviendra à s'évader).

Un discret officier de liaison, le capitaine Louis Massignon, détaché en 1917 à la mission franco-britannique Sykes-Picot, marche aux côtés de Lawrence. Ce brillant arabisant, ami du Père de Foucauld, ancien archéologue en Mésopotamie, connaît le Proche-Orient depuis son premier voyage en Égypte, en 1907 ; il deviendra bientôt un des grands spécialistes de l'islam. Quatre mois plus tôt, il a fait la connaissance de Lawrence au Caire et l'a perçu comme « dégagé de toute convention, presque hors la loi, mais si discret, à la fois doux et amer, des timidités de jeune fille, puis des intonations dures, à voix basse, de détenu[4] ». Lawrence et Massignon, qui ont à peu près le même âge, se sont retrouvés à Gaza puis, ce 11 décembre, à

Jérusalem, où ils vont passer de longues heures ensemble. C'est sans enthousiasme excessif que les deux compères, goguenards, voient défiler les troupes.

Avec ses composantes indienne, australienne et néo-zélandaise, l'armée britannique tient le haut du pavé. Mais il y a aussi un détachement de *bersaglieri* et de *carabinieri*, ainsi que des fantassins amenés de France et du Maghreb. Ces hommes se mêlent à la foule cosmopolite et bigarrée, venue apercevoir les notables de la ville et écouter, au pied de la tour de David, la proclamation de la loi martiale, qui sera lue en sept langues (anglais, arabe, français, grec, hébreu, italien et russe). Il y a là des chrétiens, des musulmans et des juifs, lesquels sont, depuis peu, majoritaires à Jérusalem (quarante mille sur une population de quelque soixante-dix mille habitants).

La presse est également présente. Il y a d'abord le correspondant de guerre accrédité auprès de la Force expéditionnaire, W. T. Massey, qui écrit notamment pour le *Telegraph* de Londres. C'est que les lecteurs anglophones de Grande-Bretagne et des États-Unis, dont l'enfance a été bercée par les récits de la Bible, se passionnent pour cette Terre sainte, que même Mark Twain a tenu à visiter, en 1867.

Les Britanniques à l'humilité calculée débarquent ainsi à Jérusalem. La vérité est qu'ils sont là pour rester, puisqu'ils mettront plus de trente ans à quitter la ville. Son premier gouverneur militaire — premier, en tout cas, depuis le Romain Ponce Pilate — sera le lettré Ronald Storrs, grand ami de

Lawrence. Des Ponce Pilate, les Anglais vont bientôt en avoir grand besoin car, pour embarrasser ses alliés de la veille, la Russie devenue bolchevique va bientôt divulguer la totalité des accords Sykes-Picot. Les Arabes découvriront alors que, s'ils sont bien débarrassés de l'Empire ottoman, Londres et Paris s'apprêtent à prendre la place des Turcs de Constantinople. N'empêche, la nuit venue, les fantômes apaisés des Croisés jadis morts pour Jérusalem pourront désormais arpenter à leur gré les étroites ruelles de la Ville sainte, enfin vidée des Turcs. À Paris, le lendemain, 12 décembre, la une du quotidien *La Croix* titrera « Jérusalem délivrée » et annoncera qu'un « *Te Deum* » d'action de grâces sera chanté, le dimanche suivant, à Notre-Dame de Paris afin de « remercier Dieu d'avoir délivré du joug turc la Ville sainte, berceau du christianisme ».

Il est étrange de noter que, dans *Les Sept Piliers de la sagesse*, Lawrence, dont la plume est si volontiers lyrique, s'avère fort laconique sur cette journée dont il est, pourtant, un des rares participants à goûter toute la valeur symbolique, lui dont l'enfance s'est nourrie des récits de la Bible et de l'histoire des croisades. Pour dire vrai, il n'aime pas Jérusalem, « ville sale [dont] les habitants, à de très rares exceptions près, sont aussi falots qu'un personnel hôtelier, et vivent de la foule des visiteurs de passage[5] ». Tout juste consent-il à noter que cette entrée dans la ville « fut moins un triomphe qu'un hommage rendu par Allenby à l'esprit des lieux[6] ». Le lecteur sent poindre une lassitude et une profonde tristesse. C'est que Lawrence n'est pour rien, en somme, dans cette victoire, qui s'avère pour lui une amère victoire, puisqu'il a échoué en Syrie.

Ce n'est pas à Jérusalem, mais à Haïfa, à Damas ou à Alep que nous aurions été ce jour-là, si, au mois d'octobre, je n'avais pas reculé devant le danger d'un soulèvement général contre les Turcs. J'avais par là entravé les Anglais à leur insu et déshonoré les Arabes à leur insu, cela d'une manière qui ne serait réparée que par notre entrée triomphale dans une Damas libérée[7].

Louis Massignon ajoute : « Ayant une grande cour à traverser sous les yeux des officiers, je fis signe à Lawrence de rattacher sa patte d'épaule gauche : "Pensez-vous que j'aie pour ces gens la moindre considération ?" dit-il ; et il fit à ce moment-là, le geste d'ouvrir son pantalon pour uriner face à l'état-major[8]. »

Malgré les flonflons, la guerre est cependant loin d'être terminée. Même si la Palestine est maintenant, pour l'essentiel, entre les mains des Alliés, il reste à bouter les Ottomans hors de Syrie. Dès le lendemain, Lawrence est à Gaza, d'où il s'envole pour Le Caire. Il y prend une semaine de repos dans la résidence du haut-commissaire Wingate, puis regagne Aqaba le jour de Noël.

Dans le froid de l'Orient

Vu d'Europe, le Proche-Orient apparaît sous les couleurs chaudes et riantes d'un Éden enchanteur, baigné par la Méditerranée et la mer Rouge. Le climat est, certes, tempéré sur la frange côtière de la région, mais très rude dans l'intérieur, et dans le désert, les amplitudes thermiques sont considérables. En Syrie, l'hiver peut être glacial, surtout en altitude. La période de novembre à mars y constitue la saison des pluies, parfois torrentielles, et le vent y est d'un froid pénétrant. La neige peut tomber à Beyrouth, Jérusalem, Damas, Amman, Pétra et même au Caire ou dans le Sinaï. Le général Allenby veut éviter l'erreur de Napoléon en Russie : il attendra la fin de cette mauvaise saison avant de poursuivre son offensive vers Damas. C'est que les bureaucrates de l'armée britannique ont oublié qu'il peut faire très froid en Orient, et les tenues légères des soldats de Sa Majesté ne permettent pas de faire face à la rigueur du climat. Une fois de plus, comme dans toutes les guerres, l'intendance ne suit pas... Les cipayes indiens craignent encore plus le froid que les Anglais. Poursuivre les opérations après la prise de Jérusalem aurait été suicidaire.

Sur le golfe d'Aqaba, bien sûr, le climat reste doux en hiver, mais le commandant Lawrence n'entend pas s'y attarder. Il sait que les températures peuvent devenir glaciales dès qu'on atteint le haut plateau de Ma'an, situé à plus de mille mètres d'altitude. Certes, ses Bédouins se disent habitués au climat et capables de tout supporter (« en l'espace d'une nuit, note pourtant Lawrence, dix Arabes moururent gelés[1] »).

Malheureusement, les services de ravitaillement anglais comprirent trop tard que nous combattions dans de petites Alpes. Un quart de nos effectifs ne toucha ni tentes, ni tenues de serge, ni chaussures fourrées, ni assez de couvertures pour que l'on pût en distribuer deux par homme dans les garnisons de montagne. Habitués à la chaleur de l'Arabie et au confort des vallées syriennes, nos soldats désertaient en grand nombre ou mouraient de froid comme autant de papillons ; ou bien, s'ils ne désertaient ni ne mouraient, ils subsistaient dans des conditions si misérables qu'ils en perdaient tout espoir[2].

Le général Allenby et le lieutenant-colonel Dawnay, son élégant chef d'état-major formé à Eton et Oxford, ont confié à Lawrence une mission claire : « Ils nous demandaient [...] de profiter de la confusion momentanée que connaissaient les Turcs et de la suspension des opérations britanniques pour faire mouvement vers le nord en direction de la mer Morte afin, si possible, de prendre solidement position à son extrémité sud sous la forme d'un poste fixe[3]. » Sans pour autant mettre fin à la bataille du rail, qui paralyse ou limite les liaisons

1 Thomas Edward Lawrence au Caire en 1917.

« *Tout ce qui est corporel m'est odieux.*
Je suis un valet de l'abstrait. »

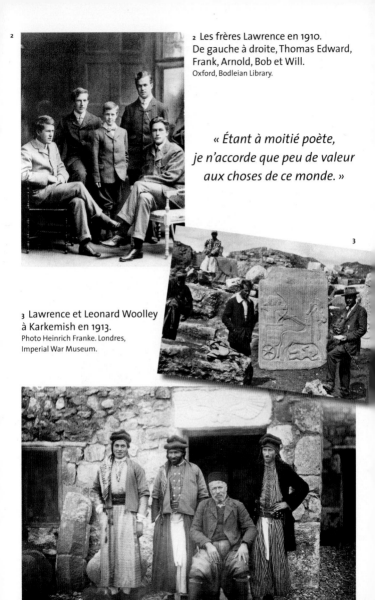

2 Les frères Lawrence en 1910.
De gauche à droite, Thomas Edward,
Frank, Arnold, Bob et Will.
Oxford, Bodleian Library.

*« Étant à moitié poète,
je n'accorde que peu de valeur
aux choses de ce monde. »*

3 Lawrence et Leonard Woolley
à Karkemish en 1913.
Photo Heinrich Franke. Londres,
Imperial War Museum.

4 Le jeune Dahoum (à gauche) à Karkemish en 1912. Londres,
British Museum.

5 Ronald Storrs, collègue de Lawrence au Bureau arabe du Caire, puis gouverneur de Jérusalem.

« Quiconque vit une fois avec les Arabes conservera le sentiment du désert le reste de son existence. »

6 Thomas Edward Lawrence, l'archéologue David G. Hogarth et Alan Dawney au Caire, en 1917.
Londres, Imperial War Museum.

7 La voie du chemin de fer du Hedjaz, du côté d'Abu Taqa, vers 1910.

8

7

8 Scène de la prise d'Aqaba, le 6 juillet 1917.
Photo réalisée par Lawrence. Londres, Imperial War Museum.

« La vie est une affaire privée, absolument ; et rien ne justifie la mainmise violente d'un homme sur un autre. »

9 Le général Edmund Allenby en 1916.

9

10 Délégués arabes et alliés à la conférence de la paix de Paris, en 1919. Au premier plan, l'émir Fayçal. Derrière lui, de gauche à droite, Rustum Haidar de Baalbek, Nuri as-Said, le capitaine Pisani, Lawrence, l'esclave soudanais de l'émir et Hassan Kadri.

10

> « Il était vraiment l'habitant des cimes, là où l'air est froid,
> vif et raréfié, et d'où l'on domine, les jours clairs,
> tous les royaumes du monde et leur gloire. »
> (Winston Churchill)

11 Winston Churchill en 1915.

11

12 Lawrence
à Karachi (Inde
britannique)
en 1927.

13 Charlotte Shaw
en 1904.
London School of
Economics.

« La folie, je crois, est proche
de tout homme qui peut
voir simultanément l'univers
à travers les voiles de deux
costumes, de deux éducations,
de deux milieux. »

13

14 Lady Nancy Astor sur le pont du paquebot *Leviathan* dans les années 1930.

15 Clouds Hill, le cottage de Lawrence à Moreton (Devon).

15

« *Le problème pour moi, c'est de rester "intouchable" : tant de gens veulent vous parler ou vous toucher.* »

16 Peter O'Toole et Omar Sharif dans *Lawrence d'Arabie* de David Lean, 1962.

16

17 Lawrence photographié à l'école
Cranwell de la RAF en 1925, sur une
prestigieuse Brough Superior.
De 1922 à sa mort, il en posséda
huit modèles.
Oxford, Bodleian Library.

« *Le seul bagage qu'il vaille
la peine d'avoir
est celui qu'on acquiert
soi-même par son travail.* »

18

18 Crayonné d'André Julliard pour l'album *Le Serment des 5 Lords* (scénario
d'Yves Sente), publié en 2012, dans la série « Blake et Mortimer », d'après
Edgar P. Jacobs. Le dessin représente la Brough Superior SS-100 achetée par
Lawrence en 1932. Éditions Blake et Mortimer, Bruxelles.

entre Constantinople et Médine, l'armée arabe doit à tout prix harceler et fragiliser les positions turques en Grande Syrie. Lawrence entend, sans tarder, remonter peu à peu vers le nord, de part et d'autre de la ligne de chemin de fer, en suivant une ligne approximative, dont les principales étapes seront Shobek, Tafila, Kerak, Madaba, Deraa et Damas. Objectif à atteindre : le sud de la mer Morte. Du coup, les Ottomans seront bientôt confrontés à deux adversaires : la force expéditionnaire conduite par Allenby et l'armée arabe, beaucoup moins impressionnante, mais plus insaisissable. La stratégie d'Allenby « consiste à faire croire qu'il portera son effort sur la Transjordanie, alors qu'en réalité son offensive, prévue pour le printemps, aura lieu sur la plaine littorale[4] ».

Devenu prudent, Lawrence ne tient pas à renouveler la tragique expérience de Deraa. Plus question de se jeter dans la gueule du loup ottoman en lançant des opérations risquées en solitaire. Il est désormais accompagné, du moins dans les zones à risque, d'une solide garde rapprochée de plusieurs dizaines d'hommes armés jusqu'aux dents, bien payés et sélectionnés, avec le plus grand soin, parmi les casse-cou et les têtes brûlées. Afin d'écarter toute trahison et d'éviter tout conflit majeur entre les différents clans, Lawrence a réalisé un subtil mélange tribal, qui va s'avérer efficace. Prêts à mourir pour lui, ces hommes lui seront entièrement dévoués, et soixante d'entre eux trouveront la mort. Parvenir à discipliner, en vue d'un objectif commun, des hommes qui, par nature, ne songent qu'à en découdre entre eux n'est pas le moindre des exploits de Lawrence. Il y parviendra grâce à son intelligence, son sens psychologique et ce qu'il faut bien appeler son charisme.

Ses hommes disposent désormais de canons lourds, d'automitrailleuses et de Rolls-Royce blindées, conduites par des Britanniques. Lawrence, qui adore la vitesse, ne manque pas de les essayer. Mais l'heure n'est pas aux amusements. Il faut progresser vers la mer Morte. Dès janvier 1918, son armée enregistre un premier succès à Jurf el-Derawish, non loin de Ma'an. Puis, à une vingtaine de kilomètres de Pétra, Shobek, connue pour son château croisé du XIIe siècle, tombe le 19 janvier. Le 24 janvier, l'armée de Lawrence est à Tafila, où le jeune Zaïd, un des fils de Hussein, a pris position depuis quelques jours. Située à quelque cent quatre-vingts kilomètres d'Amman, la bourgade est en effervescence. Contre toute attente, les Turcs, au nombre d'un millier, sont de retour, sous les ordres de Hamid Fakhri Pacha qui a décidé de reprendre la ville. Lawrence change de stratégie : au lieu de se replier — principe même de la guérilla —, les Arabes vont cette fois faire face à l'armée turque. Le 25 janvier, pour la première fois de sa vie, Lawrence mène alors une bataille rangée avec, comme seul guide, le mot de Napoléon : « On s'engage, et puis on voit*. » Les combats sont durs, le froid intense, et bientôt, il se met à neiger. Les Arabes ont du mal à s'entendre, mais Lawrence réussit à les pousser à l'action et convainc les villageois de se joindre à eux. Les Arabes,

---

* Phrase, en tout cas, attribuée à Napoléon et reprise par Lénine.

l'adjudant maghrébin Trabelsi et Lawrence lui-même font preuve d'un courage physique exceptionnel.

La défaite des Turcs est totale : quelque quatre cent cinquante tués et deux cent dix prisonniers (contre vingt-cinq morts et quarante blessés du côté arabe). À cela s'ajoutent les prises de guerre (canons de montagne autrichiens, fusils-mitrailleurs, fusils, armes diverses, chevaux et mules). N'y aurait-il que la bataille de Tafila, T. E. Lawrence figurerait dans les ouvrages d'histoire militaire. L'état-major britannique ne s'y trompera pas, et la Distinguished Service Order — la plus haute décoration après la Victoria Cross — lui sera attribuée. Allergique aux colifichets, Lawrence s'arrangera pour ne pas la recevoir. Ses détracteurs verront en cela la preuve définitive de sa vanité et présenteront la bataille de Tafila comme une banale escarmouche. Ce que démentent la violence des combats, le nombre élevé de victimes et l'avis circonstancié d'experts militaires, comme Archibald Wavell. Fidèle à son habitude, Lawrence se garde bien d'en rajouter. « [N]ous avions pour nous et le nombre et le terrain, et il était un peu gratuit de vouloir remporter une parodie de victoire[5]. » Et, avec humour, c'est par une pirouette et une note d'auto-dérision qu'il conclut son récit :

Les choses étant ce qu'elles étaient, rien ne ressortit de toutes ces pertes et de tous ces efforts, sinon un méchant rapport que je fis parvenir au quartier général britannique en Palestine, pour les beaux yeux de l'état-major. Habilement tourné, plein d'images pittoresques et de fausse humilité, il leur donna à me voir comme un amateur modeste s'inspirant de son mieux des grands modèles, et non comme un clown dégourdi accroché à leurs basques, cherchant à les séduire [...]. Tout comme la bataille, c'était une parodie presque parfaite de l'application du règlement, et ils en raffolèrent et, candidement, pour couronner la farce, me décernèrent une décoration sur ce seul témoignage. L'armée compterait plus de poitrines médaillées si chaque homme y rédigeait ses propres communiqués[6].

Le temps ne s'améliore pas. Pluie, grésil, neige, températures glaciales, rien n'est épargné à Lawrence et à ses hommes. Or, les chameaux ne peuvent avancer dans la boue. Autre souci, récurrent celui-là : il a besoin d'argent, de beaucoup d'argent, lequel est encore plus le moteur de la guerre quand les combattants sont, somme toute, des mercenaires, qui n'avancent que quand ils ont les poches bien remplies. Une demande très urgente de subsides est envoyée à Clayton. En attendant — l'essentiel de ses troupes restant à Tafila —, Lawrence décide de se porter plus au nord pour prêter main-forte à une équipe de soixante-dix cavaliers bédouins qui s'apprêtent à attaquer le hameau d'El Mazraa, une position turque située sur le rivage est de la mer Morte. Le petit port joue, en effet, un rôle essentiel pour l'armée ottomane, puisqu'il permet de gagner l'extrémité nord de la mer et ainsi Jéricho, tenue par les Turcs, que le général Allenby voudrait capturer sans tarder (ce qui sera fait, le 21 février). À El Mazraa, ce 28 janvier, la victoire est facile, les embarcations turques sont coulées, des tonnes de grain saisies, et les Arabes font une soixantaine de prisonniers. Du coup, l'approvisionnement de l'ennemi par voie d'eau est interrompu.

De retour à Tafila, Lawrence retrouve le froid. « Dans la journée, la neige fondait un peu, mais tout regelait dans la nuit. Le vent me cisaillait la peau, mes doigts comme mes orteils perdaient sensibilité et aptitude au mouvement. Mes joues tremblaient d'abord comme des feuilles mortes, puis elles étaient saisies d'une inquiétante crispation[7]. » Transi de froid, Lawrence trouve quelque soulagement en relisant, une fois de plus, *Le Morte Darthur*. Le 4 février, il décide de partir pour Guweira — située, entre Ma'an et Aqaba —, quartier général de Fayçal. Il espère obtenir ainsi plus rapidement les fonds dont il a besoin pour poursuivre sa campagne, mais peut-être s'agit-il aussi d'un bon prétexte afin d'échapper aux rigueurs du climat et à la promiscuité qui, à Tafila, lui est insupportable : « Tout se passait comme si cette infecte promiscuité faisait ressortir ce que nous portions en nous de mauvais[8]. »

Le voyage est éprouvant. Lawrence et les quatre hommes qui l'accompagnent sont confrontés à la pluie, à la neige, à la grêle, au gel, au brouillard et à la boue et, quand tombe la nuit, les méharis sont épuisés. « Les pauvres bêtes, qui avaient été frigorifiées tout le jour et s'étaient si souvent affalées qu'elles étaient couvertes de contusions, n'avaient plus le moindre allant. Elles renâclaient face à ces nouvelles difficultés, faisaient quelques pas, s'immobilisaient brusquement, promenaient un regard alentour, puis cherchaient à se dérober de côté[9]. » Il faudra attendre la région de Guweira pour retrouver la chaleur. Au camp de Fayçal — le hasard faisant bien les choses —, Lawrence retrouve le commandant Joyce, dont il a naguère fait la connaissance sur les bords de la mer Rouge. Il retrouve aussi le lieutenant-colonel Alan Dawnay, qui sert d'officier de liaison entre la Force expéditionnaire d'Allenby et l'armée arabe. Les deux hommes sont faits pour s'entendre : nés la même année, ils ont étudié à Oxford et sont extrêmement cultivés. Lawrence brossera de lui un portrait flatteur :

> Dawnay était le plus beau cadeau que nous fit Allenby [...]. Militaire de carrière cultivé, il savait toujours trouver la parole adéquate, en sorte que même la plus obtuse baderne reconnaissait en lui un authentique soldat [...]. Il possédait ce don, rare chez les Anglais, de tirer le meilleur parti possible non seulement d'une mauvaise chose mais aussi d'une bonne. Il était exceptionnellement instruit et imaginatif pour un officier de carrière. Des manières presque trop parfaites lui valaient partout la sympathie de toutes les races et de tous les milieux[10].

L'argent (trente mille livres) est enfin livré sous la forme de mille pièces d'or, qui seront réparties dans trente lourds sacs de toile (deux sacs par chameau). Et la caravane reprend la route et retrouve bientôt le froid et le mauvais temps. À peine arrivé à Tafila, le commandant Lawrence repart, cette fois pour une reconnaissance du côté de la vallée du Jourdain, mais il découvre, à son retour, le 18 février, qu'il ne reste plus une seule pièce d'or. Le fils de Fayçal, l'émir Zeid, a profité de son absence pour tout distribuer à ses amis. Lawrence se retrouve dans l'impossibilité de financer la suite de sa campagne. C'est la goutte d'eau qui fait déborder l'oued. Déçu — car il a de l'affection pour Zeid —, mais surtout démoralisé et épuisé, il décide alors de rejoindre le général Allenby pour lui présenter sa démission. Croit-il encore en cette symphonie d'un nouveau monde arabe dont il est, pourtant, le chef d'orchestre ?

Je n'avais cessé d'aller et venir depuis un an et demi, parcourant chaque mois un millier et demi de kilomètres à dos de méhari, sans compter des heures de tension nerveuse à bord d'aéroplanes rafistolés et des courses folles à bord de puissants engins automobiles. [...] Mais tout ceci aurait été remisé au rang de désagréments sans importance si je n'avais eu sur le cœur cette imposture qui était devenue comme une seconde nature, cette prétention à prendre la tête du soulèvement national d'une autre race, cette pose de tous les instants dans un costume étranger, ce prêche en une langue étrangère ; avec, en toile de fond, le sentiment que les « promesses » sur lesquelles s'appuyaient les Arabes valaient ce que vaudrait leur force armée à l'heure de l'aboutissement[11].

Lawrence retrouve bientôt David Hogarth et Gilbert Clayton, puis, le 24 février, le général Allenby, qui parvient à le convaincre, sans trop de mal, que la Force expéditionnaire a besoin de lui pour talonner les Turcs sur son flanc droit, à l'est de la mer Morte. Allenby se trouve confronté à une situation difficile. Pour lancer sans trop de risques sa grande offensive sur Damas, il aurait besoin de renforts. Or, c'est le contraire qui va se produire : Londres rapatrie des contingents sur le front occidental. C'est que la situation en France ne s'améliore pas, loin de là. Dès le mois de mars 1918, les Allemands, sous les ordres d'Erich Ludendorff, intensifient les combats et s'installent à Château-Thierry, à quatre-vingts kilomètres de la capitale, désormais à portée de canon. Le 26 mars, le généralissime Foch devient commandant en chef des armées alliées sur le front de l'Ouest. Ces événements, qui semblent *a priori* bien éloignés du Proche-Orient, y ont pourtant de graves conséquences, qui expliquent, en grande partie, pourquoi l'offensive d'Allenby semble au point mort.

Le commandement britannique put garder Jérusalem et Jéricho, mais fut réduit à la défensive, privé de 9 bataillons dès le mois de mars, de 14 en avril et mai, soit deux divisions ou 60 000 hommes dépêchés sur le front occidental anglais pour y colmater les brèches. Le ministère de la Guerre promit à Allenby des troupes fraîches venues des Indes, mais le délai de leur entraînement devait retarder longtemps l'offensive finale. Cette guerre de positions, si éprouvante, allait durer jusqu'à la fin de l'été 1918, avant que l'armée d'Allenby fût reconstituée et réorganisée[12].

En attendant de pouvoir enfin lancer ses troupes sur Damas, Allenby décide de décharger le vainqueur d'Aqaba des charges d'intendance — très lourdes —, et de les confier à Alan Dawnay, en qui Lawrence a toute confiance. Promu lieutenant-colonel le 12 mars, celui-ci se voit bientôt adjoindre, à sa suggestion, le capitaine Hubert W. Young. Une vieille connaissance, déjà croisée à Karkemish et Kout al-Amara. Young est, lui aussi, arabophone. C'est un homme compétent, intelligent et méticuleux, mais au caractère difficile. Le choix peut surprendre cependant, tant les deux hommes sont différents. D'un côté, un militaire de carrière de valeur et à cheval sur les principes, de l'autre un anticonformiste qui se moque des traditions militaires et de la voie hiérarchique. Lors de la campagne de la mer Morte, en septembre, Young montrera de grandes qualités d'organisateur, chargé de toute l'impressionnante logistique nécessaire à l'attaque. Pendant ce temps, un Lawrence impassible se contentera de relire ses livres préférés...

Naissance d'un mythe

Dans les derniers jours de février 1918, Lawrence est à Jérusalem, où il retrouve son ami Ronald Storrs, gouverneur militaire de la place — un poste délicat. Il faut, en effet, tenir compte des susceptibilités des Français, attisées par le pieux François Georges-Picot, car les catholiques se considèrent comme les protecteurs naturels des Lieux saints. Storrs profite de cette visite pour présenter à Lawrence un sympathique Américain promu correspondant de guerre, Lowell Thomas, accompagné par le photographe Harry Chase. Le duo est en mission de propagande, avec la bénédiction du président Wilson et le soutien financier d'industriels de Chicago : l'Amérique, qui aime les héros et les symboles, entend motiver les citoyens pour la suite de la guerre — laquelle est sur le point de finir, mais personne alors ne s'en doute. Né dans l'Ohio et élevé dans le Colorado, ancien étudiant à Denver, Valparaiso (Indiana) et Princeton (New Jersey), Thomas a tâté du journalisme au *Chicago Journal* et de l'enseignement à Chicago, comme professeur d'éloquence. Ce beau parleur connaît bien cette Amérique profonde, sûre de sa mission civilisatrice et de ses valeurs morales, prête à les protéger en jouant si nécessaire de la gâchette.

Après avoir visité le front occidental, en France et en Italie, les deux compères viennent d'arriver en Orient, au pays des *Mille et Une Nuits*. Ils espèrent y cueillir des images colorées pour leurs lecteurs plus avides d'exotisme et de guérilla que de sang et de guerre de position. Les aventures orientales d'un blond héros vêtu en Bédouin seront plus attrayantes que les malheurs d'un poilu en capote, pataugeant dans l'eau boueuse de quelque tranchée. Et la virile épopée des Arabes à dos de chameau, bannière au vent, aura tout de même plus de gueule que la sinistre boucherie de Verdun. D'instinct, Thomas sent qu'il tient là un excellent sujet, propre à galvaniser son public. Sur le terrain, Lawrence est déjà devenu une légende. Aux Amériques, il deviendra un mythe.

Ce jour-là, à Jérusalem, Lowell Thomas, lui-même âgé de vingt-cinq ans, ne se doute pas que sa vie sera désormais, et pour de nombreuses années, liée à celle du lieutenant-colonel Lawrence, lequel ne peut non plus imaginer que cet envoyé spécial venu d'outre-Atlantique infléchira son destin. Car c'est bien Thomas qui va créer le mythe de Lawrence, le « roi sans couronne d'Arabie », comme il le surnommera bientôt. Peu importent les erreurs, les imprécisions, les exagérations et les fables. Le bruit médiatique ne s'embarrasse pas de rigueur scientifique.

Les rencontres entre Lawrence et Thomas seront, à vrai dire, peu nombreuses (ce jour de février à

Jérusalem, à Aqaba à la fin de mars, à la demande expresse d'Allenby puis, après la guerre, à quelques reprises en Europe). L'Américain donnera sur son héros des conférences-spectacles avec projections de films et de diapositives. Accompagnés par un énorme battage médiatique, ces *shows* seront suivis par des millions de spectateurs enthousiastes, aux États-Unis d'abord, dès mars 1919, en Angleterre à partir du mois d'août, puis dans plusieurs pays de l'Empire britannique. En 1924, Thomas publiera à New York le tout premier livre consacré à Lawrence et deviendra bientôt un des journalistes de radio les plus célèbres et les plus riches des États-Unis. Quant à Lawrence, broyé par la dynamique implacable de l'imposture médiatique, il en perdra, sinon son âme, du moins sa sérénité et d'une certaine façon son identité.

Les premiers mois de l'année 1918 semblent traîner en longueur. Allenby continue de préparer sa grande offensive contre les Turcs. Marqué par la mort de son fils en France, l'année précédente, le général ne veut pas transformer le front oriental en boucherie. Préserver la vie de ses hommes est une de ses priorités, et il attend toujours l'arrivée des renforts — pour l'essentiel des cipayes fraîchement recrutés aux Indes —, que l'état-major lui a promis. Ceux-ci arriveront en juin, mais il leur faudra recevoir une formation accélérée pour être opérationnels.

Les nouvelles n'étaient pas bonnes. L'offensive allemande en France nous compliquait les choses. On enlevait à Allenby toutes ses troupes européennes. [...] On lui laissait juste de quoi défendre Jérusalem, mais il ne pourrait pendant des mois s'autoriser le moindre coup dur et moins encore une opération offensive. En remplacement des soldats et cadres rappelés en Europe, le ministère lui promettait dans un premier temps des divisions indiennes retirées de Mésopotamie, puis une partie du contingent levé en Inde. Lorsque ces hommes arriveraient, il réorganiserait ou reconstruirait son armée selon le modèle indien et peut-être serait-elle, après l'été, de nouveau en état de combattre ; mais cette perspective était encore lointaine et il nous fallait, tout comme lui, tenir et attendre[1].

Cette grande offensive sans cesse retardée (dès le mois de juin, le choix de septembre va cependant s'imposer), Lawrence ne cesse de bouger. On le voit souvent au Caire, voire à Alexandrie, à Aqaba ou Djeddah. Oubliant soudain toute prudence, il lui arrive même de se déguiser en femme et, en compagnie de trois bohémiennes, il se rend à Amman, en avril, pour y espionner les positions ennemies. Sur le chemin du retour, son domestique, le jeune Farradj (c'est ainsi que Lawrence l'appelle dans *Les Sept Piliers de la sagesse*) est atteint par une balle tirée par une patrouille turque. La colonne vertébrale est touchée, le Bédouin est intransportable, et il n'est pas question de le laisser entre les mains de l'ennemi. Or, il faut fuir, car une colonne de Turcs approche. Lawrence se résout alors à tuer le garçon. « Je m'agenouillai à côté de lui, tenant mon pistolet au ras du sol près de sa tête, de sorte qu'il ne pût voir ce que je m'apprêtais à faire ; mais sans doute le devina-t-il, car il rouvrit les yeux et me saisit l'avant-bras de sa main rêche et calleuse [...], puis il ferma les yeux pour me faciliter la tâche[2]. » Comme souvent chez Lawrence, cet épisode tragique, empreint d'une intense émotion, se termine sur une note lyrique :

Puis le soleil se coucha. La journée avait été étouffante. L'air était resté confiné des heures durant dans les vallées de Keraq, dont la chaleur avait ravi la senteur des fleurs. Le monde se remit en mouvement avec la nuit et un souffle venu de l'ouest se répandit doucement sur le désert. Alors que nous étions à des kilomètres de l'herbe et des fleurs, nous les sentîmes soudain nous environner lorsque des bouffées parfumées, poisseuses d'avoir stagné tout le jour au-dessus d'elles, vinrent rouler sur nous avec une suavité presque insupportable. Mais le phénomène s'estompa rapidement et le vent de la nuit, frais, humide et salubre, lui succéda[3].

Farradj put ainsi rejoindre, au paradis d'Allah, son ami Daoud, mort de froid, quelques semaines plus tôt, dans la citadelle d'Azraq. Les deux compères s'étaient autoproclamés domestiques de Lawrence, en mai 1917, et le suivirent dans beaucoup de ses déplacements. Connus pour leur bonne humeur, ils étaient inséparables. « L'affection qui liait ces garçons, favorisée par l'absence de compagnie féminine, était commune au Moyen-Orient. Cela induit souvent [...] un amour d'une profondeur et d'une force qui échappent à nos conceptions purement charnelles ; car chez les Arabes les attachements les plus sincères restent innocents, et, si la sexualité entre en jeu, cette intensité se mue en un échange de bons procédés[4]... »

Pendant des mois, la révolte semble au point mort, mais il n'en est rien. Avec ses hommes, Lawrence continue de harceler les Turcs, sur le flanc droit de l'armée britannique, et de saboter la voie ferrée. Il reste fidèle à sa philosophie initiale : excellents dans la guérilla, les Bédouins doivent éviter toute confrontation directe avec les Ottomans (qui, par exemple, contre toute attente, tiennent toujours la ville de Ma'an). La guerre a changé de nature. En avril, une nouvelle structure se met en place : la Royal Air Force (RAF). Elle remplace désormais le Royal Flying Corps, qui dépendait de l'armée, et le Royal Naval Air Service, qui obéissait à l'Amirauté. Des aéroplanes anglais peuvent désormais surgir à tout moment, sauf quand le plafond est trop bas, pour soutenir les combattants au sol, bombarder les positions ennemies ou tirer sur les ouvriers turcs cherchant à réparer la voie ferrée. De leur côté, les appareils allemands ne sont pas inactifs. C'est dans ce contexte que Lawrence fait la connaissance du responsable de l'aviation en Orient, le général Geoffrey Salmond, arrivé en Égypte en 1916. Connu pour son courage, il dépend directement du grand chef de la RAF, Hugh Trenchard. Les deux hommes seront bientôt appelés à jouer un grand rôle dans la vie de Lawrence.

Cette campagne de la mer Morte se situe à une date charnière, puisqu'elle se joue dans le ciel et sur le terrain. Pour la dernière fois dans l'histoire militaire, ce sont des divisions de cavalerie — indiennes, australiennes et néo-zélandaises —, qui, sous le commandement du général de cavalerie Allenby, remporteront la victoire. En cette année 1918, un monde se meurt, en Europe comme en Orient, celui où l'homme garde un lien privilégié avec le cheval, et un autre voit le jour, celui de la technique et de la modernité. Or, même si Lawrence d'Arabie reste à jamais associé à sa formidable épopée à dos de méhari, ce passionné de l'Antiquité se sent plus proche de ce nouveau monde. À l'inverse de son père, qui naguère caracolait, pendant des heures, dans les vertes prairies d'Irlande, lui n'a jamais aimé les chevaux, mais il est passionné de vitesse et excelle en mécanique, comme il le prouvera bientôt. Ce n'est pas un hasard si, après la guerre, il rejoindra les rangs de la RAF.

L'attente se poursuit au quartier général d'Allenby. Pendant ce temps, comme dans toutes les guerres, des tractations secrètes ont lieu en coulisses. À Londres, certains caressent toujours l'éventualité d'une paix séparée avec l'Empire ottoman, ce qui permettrait de rapatrier toutes les troupes sur le front occidental. Un moment, Fayçal lui-même envisage un rapprochement avec les Turcs. Le 4 juin, il rencontre aussi, en l'absence de Lawrence, le chef des sionistes anglais, Chaim Weizmann, avec qui il évoque la « déclaration Balfour ». En Arabie, le roi Hussein boude et fait savoir à qui veut l'entendre qu'il réserve un sort aux Britanniques. Replié dans la ville sainte de La Mecque, où il ne risque guère de rencontrer un Infidèle, l'imprévisible chérif devenu monarque ne fait plus confiance à ceux qui l'ont couronné, en particulier à Lawrence, qu'il refuse, fin juin, de rencontrer à Djeddah, où celui-ci l'attend. Certains disent que le vieux renard, qui n'a pourtant qu'une soixantaine d'années, est désormais sénile. Difficile de le savoir, car le bonhomme est bon comédien. En tout cas, il serait prêt à faire la paix avec les Turcs si ceux-ci acceptaient de favoriser ses ambitions politiques qui, elles, n'ont pas pris une ride. À la fin du mois d'août, quelques jours avant le Jour J décidé par Allenby, Hussein, jaloux de son fils Fayçal, démet de ses fonctions le commandant en chef de l'armée régulière, Djaafar Pacha, qui démissionne, ainsi que plusieurs officiers. Le torchon des Hachémites brûle au plus mauvais moment. Les rivalités familiales et les querelles de clans ou de personnes ont pris le pas sur les grands et nobles objectifs fixés au tout début de la révolte.

Lawrence est-il alors déjà déprimé, comme le suggèrent certains biographes ? Plutôt épuisé et découragé, déchiré entre son attachement à l'Angleterre et son combat pour la cause arabe, mais il reste actif et omniprésent, toujours prêt à sauter dans un avion ou un bateau, à lancer quelque raid ou à dessiner des cartes. Ce qui ne l'empêche pas d'écrire des lettres ou de relire Malory ou Aristophane dans le texte. Il n'a d'autre choix que de jouer le double jeu que ses supérieurs exigent de lui. Malgré les apparences, Lawrence reste, d'abord et avant tout, anglais jusqu'au bout des ongles et s'il parle bien d'indépendance aux Arabes, il sous-entend *in petto* ou à demi-mot que celle-ci ne peut se concevoir que dans le cadre de l'Empire britannique. Il veut libérer les Arabes de la mainmise ottomane, non de la protection bienveillante des Anglais, telle qu'elle se manifeste déjà, depuis des années, en Égypte. Lawrence veut aussi éviter que la France ne s'implante en Syrie ou au Liban. Son vieil adversaire (on n'ose écrire sa tête de Turc), le colonel Brémond — qu'il va bientôt retrouver à Lyon et à Paris —, a quitté la région depuis des mois, mais Lawrence sait bien que Georges Clemenceau, président du Conseil depuis 1917, n'a pas joué sa dernière carte. On peut, comme Lawrence, aimer la Bretagne, les Plantagenêts, Godefroi de Bouillon, *La Chanson de Roland*, *Aucassin et Nicolette*, *Pantagruel*, *Le Petit Jehan de Saintré*, *Salammbô*, *Les Lettres de mon moulin*, le Frère Fabel et le capitaine Pisani sans pour autant apprécier le gros rouge, le tabac gris, les Folies-Bergère et les leçons de morale assénées par la France.

Le chemin de Damas

Reste que Lawrence est mal à l'aise. Le jour de son anniversaire, le 16 août 1918, alors qu'il se trouve du côté de Baïr, il s'éloigne pour faire le point. Il résumera ses pensées d'alors dans le chapitre « Un anniversaire » des *Sept Piliers de la sagesse*. Comme ces lignes n'ont pas été écrites le soir même, mais quelques années plus tard, on peut en conclure sans risque que cette longue rêverie d'un promeneur solitaire est, en réalité, une reconstruction, une synthèse des sentiments et des idées qui s'agitaient en lui à l'époque :

Il me revenait, avec un sentiment d'étrangeté, que quatre ans plus tôt seulement j'avais eu en tête de finir général et anobli ; pour lors, si je devais survivre aux quatre semaines à venir, ces deux dignités temporelles étaient à ma portée. Cependant, mon sentiment du porte-à-faux de la position arabe depuis le départ de McMahon m'avait progressivement détourné de ces ambitions grossières et conforté dans l'idée qu'il n'y avait rien d'honorable pour moi dans cette guerre, laissant pourtant inchangé mon désir de jouir d'une bonne réputation parmi les hommes[1].

Et Lawrence de poursuivre sur un mode soudain plus intime, dans un passage où il s'explique sur la tyrannie de ce qu'il appelle son « geôlier », c'est-à-dire son esprit ou son surmoi :

Je me sentais porté vers les femmes et les animaux et me désolais le plus lorsque je voyais un soldat serrer une fille dans ses bras en une muette extase ou un quidam flatter un chien ; parce que mon désir était d'être aussi superficiel et mon geôlier m'en empêchait [...]. J'aimais ce qui était en dessous de moi ; c'est vers le bas que je trouvais mes plaisirs, mes aventures. Il semble y avoir un degré de certitude dans la dégradation, une sécurité finale[2].

Bien que quelque peu sibylline, la conclusion du chapitre en dit beaucoup sur Lawrence — moins sur son état psychique en 1918 que sur celui qui est le sien quand il écrit ces pages :

Ils [les hommes] parlaient de bonne chère, de maladies, de jeux et de plaisirs — avec moi, pour qui reconnaître que nous avions un corps était déjà suffisamment dégradant, sans que l'on eût à gloser sur les besoins et attributs de ce corps. Ces autres étaient apparemment si semblables à moi que je ressentais personnellement de la honte à les voir se vautrer de la sorte dans ce que je jugeais dégradant ; car le physique ne devait être qu'une glorification de la croix de l'homme. En fait, le fin mot fut toujours que je ne m'aimais pas[3].

Cette dernière phrase a retenu l'attention des commentateurs. Comme bien des déclarations de Lawrence, il faut cependant la prendre avec prudence, car elle a été écrite quand on accusait son auteur d'être un mégalomane ou un mythomane amoureux de sa propre image. Homme de contradictions, Lawrence est à la fois un timide et un exhibitionniste, qui veut en même temps arpenter le devant de la scène et se cacher dans les coulisses. Les corridors du pouvoir l'attirent tout autant que les ermitages en plein désert. Comme ces vedettes qui réclament le droit à la vie privée tout en l'exhibant, avec délectation, sous les projecteurs, il fuit les journalistes en même temps qu'il les recherche, se faisant ainsi le complice de ceux dont il se dit la victime. Se serait-il autant prêté, pendant des années, aux séances de pose que lui imposaient les photographes, les peintres et les sculpteurs s'il s'était, comme il le dit, autant détesté lui-même ? Comme l'écrit Pierre Moinot, Lawrence est quelqu'un sur qui « on ne peut rien affirmer sans qu'aussitôt, au détour d'une phrase, il ne paraisse faire surgir sur lui-même une vérité opposée[4] ».

La grande offensive tant annoncée est enfin lancée. C'est le Jour J, ce 19 septembre 1918. Les Britanniques sont arrivés pendant la nuit, profitant du sable des plages pour amortir le bruit des sabots. À 4 h 30 du matin, l'artillerie ouvre le feu en Palestine, non loin de Jaffa (la ligne de front allait de l'ancien port phénicien d'Arshaf à la vallée du Jourdain). Les Ottomans ne sont pas surpris par la date de l'attaque. Ils connaissent, par leurs espions, les projets précis des Britanniques. La seule chose qu'ils ignorent, c'est le lieu principal de l'affrontement. Après beaucoup d'hésitations, ils sont arrivés à une conclusion erronée : l'offensive principale, pensent-ils, aura lieu à l'intérieur des terres, du côté du Jourdain. Pour parvenir à les en persuader, les Britanniques n'ont pas lésiné sur les moyens.

Non seulement ils ont demandé aux Arabes et aux Bédouins — en tout, près de dix mille hommes — de se regrouper en Transjordanie, mais ils n'ont pas hésité à utiliser des leurres : quinze mille mannequins de chevaux (qui, de loin ou du ciel, paraissent plus vrais que nature) ont été disposés du côté du Jourdain. Pendant plusieurs jours, on assiste au déplacement de régiments entiers qui se dirigent ostensiblement vers l'est. Là aussi, il s'agit d'une feinte puisque, dans la nuit, des camions ramènent les soldats à leur point de départ ! Et, de son côté, Lawrence distribue beaucoup d'argent dans les villages de l'intérieur pour acheter du fourrage pour des bêtes qui n'existent pas. Toutes ces ruses porteront leurs fruits et permettront à Allenby d'atteindre un de ses objectifs : limiter au minimum le nombre de victimes.

Après l'artillerie, c'est au tour de l'infanterie — surtout composée d'Indiens — de monter à l'assaut. Puis Allenby lance la cavalerie. La situation est d'autant plus compliquée que bien des soldats ottomans sont, en réalité, des Arabes ou des Arméniens qui n'ont eu d'autre choix que de rester fidèles à Constantinople. Traversant la plaine de Sharon, les soldats atteignent Liktera vers midi. Partout, c'est la débandade des Ottomans, qui agitent le drapeau blanc. Seuls les Allemands de l'Asia Korps se replient dans l'ordre. Dès les premières heures de ce 19 septembre, les Britanniques font des centaines de prisonniers. Leurs aéroplanes de reconnaissance donnent l'exacte position des Turcs, que des bombardiers s'empressent alors de pilonner. Dès le lendemain, Nazareth est atteinte, et la ligne de chemin de fer qui relie Haïfa au Jourdain est désormais tenue par les Britanniques. Ceux-ci peuvent maintenant faire mouvement vers l'est pour effectuer la jonction avec les armées hachémites de Fayçal, auxquelles se sont jointes les unités de méharis de l'Imperial Camel Corps de Robin Buxton, homme de haute valeur, qui deviendra un ami de Lawrence. Celui-ci n'est pas le seul Européen. À ses côtés se trouvent, par exemple, Young, Joyce et le Français Pisani.

Force est d'admettre que les Turcs ont joué de malchance. Mustafa Kemal est bien arrivé en Syrie le 20 août comme commandant de la 7e armée positionnée au centre du dispositif ottoman, entre Naplouse et Jérusalem, mais, malgré le soutien et la présence des Allemands, cette armée est au bout du rouleau :

> Beaucoup de régiments n'avaient plus que dix pour cent de leurs effectifs normaux. Les hommes, vêtus de haillons, rongés par la vermine, privés de nourriture et parfois même d'eau, mouraient comme des mouches sous le soleil du désert. Leur moral était au plus bas. Il fallait employer la force pour les maintenir en ligne. Des patrouilles de camions, armés de mitrailleuses, sillonnaient les arrières avec l'ordre d'abattre les déserteurs à première vue. [...]. Les Turcs possédaient en tout huit avions démodés et deux canons de D.C.A[5].

Comme un malheur ne vient jamais seul, Mustafa Kemal tombe malade. Souffrant de coliques néphrétiques, cloué au lit, il se trouve, malgré son courage, dans l'incapacité de réorganiser une armée démoralisée qui va à vau-l'eau. Par ailleurs, le général Liman von Sanders réussit à convaincre tout le monde, malgré des informations contraires, que l'attaque aura bien lieu du côté de la vallée du Jourdain, où les Turcs vont, dans la hâte, concentrer l'essentiel de leurs hommes.

Tandis que les troupes parties de la côte avancent vers le nord puis, par un mouvement circulaire, encerclent peu à peu les Turcs, Lawrence n'est pas inactif. Les Bédouins sabotent la ligne de chemin de fer, arrachent les poteaux du télégraphe ou de téléphone et font sauter des châteaux d'eau ou des ponts. Ils atteignent Azraq le 21 septembre. Pour Lawrence, qui veut tirer pour les Arabes la meilleure carte avant que les accords Sykes-Picot ne soient mis en œuvre, il est urgent d'atteindre Damas très vite, pour y installer un gouvernement arabe provisoire, non pour fragiliser les Anglais mais pour couper l'herbe sous le pied des Français, qui s'attendent à hériter de la Syrie. Après un passage-éclair au quartier général d'Allenby pour faire le point et réclamer des moyens aériens, Lawrence se rend compte qu'il sera difficile d'arriver en premier à Damas. Il en faudrait plus, beaucoup plus, pour le décourager, et il prend, avec ses hommes, la route du nord. Le 26 septembre, ils arrivent dans la bourgade de Tafas, au cœur du pays de Deraa, là même où Lawrence a naguère été torturé et violé.

[N]ous poursuivîmes en direction du village, dont nous savions désormais que le grand calme qui y planait était synonyme d'horreur et de mort, passant à côté d'autres cadavres, des hommes, des femmes, quatre autres enfants en bas âge, tous l'air très souillé dans le jour limpide. Sur le pourtour s'élevaient les murets en terre de parcs à moutons. Sur l'un d'eux reposait une forme blanc et rouge. M'approchant, je vis qu'il s'agissait du corps d'une femme qui y avait été jetée en travers, postérieur vers le ciel, comme clouée là par une baïonnette dont la poignée saillait hideusement d'entre ses jambes nues. Cette femme avait été enceinte. Autour d'elle, il y en avait d'autres, peut-être une vingtaine en tout, massacrées de diverses façons et disposées selon un goût obscène[6].

Face à ces images insoutenables, Auda Abu Tayi a peine à se contrôler. Lawrence donne l'ordre à ses hommes d'appliquer la loi du talion et de ne faire aucun prisonnier (lui-même l'écrit en toutes lettres dans *Les Sept Piliers de la sagesse*). Les Bédouins obéissent et ne font aucun quartier. Ces scènes de barbarie marqueront Lawrence à jamais. Il a désormais une autre bonne raison de se sentir coupable. La guerre, il le sait maintenant, n'est belle que pour ceux qui ne la font pas ou dans les romances médiévales du roi Arthur. Sur le terrain, elle illustre la nature humaine dans ce qu'elle a de pire.

Lawrence a-t-il rencontré, peu après cette tragédie, Mustafa Kemal ? Cela paraît *a priori* invraisemblable, mais c'est cependant probable. Dans le chaos général qui accompagne la déroute des Ottomans, le commandant en chef de la 7e armée aurait été arrêté du côté de Deraa par une patrouille de Nuri as-Said* (qui connaît très bien le turc), puis interrogé par Lawrence en personne. Que celui-ci l'ait relâché n'aurait rien de surprenant. Fayçal

* Né à Bagdad en 1888, formé au collège militaire de Constantinople, puis officier de l'armée ottomane, Nuri as-Said rejoignit l'armée de Fayçal en 1916. Il sera huit fois Premier ministre d'Irak entre 1932 et 1958.

était en contact secret avec Mustafa Kemal, en qui il voyait un homme de grande qualité et devinait le futur chef du nouvel État turc qui ne manquerait pas d'émerger, dès que l'Empire ottoman aurait rendu son dernier soupir. Compte tenu de la situation militaire, laisser repartir Kemal n'aurait rien changé dans l'immédiat puisque l'armée ottomane était, à l'évidence, défaite. Le libérer permettrait, au contraire, s'il parvenait à regagner la Turquie sain et sauf, de poser des jalons pour l'avenir. La rencontre n'est pas avérée et ne le sera jamais, mais des éléments troublants — y compris des propos ultérieurs de Lawrence — la rendent vraisemblable. Qu'il n'en parle pas dans *Les Sept Piliers de la sagesse* ne serait en rien surprenant pour des raisons politiques : il n'est pas dans les traditions militaires de laisser filer le commandant de l'armée ennemie. Lawrence, justement, se moquait bien des traditions militaires. Moins de cinq ans plus tard, en 1923, Mustafa Kemal, devenu Atatürk, deviendrait président de la République turque.

Le 30 septembre, les Allemands et les Turcs quittent Damas, sans violence ou pillage, mais après avoir mis le feu au terminus de la ligne de chemin de fer du Hedjaz. Le drapeau du roi Hussein est hissé et, dans la liesse populaire, on ouvre les portes des prisons à des milliers de prisonniers. Dans les faits, les Turcs ayant déguerpi, la ville se retrouve libérée, comme d'un coup de baguette magique, de plus de quatre cents ans de présence ottomane. Au petit matin du 1er octobre, la cavalerie australienne pénètre dans la cité des Omeyyades, suivie par l'armée de Fayçal, laquelle s'empresse de prendre le contrôle de la ville. Vers 9 heures, Lawrence arrive à son tour. Fidèle à son image, il a brûlé la politesse au général Harry Chauvel, qui aurait dû le précéder. C'est que cet Australien n'est pas n'importe qui. Il s'est illustré à Gallipoli, Suez, Gaza, Beersheba et Meggido, et aurait bien aimé entrer à Damas le premier, en libérateur. Ce genre de subtilité hiérarchique laisse de marbre le petit lieutenant-colonel Lawrence.

D'une des hauteurs qui surplombent la cité, il contemple l'oasis de Damas avec la même émotion que tous les conquérants, tous les poètes et tous les visiteurs depuis des millénaires : « [N]ous vîmes des jardins silencieux, brouillés d'une brume matutinale, au milieu desquels nichait la rutilante cité, plus belle que jamais, semblable à une perle dans le soleil levant[7]. » Construite en 705, la superbe mosquée des Omeyyades est aussi vénérée par les chrétiens, puisqu'elle recèle, dit-on, le tombeau de saint Jean-Baptiste.

Une fois descendu au cœur de la ville, Lawrence y découvre une ambiance bon enfant et une véritable joie populaire ponctuée par des coups de fusil tirés vers le ciel.

Des gens se pressaient sur les trottoirs et jusque sur la chaussée, aux fenêtres des maisons, sur les balcons et sur les toits. Beaucoup pleuraient, quelques-uns poussaient de timides acclamations, les plus hardis criaient mon nom ; mais surtout ils nous dévoraient des yeux, le regard allumé d'une joie ineffable à l'idée de leur délivrance. Un frémissement pareil à un long soupir nous accompagna ainsi de la porte jusqu'au cœur de la ville[8].

Seule ombre au tableau : les Algériens Moham-
med Saïd et son frère Abd el-Kader ont profité de
la situation pour jouer leur va-tout à Damas. Hier
encore, ils flirtaient avec les Turcs, et voici qu'ils
prétendent avoir formé, la veille, un gouvernement
provisoire à Damas au nom des Arabes et du roi
Hussein. Lawrence voit en eux des traîtres, des
usurpateurs et des fanatiques. Abd el-Kader ne s'y
trompe pas et sort son poignard dès qu'il voit
approcher Lawrence, aussitôt protégé par le redoutable Auda Abu Tayi qui, comme toujours, ne
demande qu'à en découdre, ne dédaignant jamais
d'ajouter une tête à un tableau de chasse pourtant
déjà bien garni. Quel jeu politique joue donc cet
Abd el-Kader ? Sans doute plusieurs en même
temps, ce qui lui permet, en bon politique, de retourner sa veste dès que changent les vents. Il n'en
demeure pas moins que cet Algérien, qui se prétendait un ami, s'est défilé à Azraq, quelques mois
plus tôt, ce qui a mis en danger l'opération sur le
Yarmouk. Lawrence le soupçonne surtout — à
tort, sans doute — d'être à l'origine de sa propre
arrestation à Deraa et, par conséquent, des sévices
qu'il y a subis.

On pourrait croire que Lawrence n'aspire alors
qu'à un peu de repos. C'est mal le connaître. Bien
qu'il soit épuisé, il visite les hôpitaux et les mor-
gues, se recueille sur la tombe de Saladin et prend
même le temps de poser pour un portrait devant
l'artiste officiel (Official War Artist) de la Force
expéditionnaire, l'Écossais James McBey qui, depuis
1916, armé de ses seuls pinceaux, suit les combattants, en Europe d'abord, en Orient ensuite. Réalisé

à la hâte, ce saisissant portrait montre un Lawrence d'Arabie au regard triste et au visage émacié. Passé, en quelques mois, de cinquante et un à trente-six kilos, il n'est plus que l'ombre de lui-même.

Le 3 octobre, le général Allenby, couvert de gloire, entre à Damas en majesté. La campagne qu'il a menée avec un tel brio sera baptisée « bataille de Megiddo », du nom de cette colline chargée d'histoire, que les Juifs ont surnommée Armageddon, « la colline des batailles » — ce lieu où, si l'on en croit le chapitre 16 de l'Apocalypse, se déroulera l'ultime bataille précédant la fin du monde. Megiddo sera désormais associée à Allenby, qui deviendra, en 1919, le vicomte Allenby de Megiddo. Pour l'heure, à l'hôtel Victoria, le général se contente de boire, à petites gorgées, le nectar de la victoire. En compagnie de Lawrence, qui sert d'interprète, il y reçoit Fayçal, qui ne peut que constater que les Britanniques l'ont abusé : en vertu des accords Sykes-Picot, la France va bien devenir la puissance protectrice de la Syrie. Et c'est alors, à la grande surprise du général, que le lieutenant-colonel Lawrence lui demande la permission de quitter le pays pour rentrer en Angleterre :

> Dans un premier temps, il ne voulut pas en entendre parler ; mais j'argumentai, lui faisant observer que l'ordre nouveau serait beaucoup plus facilement institué si le peuple n'avait plus mon aiguillon dans les reins. Il finit par y consentir. Alors, je mesurai d'un coup l'étendue de mon chagrin[9].

Le 8 octobre, Lawrence est au Caire pour y faire ses valises et ses adieux. Le 15, il monte sur le bateau qui le conduit à Tarente, en Italie. Avec cette faculté qu'il a de tomber sur la bonne personne au bon moment, il rencontre lord Winterton, un aristocrate devenu, à vingt et un ans, le plus jeune parlementaire du royaume d'Angleterre, fonction qu'il occupera pendant quarante-sept ans. Les deux hommes sympathisent, et Winterton s'empresse d'ouvrir son carnet d'adresses et de sortir son stylo. Le parlementaire va faciliter les objectifs politiques de Lawrence. Justement, il connaît bien, par exemple, Clive Wigram, qui, depuis quelques années, est l'assistant du secrétaire privé du roi George V. Une lettre d'introduction permettra au vainqueur d'Aqaba d'obtenir une audience avec le monarque dès que Lawrence sera à Londres.

Arrivé en Italie, Lawrence y prend le train pour Rome, où il en profite pour rencontrer le diplomate François Georges-Picot. Puis il gagne Marseille et le nord de la France. Et le voici enfin chez lui, à Oxford, où il n'est pas venu depuis près de quatre ans. L'histoire, elle, ne fait pas relâche. Le 30, la Turquie capitule dans l'île grecque de Lemnos. Le 11 novembre, les Allemands, les alliés de l'Entente et les États-Unis signent l'armistice. Ainsi se termine une des guerres les plus stupides et les plus sanglantes de l'histoire. Ainsi s'achève le chapitre le plus extraordinaire, le plus coloré, mais aussi le plus controversé, de la vie de T. E. Lawrence.

Dans les corridors du pouvoir

Ces quatre années de guerre en Orient ont été
éprouvantes pour le « colonel » Lawrence (les
guillemets s'imposent, car il n'a été nommé colonel
qu'à titre temporaire, pour lui permettre de voya-
ger en couchette). Mouiller l'ancre pour quelques
semaines de repos auprès des siens n'aurait pas été
un luxe. D'autant qu'il y a tant de sujets à aborder
dans la famille, à commencer par la disparition des
deux fils tombés sur le sol français. Et puis, il a
vécu de si extraordinaires aventures, que chacun,
bien sûr, aimerait connaître dans le détail. Or, c'est
l'inverse qui se produit : à peine arrivé, le fils pro-
digue ne songe qu'à repartir, car il considère que
sa mission, loin d'être terminée, ne fait que commencer. La fin de la guerre est une question de
jours, il le sait. Tout va désormais se jouer sur le
plan diplomatique. Il importe d'occuper le terrain
pour infléchir la politique britannique et essayer de
sauver ce qui peut l'être. Par chance, il sait à quelle
porte il doit frapper. Dès le 28 octobre, grâce à
Winterton, il rencontre à Londres Robert Cecil,
dont le père, Salisbury, a été trois fois Premier mi-

nistre. Cousin d'Arthur Balfour, cet ancien d'Oxford est sous-secrétaire d'État aux Affaires étrangères depuis 1915 (bien des années plus tard, il sera Prix Nobel de la paix).

Le 29, Lawrence est l'hôte de la commission pour l'Orient du cabinet de Guerre, que préside, ceint dans son corset d'acier, un des derniers grands Victoriens, l'altier et impressionnant lord Curzon, *leader* de la chambre des lords, ancien vice-roi des Indes (1899-1905), pays qu'il aimait vraiment et où il eut maille à partir avec son commandant en chef, un certain Kitchener. Curzon est un fin lettré, auteur de plusieurs livres, surtout consacrés à l'Asie centrale et à la Perse. Par un étrange hasard, son secrétaire Robert Vansittart est un cousin de Lawrence du côté paternel ; diplomate (il a été en poste à Téhéran et au Caire), il est aussi dramaturge, poète et romancier. Participent également à l'entretien Edwin Montagu, secrétaire d'État pour l'Inde, Mark Sykes, Arthur Balfour, George Macdonogh, fondateur et directeur d'un des services de renseignement britanniques, le MI7 (l'homme n'a pas été pour rien formé par les jésuites) et le général Smuts, ministre de la Défense en Afrique du Sud.

Puis, comme si c'était la chose la plus naturelle du monde, Lawrence se rend, le 30 octobre au palais de Buckingham, où, grâce à un mot d'introduction de lord Winterton, rencontré sur le bateau, le roi George V le reçoit. Il le fait d'autant plus volontiers qu'il entend, justement, l'anoblir et le décorer, ce à quoi Lawrence offre un refus poli. Le monarque ne s'en formalise pas, mais d'autres s'en chargeront pour lui. Quelques jours plus tard,

Lawrence rencontre Winston Churchill, simple ministre de l'Armement depuis juillet 1917. Lawrence, qui ne se trompe pas souvent sur la valeur d'un être, pressent que cet homme d'exception — si proche de lui par certains côtés — sera appelé à de très hautes fonctions dans un avenir proche. En janvier 1919, il deviendra en effet secrétaire d'État à la Guerre et secrétaire d'État à l'Air.

À tous ses interlocuteurs — dont le moindre aurait impressionné le plus assuré de ses contemporains —, Lawrence, souriant, charmeur, très à l'aise malgré ses trente ans, tient le même langage : Londres doit oublier les pernicieux accords Sykes-Picot qui feront le jeu des seuls Français, alors que ceux-ci ont si peu participé aux combats en Orient ; il importe, au contraire, de récompenser les Arabes, en l'occurrence les fils du roi Hussein, sans qui la victoire d'Allenby aurait été plus difficile et les pertes britanniques beaucoup plus sévères. Dans l'éventualité d'une conférence internationale sur le sujet, il serait impératif de convier Fayçal à y participer. De même, le sionisme doit être encouragé en Palestine, car la présence de nouveaux arrivants juifs constituerait, sur le plan économique, un formidable atout pour la région. Le destin des Juifs et des Arabes, explique-t-il, est inséparable, étant entendu que ce destin commun ne pourra s'épanouir que sous l'aile protectrice des Britanniques, les Français pouvant, tout au plus, espérer un lot de consolation, le petit Liban. Même la Mésopotamie devrait devenir une sorte de protectorat anglais, dépendant du Caire et non de la Nouvelle Delhi.

L'activité débordante de Lawrence, en ce mois d'octobre 1918, laisse rêveur. Certes, bien des auteurs prétendent qu'il souffre alors d'une profonde « dépression », mais ce mot, usé jusqu'à la corde, a été si dévalué qu'il recouvre aujourd'hui, dans le langage commun, la tristesse, le chagrin, l'amertume, le découragement et la neurasthénie. Bien sûr, Lawrence est épuisé (on le serait à moins), et son hyperactivité cérébrale l'empêche de dormir. Il a le sentiment d'avoir été manipulé par les politiques et se sent parfois coupable d'avoir été complice d'un jeu de dupes. Le viol subi à Deraa, le massacre des Turcs à Tafas, la mort de deux de ses frères et de Dahoum l'ont ébranlé. Pour autant, son énergie est intacte. Loin de baisser la garde, il entend peser dans les discussions qui auront lieu quand la guerre sera terminée.

Dans l'ombre des ministères et sur le terrain, chacun essaie de tirer les ficelles. Par télégraphe, via Wingate au Caire, Lawrence reste en contact avec le roi Hussein et le prie de préparer son fils Fayçal à une proche mission diplomatique en Europe. Les deux plus grandes puissances coloniales vont s'affronter, mais les jeux ne sont pas faits. Les ambitions françaises sont claires : pour l'essentiel, il faut s'en tenir aux accords Sykes-Picot. Comme pour prendre date, une escadre française a débarqué à Beyrouth, dès le 7 octobre (le général Allenby et le colonel Léonce Philpin de Piépape, nommé gouverneur militaire du Liban, suivront le lendemain). La position des Britanniques est moins évidente, car ils doivent ménager l'ensemble de leurs alliés. Exercice d'autant plus délicat qu'il leur faut à la fois prendre en compte les exigences des Français, des Anglo-Indiens (qui rêvent toujours de transformer la Mésopotamie en colonie indienne), les engagements pris par la déclaration Balfour et les leçons de morale du président Wilson. C'est que les Américains, oubliant toujours qu'ils sont eux-mêmes le fruit d'une colonisation réussie dont les autochtones ont été les premières victimes, se déclarent haut et fort hostiles à toute mainmise de type colonialiste en Orient. Certes, une déclaration conjointe anglo-française a tenté, le 9 novembre, de clarifier la situation, mais le document se garde bien de fixer des dates : « [L]a France et la Grande-Bretagne ont convenu d'encourager et d'aider la mise en place de gouvernements et administrations indigènes en Syrie et Mésopotamie, pays déjà libérés par les Alliés et sur les territoires en cours de libération, et de reconnaître ces gouvernements dès qu'ils seront effectivement établis[1]. » Sous-entendu : cela prendra quelque temps, quelque décennies, par exemple.

Lawrence parvient à convaincre son gouvernement que la présence de Fayçal est d'autant plus nécessaire qu'elle permettra de persuader le président Wilson des bonnes intentions de la Grande-Bretagne. À bord du *Gloucester* de Sa Majesté, Fayçal et sa suite, y compris son esclave noir, gagnent Marseille, où ils arrivent le 26 novembre. Le colonel Brémond, chargé de cornaquer Fayçal en France, n'est pas encore arrivé, et c'est un diplomate retraité, Emmanuel Bertrand, ancien consul général au Caire, qui le reçoit. Lawrence ne tarde pas à les rejoindre. Le groupe se rend alors à Lyon, où ils retrouvent Brémond. Irrités, les Français apprécient d'autant moins l'arrivée de Fayçal que les Anglais ne les ont informés de cette visite que sur le tard (c'est, en réalité, le général Jules Hamelin, commandant en chef des troupes du Levant, qui les a prévenus). Au reste, que vient faire en France cet émir arabe ? Il a, certes, été du bon côté pendant la guerre mais, pour l'heure, il ne représente aucun État constitué, tout au plus un grand rêve, un mirage oriental, une ébauche de pays aux contours incertains. Lawrence préfère s'éloigner à Londres.

Fin diplomate, Fayçal feint de ne pas s'apercevoir qu'il est loin d'être le bienvenu dans le pays des Droits de l'homme. Pour l'occuper, le Quai d'Orsay lui organise des excursions et des visites — Belfort, Strasbourg (où le général Henri Gouraud lui remet la Légion d'honneur), Verdun, puis enfin Paris, où il est l'hôte du président de la République, Raymond Poincaré. Lawrence, qui ne tarde pas à réapparaître, accompagne Fayçal à Londres, le 10 décembre. En Angleterre, Fayçal est reçu par le roi George V. Lawrence sert d'interprète, vêtu en arabe (habitué à ses facéties, le monarque reste de marbre). Puis l'émir rencontre Arthur Balfour, Lionel Walter Rothschild et Chaim Weizmann. Un accord définissant les relations entre les Arabes et les sionistes en Palestine est signé par Weizmann et Fayçal le 3 janvier 1919. Le texte est en anglais mais, prudent, le prince hachémite y ajoute à la main un codicille en arabe (dont Lawrence donnera une traduction approximative). Ce post-scriptum, en réalité, change tout, puisque l'accord signé devient conditionnel : il serait nul et non avenu si les Arabes n'obtenaient pas leur indépendance.

Les Anglais organisent enfin, en l'honneur de Fayçal, un grand dîner pour le Tout-Londres. Histoire de gagner du temps et sans doute de l'éloigner des journalistes, on lui fait visiter Glasgow et Édimbourg, ce qui n'enchante pas Fayçal, et encore moins Lawrence, contraint de l'accompagner. À la veille de la conférence de la Paix, tout le monde, pourtant, a quelques raisons de satisfaction. Lawrence est heureux d'avoir mis des bâtons dans les roues des Français, les sionistes d'avoir obtenu l'accord de Fayçal pour leur implantation en Palestine et les Anglais d'aborder la conférence de la Paix avec, en main, d'excellentes cartes. Même Fayçal semble content : on l'a reçu à Londres comme un chef d'État, et l'arrivée des sionistes en Palestine, que Londres lui présente sous les plus souriantes couleurs, devrait apporter un progrès économique à la région et entraîner le soutien politique des Américains.

Pour Lawrence, qui n'aime ni les grandes villes ni la foule, la conférence de la Paix constitue une épreuve, puisqu'elle le contraint à vivre à Paris de début janvier à fin mai 1919. La conférence commence le samedi 18 janvier, à 15 heures, dans le prestigieux salon de l'Horloge du Quai d'Orsay, c'est-à-dire aux Affaires étrangères, dont le ministre est alors Stephen Pichon, un vieil ami franc-maçon de Clemenceau, dont il a épousé la nièce. Ce rendez-vous historique réunit à Paris les représentants de vingt-sept pays, même si beaucoup d'entre eux font surtout de la figuration. Tout se joue, en réalité, dans le conseil des Quatre, qui réunit la France avec Georges Clemenceau — le « Père la Victoire » — qui préside la conférence, les États-Unis avec le président Woodrow Wilson, la Grande-Bretagne avec le Premier ministre Lloyd George, et l'Italie avec le président du Conseil Vittorio Orlando.

Bien que la cérémonie d'ouverture soit interdite aux journalistes, un jeune écrivain (futur prix Goncourt), plus malin que les autres, est cependant parvenu à s'y glisser. Il s'agit du Lyonnais Henri Béraud, un ancien poilu de trente-trois ans, qui donnera de cette journée un compte rendu irrévérencieux, publié dans L'Œuvre dès le lendemain.

Plusieurs journaux divulguèrent le stratagème dont je fis usage pour forcer les consignes du Quai d'Orsay, et comment je parvins d'abord (malgré la vigilance d'une foule de chasse-coquins en gilets rouges et chaînes d'argent) à m'insinuer dans le fameux salon de l'Horloge, puis, de là, à passer dans la chambre qui l'avoisine au Palais des Affaires étrangères [...]. Ce qui m'a le plus frappé dans cette *assemblée historique*, c'est son caractère bourgeois — grand bourgeois si l'on veut, mais bourgeois par-dessus tout et malgré tout [...]. Tandis que M. Poincaré, cravaté de vert, — ô symboles ! ô inoffensives allégories ! — prononçait son soigneux discours, les plénipotentiaires, debout, affectaient cet air approbateur et pénétré que l'on voit aux visages des délégués cantonaux, dans les distributions de prix[2].

Le 20 janvier, deux cent cinquante invités sont conviés, en l'honneur du président américain, à un copieux déjeuner au palais du Luxembourg, siège du Sénat. La Garde républicaine assure l'accompagnement musical, et le repas se termine par *La Marseillaise* interprétée par un chanteur de l'Opéra.

Mais il faut se mettre au travail : l'agenda est lourd, et la question de l'Orient est loin d'être prioritaire (même si Wilson reçoit Fayçal dès le 23 janvier). Ce qui laisse à Lawrence beaucoup de temps libre car, s'il fait partie de la délégation britannique, il est surtout l'interprète de Fayçal, ce qui limite son travail. Il est logé rue de Castiglione, à l'hôtel Continental (chambre 98). Contrairement à une légende, qui voit en lui une sorte d'anachorète oriental, il aime beaucoup le confort, qu'il ne trouve pas à Paris. Il est obligé de prendre ses bains à l'étage en dessous, où loge Richard Meinertzhagen, qui fait aussi partie de la délégation britannique (ainsi que le cousin de Lawrence, Robert Vansittart). Beaucoup de ses amis d'Orient semblent s'être donné rendez-vous à Paris, où il retrouve avec plaisir quelques vieux complices, comme Gertrude Bell, Stewart Newcombe, Rosario Pisani et Nuri as-Said, qui accompagne Fayçal.

Lawrence profite de ses loisirs pour se lancer dans la rédaction des *Sept Piliers de la sagesse*, tout en consacrant l'essentiel de son énergie à tenter, dans les coulisses et les couloirs, de rencontrer, pour les influencer dans le bon sens, émissaires et journalistes (depuis novembre, il est en contact avec le *Times* de Londres et y défend la cause arabe). La France, par la voix de Jean Gout, des Affaires étrangères, s'oppose bec et ongles à la présence officielle de Fayçal qui, pourtant, a bien été, sous les ordres directs du général Allenby, un des belligérants. Sous la pression des Britanniques, un compromis est cependant trouvé, et le Royaume du Hedjaz aura droit à deux représentants. Pour

Fayçal et Lawrence, c'est une première victoire. La seconde ne tarde pas : au milieu de cet aréopage international, c'est à qui sera le plus compassé — les militaires sanglés dans leur uniforme et les civils coincés dans leurs costumes trois-pièces. Même les Japonais ressemblent à des Occidentaux. Seule exception, l'émir Fayçal, drapé dans ses vêtements arabes, avec, à ses basques, un gringalet dont l'accoutrement singulier semble souligner une double appartenance : un uniforme anglais mal coupé, des pantalons un peu trop courts et un curieux couvre-chef, le *keffieh* des Bédouins. Ce qui est pain bénit pour les photographes de presse.

La conférence va traîner en longueur. D'autant que les imprévus ne manquent pas. Le 19 février, Émile Cottin, un menuisier anarchiste, tire sur Clemenceau, qui s'en sort avec une balle logée tout près du cœur. En mai, Vittorio Orlando claque la porte et s'éloigne pendant quelque temps de la table des négociations, les alliés refusant d'attribuer à l'Italie la ville de Fiume (qui sera finalement annexée en 1924).

L'essentiel des discussions est, bien sûr, consacré à l'Allemagne et à l'Europe. Avec l'Empire allemand, disparaissent aussi l'Empire austro-hongrois et l'Empire ottoman, et il faut redessiner les frontières, régler le cas de l'Alsace et de la Lorraine (qui vont redevenir françaises), parler de réparations financières et, bien sûr, se partager les dépouilles de l'Empire colonial allemand, surtout en Afrique, non pas, certes, comme *colonies* — mot tabou en présence des Américains —, mais comme *territoires sous mandat*. C'est ainsi, par exemple, que le Tanganyika va passer dans l'escarcelle des Britanniques, le Cameroun et le Togo dans celle des Français. Le Japon, représenté par une délégation d'une soixantaine de personnes, a été du côté des Alliés : il obtient seulement le port de Tsingtao, concession allemande en Chine.

Un nouveau monde est en gestation. Une nouvelle guerre aussi, mais qui s'en doute ? Dans ces discussions, le président Wilson tient un rôle de chef d'orchestre. Pacifiste et idéaliste, voire utopiste, ce distingué fils de pasteur presbytérien, ancien professeur de droit à Princeton, est persuadé de la suprématie des valeurs occidentales et du droit fondamental des peuples à l'autodétermination. Son programme en quatorze points est connu, puisqu'il l'a présenté au Congrès américain un an plus tôt, le 8 janvier 1918. Afin d'apporter la paix en Europe et dans le monde, le président américain entend créer une sorte de gouvernance mondiale fondée sur l'éthique, la Société des Nations, ancêtre de l'ONU, qui verra le jour en 1920. Le concept d'un ordre juridique mondial n'est pas nouveau, loin de là. Avant Wilson, il a déjà été illustré, par exemple, dans l'ouvrage *Pour la Société des nations* (1909) de Léon Bourgeois, un grand homme politique français, franc-maçon, sanskritiste, sculpteur de talent, plusieurs fois ministre et même président du Conseil. Bourgeois deviendra, en 1920, le premier président de la SDN à Genève et se verra attribuer le prix Nobel de la paix. Par une curieuse ironie, les États-Unis n'entreront pas à la SDN, pourtant portée sur les fonts baptismaux, à Paris, par le président Wilson.

En avril, Lawrence quitte soudain Paris. Il vient de recevoir un télégramme : frappé par la grippe espagnole — laquelle, comme si la guerre n'a pas suffi, fera plus de cent millions de victimes —, son père se meurt à Oxford. Le fils arrive deux heures trop tard. Cette disparition est un choc pour Lawrence. Les souvenirs affluent sans doute : les années heureuses passées en Écosse, en Bretagne et en Angleterre, les longues randonnées à bicyclette, les leçons de menuiserie et de photographie que le père, si présent, lui donnait. Au déchirement se mêle certainement une vague culpabilité : pour son absence au moment de cueillir le dernier sourire ou le dernier soupir de son père. Il regrette sans doute de lui avoir consacré si peu de temps alors qu'il avait tant à dire, de ne pas l'avoir assez interrogé sur son passé et, surtout, de n'avoir pas dit — ou n'avoir pas su dire — l'amour ou l'admiration qu'il lui portait. La famille Lawrence ne compte plus désormais que la mère et trois de ses fils. L'histoire ne dit pas si, là-bas dans la verte Irlande, l'épouse légitime, Lady Chapman, et ses quatre filles — les demi-sœurs des frères Lawrence — furent informées de la mort du père, septième et dernier baronnet Chapman. Tout porte à penser qu'il n'en fut rien et qu'elles apprirent sa disparition plus tard, lorsqu'il fallut régler la succession.

En bon Anglais, Lawrence reste impassible et cache son chagrin, un de plus. De retour à Paris, il ne souffle mot à personne de son deuil, du moins pendant plusieurs jours. C'est, en l'espace d'un mois, la deuxième victime de la grippe espagnole autour de lui, puisqu'un autre baronnet, Mark

Sykes, en est mort, à Paris, le 16 février, à l'hôtel Lotti, rue de Castiglione, à quelques pas de l'hôtel Continental, celui de Lawrence. Curieuse ironie du sort, le Sykes des « accords Sykes-Picot », dont les délégués ne cessent de prononcer le nom, a disparu dans les premières semaines de la conférence de la Paix... Comme si la mort ne cessait de narguer Lawrence. Reste François Georges-Picot, qui, jusqu'en 1951, survivra à celui auquel son nom est à jamais associé.

Le traité de Versailles, signé le 28 juin, dans la galerie des glaces de Versailles, ne sera promulgué qu'en janvier 1920. Fayçal est rentré en Orient sur un bateau français, quelques semaines plus tôt, car il doit préparer l'arrivée en Syrie d'une commission interalliée (elle sera, en réalité, américaine). N'ayant aucune confiance en la France, l'émir — qui ne reviendra à Paris qu'en septembre — rédige son testament avant de monter à bord... On n'est jamais trop prudent. Lawrence lui-même, qui ne pense plus qu'à son livre en chantier, s'est envolé pour Le Caire, à bord d'un bombardier de la RAF, pour une courte permission (elle sera beaucoup plus longue que prévu). Le 17 mai, son aéroplane, un Handley-Page, s'écrase à l'atterrissage, entre chien et loup, sur l'aéroport de Centocelle de Rome. Il y a deux morts (le pilote et le copilote) et trois survivants. Légèrement blessé, Lawrence s'en tire avec quelques jours de repos à l'hôpital et dans la résidence de l'ambassadeur, et il continue même à écrire son livre. Reparti de Rome le 29 mai, il n'arrive au Caire que le 26 juin, à la suite de nombreux incidents techniques, d'un arrêt prolongé à

Athènes puis en Crète, où il en profite pour visiter le site archéologique de Cnossos et poursuivre la rédaction des *Sept Piliers de la sagesse* (même en plein vol, il continue de noircir des pages). Coïncidence : c'est en Crète qu'il se retrouve avec l'orientaliste St. John Philby, qui lui apprend que le torchon brûle entre La Mecque et Riyad, c'est-à-dire entre Hussein et Ibn Séoud (dont Philby est le conseiller). Ce qui ne simplifiera pas les choses en Orient, à Paris et à Londres, puisque Hussein est soutenu par Londres et Ibn Séoud par Delhi, car les Anglo-Indiens s'obstinent à jouer les trouble-fête... Lawrence monte alors dans l'aéroplane de Philby, et ils gagnent ensemble l'Égypte.

Au Caire, où il ne s'attarde pas, Lawrence veut seulement récupérer quelques affaires et, surtout, des documents et des notes pour son livre. Il est de retour à Paris à la mi-juillet, alors que le traité de Versailles vient d'être signé. Les adversaires de la cause arabe ont profité de l'absence de Fayçal et de Lawrence pour promouvoir leur position. Or, ces adversaires sont nombreux : Clemenceau, la presse française et l'aile arabophobe de la délégation anglaise, en particulier les Anglo-Indiens, qui rêvent d'une grande colonie mésopotamienne, dont les frontières restent à définir. Le plus virulent d'entre eux est alors Arthur Hirtzel, sous-secrétaire d'État adjoint, un ancien d'Oxford devenu fonctionnaire à l'*India Office*. Pour l'impérialiste Hirtzel, très hostile à Lawrence, tout doit être fait pour combattre l'islam politique, qui, par capillarité religieuse et géographique, menace l'Inde britannique, devenue le joyau de la Couronne après avoir été, pendant des siècles et jusqu'en 1858, celui des empereurs musulmans moghols. Pour Hirtzel, il faut, à tout prix, préserver la Mésopotamie, dont il conviendrait de faire une colonie ou un mandat britannique, et cela d'autant plus qu'on y trouve du pétrole... On sent bien que les Anglais sont pressés d'en finir avec la Syrie, dont l'essentiel, en vertu des accords Sykes-Picot, doit revenir à la France. La présence des troupes anglaises en Orient apparaît bien coûteuse au Premier ministre anglais, alors que ces années de guerre ont vidé les caisses et que l'après-guerre entraîne des frais considérables aux quatre coins de l'Empire. Le 21 novembre, le général Gouraud, nommé par Clemenceau haut-commissaire au Liban et en Syrie, débarque à Beyrouth, où il prend peu à peu la relève des Britanniques.

« Adieu à tout cela »

Entre-temps, David Hogarth, le mentor de Lawrence, a su anticiper. Il a de nouveau tiré, dans
l'ombre, les ficelles avec l'aide, cette fois, de Geoffrey Dawson, ancien d'Eton et du Magdalen College devenu un des hauts responsables du *Times*.
Lawrence l'a rencontré, à Londres, quelques mois
plus tôt. L'homme est un proche d'Alfred Milner
et de Lionel Curtis, autrement dit des penseurs
impérialistes de la Table Ronde. Parrainé par ces
deux grands noms — Hogarth et Dawson —, Lawrence s'est vu attribuer par le All Souls College
d'Oxford, le 10 juin, une bourse de recherche de
deux cents livres sterling par an (pour sept ans, en
principe), ce qui fait de lui un *Fellow*, alors qu'il
n'est titulaire que d'une maîtrise. Un honneur insigne, réservé à quelques *happy few* triés sur le volet,
même s'il faut être anglais pour en bénéficier. C'est
que le All Souls College, fondé par l'archevêque de
Canterbury et le roi Henri VI en 1438, est une des
plus vénérables institutions du royaume. Cette aide
financière — du moins ses parrains l'espèrent-ils
avec quelque naïveté — devrait permettre à Law-

rence de s'installer à Oxford, d'y terminer, en toute tranquillité, son livre sur la révolte arabe puis d'entreprendre, à son rythme et à son gré, de nouveaux travaux en histoire, en ethnologie ou en archéologie du Proche-Orient. À cette aide financière déjà confortable s'ajoutent le gîte et le couvert. L'Université anglaise, que les Français imaginent engoncée dans des traditions archaïques, a de ces singulières prévenances pour les individus créatifs, les originaux et les non-conformistes qui, dans des pays qui se proclament pourtant ouverts sur le monde extérieur, peuvent se retrouver vite écartés, voire ostracisés. Ce statut de *Fellow* à Oxford va permettre à Lawrence d'écrire dans la sérénité et de faire de nombreuses rencontres, celle, par exemple, d'un certain Robert Graves, alors âgé de vingt-quatre ans, qui, après avoir combattu dans les tranchées, est devenu étudiant (Lawrence a bien connu son frère Philip, au Bureau arabe du Caire). Quand il fait la connaissance du vainqueur d'Aqaba, en novembre 1919, il a déjà publié deux recueils de poèmes. Il deviendra bientôt un des écrivains anglais les plus prolifiques et publiera quelque cent quarante livres, dont l'autobiographie *Adieu à tout cela* (1929) et le roman historique *Moi, Claude* (1934) qui connaîtront un succès durable. Les deux hommes ont des points communs : un côté frondeur et rebelle, une expérience personnelle de la guerre (Graves fut même déclaré mort en 1916), un grand amour de la littérature grecque (tous deux traduiront Homère) et de la typographie, un mépris pour la haute hiérarchie militaire et l'*Establishment* et, surtout, un sens tragique de la vie et du temps qui passe. Graves publiera, en 1927, le premier grand livre consacré au vainqueur d'Aqaba, *Lawrence et les Arabes*.

Adieu à tout cela : ce titre de Graves conviendrait bien à la vie de Lawrence après la guerre, quand il tente d'oublier ses aventures orientales pour se tourner vers ce qui a toujours été sa vraie passion, la littérature. Mais son passé ne cesse de le poursuivre. Depuis des mois, Londres essaie, sans y parvenir, d'éclaircir sa situation militaire et administrative. Personne, à l'évidence, ne sait très bien de qui il dépend, mais tout le monde sait qu'il se moque de la hiérarchie, refuse de saluer ses supérieurs, s'invite sur les aéroplanes de la RAF, se crée des missions plus ou moins secrètes, mange à tous les râteliers de l'Empire, fraye avec les puissants, est à tu et à toi avec le roi et les Premiers ministres, refuse les plus hautes décorations, ne répond pas à l'administration, publie dans le *Times* des articles et des lettres anonymes dont lui seul peut être l'auteur, fait partie de la délégation anglaise à la conférence de la Paix, alors qu'il semble surtout jouer la carte arabe, mais s'en absente en catimini, quand le cœur lui en dit. Certes, à l'inverse de la France, qui n'apprécie que le conformisme tiré au cordeau, la bonne société anglaise a toujours été fascinée par la transgression, mais, même outre-Manche, l'administration reste l'administration.

Or, faisant fi de tous les règlements, Lawrence est devenu intouchable, imprévisible et incontrôlable. Au reste, est-il, en 1919, lieutenant-colonel ou colonel ? Personne ne semble le savoir au juste, et tout le monde s'en moque, puisque ce grade de « colonel » fait désormais partie de sa légende. C'est d'ailleurs Lawrence qui, sans en référer à quiconque, décide soudain, à son retour du Caire, de transgresser tous les règlements et de se démobiliser lui-même, au débotté, en dehors de toute procédure. Les gratte-papier de l'Armée rempliront, s'ils le souhaitent, les formulaires *ad hoc* à sa place. Tout cela ne l'intéresse pas. Pour autant, le colonel Lawrence ne change pas de cap : ce qu'il n'a pu obtenir par les armes en Orient et la diplomatie à Paris, c'est en Angleterre, avec la plume, qu'il va maintenant tenter de le conquérir. Il entend désormais asseoir son combat sur *Les Sept Piliers de la sagesse*.

Lawrence a d'autres projets. N'ayant pas oublié l'idée de créer une petite maison d'édition avec Vyvyan Richards, il achète, le 1er septembre 1919, un terrain à Pole Hill, dans l'Essex, ce qu'il s'empresse d'annoncer à son vieil ami.

[J]'ai fait l'acquisition de deux hectares et des poussières de Pole Hill : globalement c'est le champ qui va d'en haut jusqu'à la haie de fortune. Je n'ai pas encore l'acte de vente, et je ne suis pas encore propriétaire légal, mais ils ne peuvent faire marche arrière et se dérober au marché ; en ce qui me concerne, c'est réglé. Je me sens l'esprit au repos pour un bon nombre d'années supplémentaires et j'espère que là, nous excellerons de concert [...]. J'espère recevoir environ 300 livres de plus dans six semaines, et alors il nous faudra consulter des architectes[1].

Généreux avec les autres, Lawrence n'est pas un homme d'argent et s'il se plaint de sa pauvreté —

comme de celle qu'il dit avoir connue dans son enfance —, celle-ci reste fort relative. Son père, qui n'a jamais eu d'activité salariée, a bien géré sa fortune et a laissé beaucoup d'argent à ses enfants. De plus, Lawrence a pour habitude de ne jamais rien dépenser, ses fonctions lui assurant le gîte et le couvert. Il n'a pas touché à sa solde de militaire qui, au fil des ans, a fini par constituer une somme coquette. Et le voici maintenant *Fellow* à All Souls, ce qui lui permet à nouveau d'économiser. Le projet de créer une maison d'édition va pouvoir se concrétiser enfin. L'objectif n'est pas de gagner de l'argent, mais de publier des œuvres de qualité, tant par leur valeur littéraire que par leur présentation (typographie, illustrations et reliure).

Acheter un terrain est une chose, y construire des bâtiments en est une autre. Compte tenu de sa notoriété grandissante, la publication des *Sept Piliers de la sagesse* aurait pu constituer pour Lawrence une juteuse opération, mais non, il ne veut pas entendre parler d'argent. Il fuit déjà la publicité que Lowell Thomas lui fait, avec grand succès, à New York d'abord, puis à Londres.

Dès le mois de mars 1919, le propagandiste américain devenu bateleur et journaliste a transformé le héros d'Aqaba en Buffalo Bill des sables, à telle enseigne que le général Allenby, à qui Lawrence a tout d'abord été associé, passera bientôt à la trappe. Le « blond Bédouin » n'incarne-t-il pas la jeunesse libre, réfractaire et non conformiste, celle du monde nouveau qui naîtra après « la der des ders » ? Chacun aimerait le croire. Les Américains voient en lui un de ces *mavericks*[*] qui n'hésitent pas à faire la nique aux vieilles barbes engoncées dans leurs certitudes amidonnées. Lawrence devient un rebelle, en somme et plus encore — ce qui ne gâte rien au pays du président Wilson —, un libérateur des peuples asservis. Certes, à Aqaba, le vrai Lawrence apparaît bien petit et bien frêle, trop bien rasé, un tantinet efféminé même, alors que les Américains préfèrent les hommes à la barbe drue, grands, virils et bien musclés. Mais sa petite taille ne se voit pas sur les diapositives. Du moins le vainqueur d'Aqaba est-il blond et photogénique à souhait. Et on le dit irlandais, ce qui est un atout aux États-Unis, pays où les Irlandais sont si nombreux.

Pour l'heure, Lawrence est retourné à ses chères études. Il partage son temps entre la maison familiale, la bibliothèque et l'appartement auquel, en tant que *Fellow*, il a désormais droit à Oxford. On le dit de nouveau déprimé, mais comment savoir avec lui ? Il se remet de quatre ou cinq ans d'une activité physique et mentale épuisante, de ce qu'il considère un échec à la conférence de Paris et, bien sûr, de la mort de son père. Le secret de famille peut maintenant être évoqué entre la mère et ses fils. Même s'il le savait sans doute depuis longtemps, Lawrence — sur ce point, il reste un homme de sa génération — supporte mal d'être un *bâtard*, comme on dit alors. Il fera tout pour que le secret ne dépasse pas les limites de la famille, car les journalistes, il le sait, en feraient aussitôt des choux

---

[*] Désigne toute personne possédant un esprit d'indépendance, à l'instar de Samuel Augustus Maverick (1803-1870), un éleveur texan anticonformiste.

gras. Alors, il rêve, réfléchit et écrit. Son livre est bien avancé, et il commence à en voir le bout. Quelques rares amis, comme David Hogarth et Alan Dawnay, auront le privilège de lire ce premier jet, et c'est justement en revenant de chez celui-ci qu'il oublie, dans la gare de Reading, la serviette qui contient le précieux manuscrit qui lui a demandé tant d'efforts. Il ne le récupérera jamais.

Le coup est sévère mais, dès le 2 décembre, Lawrence se remet au travail et, reprenant tout à la première ligne, réécrit de mémoire son livre. Cette fois, il s'isole à Westminster (14, Barton Street), près du parlement, dans une sorte de grenier mis à sa disposition par un architecte rencontré à Oxford, Herbert Baker, très connu en Afrique du Sud, aux Indes et même en France, où il réalisera, en 1926, le mémorial du cimetière sud-africain du bois de Delville, dans la Somme. Mangeant peu, dormant peu, se lavant aux bains publics, Lawrence rédige ainsi, en quelques semaines, cette seconde version d'un livre qui fait, tout de même, près de huit cents pages. Écrire, il est vrai, s'apparente souvent à une névrose obsessionnelle.

Les avatars
des *Sept Piliers de la sagesse*

Le livre de Lawrence est un des grands textes de la littérature du XXᵉ siècle. C'est pourtant un des moins étudiés à l'Université (en France, il n'a jamais figuré au programme de l'agrégation d'anglais). Plusieurs raisons expliquent ce qui ressemble à un ostracisme : la longueur de l'œuvre intégrale, la complexité de sa toile de fond (il faut, pour la comprendre, bien connaître l'histoire de la guerre en Orient) et la position politique, vraie ou supposée, de son auteur. Et puis, T. E. Lawrence est considéré comme un *orientaliste*, terme jadis flatteur mais qui, depuis l'étude publiée par Edward Said en 1978, s'est chargé d'une lourde coloration péjorative[1]. Étudier Lawrence est *a priori* suspect, et quel jeune universitaire aimerait fragiliser sa carrière, alors que tant d'auteurs classiques peuvent, sans risque, être étudiés jusqu'à plus soif ? Les Français qui se sont intéressés à lui étaient des professeurs au parcours atypique, comme Étiemble, des spécialistes de l'Orient comme Jacques Benoist-Méchin ou Henry Laurens, et des écrivains comme Pierre Moinot ou André Malraux lequel, curieusement, pensait que Lawrence avait été formé en France par des jésuites et vouait en lui « un des esprits les plus religieux de son temps, si l'on entend par esprit religieux celui qui ressent jusqu'au fond de l'âme l'angoisse d'être homme[2] ».

Le vainqueur d'Aqaba n'avait pas, en tout cas, la religion de l'argent. Rares, en effet, sont les écrivains qui, ayant écrit une œuvre majeure, décident de la garder sous le boisseau. Alors qu'une exploitation commerciale des *Sept Piliers de la sagesse* aurait été un best-seller mondial, générant des droits d'auteur conséquents, Lawrence refusa de le lancer sur le marché et n'autorisa que des éditions à tirage confidentiel. Du vivant de l'écrivain, le texte connut, dans les deux sens du mot, bien des avatars. Après la disparition de la première version inachevée du manuscrit à Oxford (1919), Lawrence réalise une seconde rédaction, écrite en 1920 à Westminster, puis corrigée à Oxford les années suivantes ; ce texte constitue ce qu'on appelle « l'édition d'Oxford » (août 1922).

Échaudé par la disparition de son manuscrit à Reading, Lawrence décide de se protéger contre la perte — ou le vol — de son texte. Sa première idée est de le faire dactylographier en quelques exemplaires, mais il découvre alors qu'il ne serait guère plus coûteux pour lui de confier son texte aux linotypistes de l'*Oxford Times* et d'en tirer quelques jeux d'épreuves. Cette solution le séduit et, sans plus tarder, il confie les premières pages à l'imprimeur. Lawrence fait preuve, cependant, d'une prudence de loup, car le sujet de son livre est encore très sensible, sur le plan politique, en cette année

214

1922. Recopiant son texte à la main — un travail de titan —, il remet ses pages, non foliotées et dans un ordre connu de lui seul, à l'imprimeur. Les passages les plus délicats seront composés plus tard, à la fin de l'opération, qui prend plusieurs mois. Ce travail fait, l'auteur reclasse l'ensemble dans le bon ordre, ajoute la pagination et en fait tirer huit épreuves. Les trois premières lui seront livrées dans la deuxième quinzaine d'août. Encore ne s'agit-il pas d'un livre au sens strict, mais d'un ensemble d'épreuves ou de morasses sur deux colonnes, corrigées à la main par l'auteur et tirées dans le plus grand secret. Il reste six des huit exemplaires tirés, dont l'un a trouvé preneur à New York, en mai 2001, au prix de 941 000 dollars.

Enfin le livre vint, en 1926, dans une version tronquée d'un tiers et sous la forme d'une édition artisanale de luxe, illustrée par des artistes de renom (comme Eric Kennington, Blair Hughes-Stanton, Augustus John, Paul Nash et William Roberts) et comportant une carte réalisée par une maison d'Édimbourg, déjà centenaire à l'époque, Bartholemew & Son Ltd. Coût de l'opération, très déficitaire pour Lawrence : treize mille livres sterling. L'ouvrage, composé selon des règles typographiques très strictes, se veut à la fois création littéraire et artistique. Rien n'est laissé au hasard : paragraphes tirés au cordeau, lettrines d'Edward Wadsworth, culs-de-lampe, illustrations en pleine page (mais aucune photo) et reliure de qualité (chaque exemplaire étant différent). De la « belle ouvrage », comme on disait jadis, fort coûteuse au demeurant : trente-trois guinées de l'époque — une coquette somme —, alors que le coût final était trois fois plus élevé. Le tirage fut d'environ deux cent vingt exemplaires, dont une centaine pour les souscripteurs. Lawrence en offrit beaucoup, non seulement au roi George V ou à Robert Graves, mais à des amis dans le besoin, en leur suggérant de revendre le livre quand le prix viendrait à grimper, ce qui ne tarda pas. Quelques exemplaires étaient destinés à son éditeur américain (Doubleday, Doran & Co.), non pour les vendre (son prix de vingt mille dollars était pour le moins dissuasif !) mais pour protéger le *copyright* du livre aux États-Unis. Bien qu'il aimât les très beaux livres, réalisés avec amour sur de petites presses, Lawrence appréciait peu l'esprit mercantile de certains bibliophiles et refusa de numéroter les exemplaires de son ouvrage.

Cette édition de 1926 a été baptisée « édition des souscripteurs » ou encore « édition de Cranwell », parce que son auteur la peaufina à l'école de la RAF de Cranwell, dans le Lincolnshire. Suivra, en 1927, une version grand public — un *digest* en quelque sorte —, destinée à combler le déficit de l'édition de luxe. Elle fut publiée à Londres et New York sous un titre accrocheur : *Révolte dans le désert*. Puis, en 1935, quelques semaines après la mort de l'auteur, une première version commerciale vit enfin le jour.

Si l'on écarte le *digest* de 1927, il y eut donc, du vivant de Lawrence, deux principales versions du livre : la « version d'Oxford » (intégrale) et la « version des souscripteurs » (abrégée). Compte tenu de la longueur du texte initial, c'est cette version tronquée qui, pendant des décennies, s'est imposée, a été rééditée et traduite dans de nombreuses langues (dont le français, sous la plume de l'écrivain et critique Charles Mauron, en 1936). Or, entre la « version d'Oxford » et la « version des souscripteurs » (reprise par Jonathan Cape et présentée comme « intégrale », alors qu'elle ne l'est pas) les différences sont considérables.

Il faudra attendre 1997[*] pour que sorte enfin, à la *Castle Hill Press*, et grâce au méticuleux travail de Jeremy Wilson, la véritable « version intégrale », celle de 1922, dont la traduction d'Éric Chédaille paraîtra en France, en 2009, soixante-treize ans après celle de Charles Mauron[3]. Entre-temps, le livre de Lawrence, vendu dans le monde entier et sans cesse réédité, a généré des profits considérables, qu'on n'ose appeler droits d'auteur, puisque celui-ci n'en retira jamais le moindre gain.

Le statut littéraire de ce livre échappe lui-même à toute catégorie classique. Il s'agit bien, certes, du récit personnel d'un combat, comme *La Guerre des Gaules* de Jules César, et non d'un récit historique établi selon des normes scientifiques strictes. En même temps que son premier manuscrit, Lawrence avait perdu un certain nombre de ses carnets et de ses notes, et il était, par ailleurs, fâché avec les chiffres, les distances et les dates (et, plus encore, avec l'orthographe des patronymes et toponymes arabes). Mais ce livre n'est pas seulement, loin de là, le récit autobiographique de ses aventures orientales. Influencé par ses lectures, l'auteur a donné à un récit une coloration épique, qui le rapproche

* Une deuxième édition corrigée et enrichie a été publiée en 2002.

d'écrivains grecs comme Xénophon ou Thucydide, des chansons de geste, des romans de la Table Ronde, de *Le Morte Darthur*, du théâtre élisabéthain ou d'œuvres plus récentes comme *Moby Dick* de Melville, *Les Frères Karamazov* de Dostoïevski et *Arabia deserta* de Doughty. Volontiers lyrique, Lawrence se veut à la fois poète et philosophe. Il insiste sur le cosmos, la nature, les éléments, les paysages — le désert, en particulier —, le cycle des saisons et le lien privilégié que les Bédouins ont avec les animaux qui, face à la chaleur ou au froid, souffrent autant que les hommes. Même s'il n'est pas un La Bruyère, Lawrence brosse, avec humour et ironie, le portrait de ses compagnons d'aventure.

[I]l irradie immanquablement ses personnages, pris dans son entourage, de ses émotions, de ses préjugés, de ses projections, le plus souvent sans en avoir conscience. Ainsi leur donne-t-il une vie en partie dépendante, en partie propre, mais qui n'en est pas moins convaincante pour le lecteur, et qui les anime alors même qu'ils sont détachés de la réalité historique[4].

À eux seuls, le titre et le sous-titre se prêtent à de longues exégèses. Le premier vient de la Bible (chapitre 9 des « Proverbes », dits de Salomon, versets 1-2) et le sous-titre (« Un Triomphe ») est, sans aucun doute, ironique, Lawrence laissant souvent entendre que sa mission avait été un échec. Quant au texte lui-même, chaque lecteur y repère, en fonction de sa propre culture, des références différentes. Celle-ci va de la Bible au Coran et de l'œuvre de Shakespeare à celle de Nietzsche, dont

Lawrence, précise André Guillaume, « fit la trame de sa pensée, et l'assimila si profondément qu'il ne le cite jamais[5] ». Il n'y a donc pas une seule lecture possible de ce fascinant chef-d'œuvre, dont bien des éléments se prêtent à des décryptages différents. Ainsi, par exemple, le livre s'ouvre par une mystérieuse dédicace, sous forme de poème, à un certain S. A. : « Je t'aimais, aussi me suis-je fait maître de ces flots de combattants et ai-je inscrit ma volonté sur les cieux étoilés[6]... » Ce livre est, en filigrane, une histoire d'amour, celle qui illuminera toute son existence : « Le seul amour qui soit vraiment humain, c'est un amour imaginaire, c'est celui· après lequel on court sa vie durant, qui trouve généralement son origine dans l'être aimé, mais qui n'en aura bientôt plus ni la taille, ni la forme palpable, ni la voix, pour devenir une véritable création, une image sans réalité[7]. »

Tout semble indiquer que cette personne était le jeune Dahoum (dont le nom complet était sans doute Salim Ahmed), mais d'autres hypothèses ont été proposées. D'autant que, à son habitude, Lawrence s'était arrangé, par des propos contradictoires, pour brouiller les pistes des Sherlock Holmes de la littérature. Peu importe. Comme le « W. H. » des *Sonnets* de Shakespeare, « S. A. », où qu'il soit, peut dormir en paix. Découvrir l'identité de ce dédicataire n'ajouterait rien à la richesse des *Sept Piliers de la sagesse*. L'essentiel est ailleurs : c'est cet amour pour Dahoum — un amour sur le mode courtois, revu et corrigé par l'imaginaire —, qui a embrasé et illuminé la vie de Lawrence. Par là même, il put s'inscrire dans la durée, celle d'un long rêve, alors qu'il se serait étiolé si, d'aventure, il s'était incarné dans la grisaille du quotidien. « Il n'y a pas d'espace suffisamment étroit, suffisamment clos, pour enfermer toute une vie deux êtres à l'intérieur d'eux-mêmes. Or, dès que cet ensemble s'ouvre sur le monde, celui-ci en se refermant sur eux va, comme les bras d'une pieuvre, s'infiltrer entre leurs relations privilégiées[8]. »

Pendant des années, Lawrence consacra à son livre une énergie si considérable que le jugement critique qu'il portait sur son texte variait en fonction de son humeur et de son état mental. Peut-il en être autrement ? « La parole humaine, disait Flaubert, est comme un chaudron fêlé où nous battons des mélodies à faire danser les ours, quand on voudrait attendrir les étoiles[9]. » À l'instar de Flaubert et de bien d'autres, Lawrence connut des moments de doute ou d'exaltation, de rejet ou d'enthousiasme.

Même s'il n'entend être lu que par quelques-uns, Lawrence sait qu'il fait aussi œuvre politique et témoigne pour la postérité et pour l'histoire. Il donne sa version des événements et met en valeur la contribution essentielle des Arabes dans l'effondrement de l'Empire ottoman, sans pour autant chercher à se mettre en avant. Sur le plan diplomatique, il ne peut plus faire grand-chose, en cette année 1920, puisque les dés semblent jetés. La conférence de San Remo, du 19 au 26 avril, a procédé au partage des dépouilles ; elle sera complétée par le traité de Sèvres, signé en août par les alliés et les représentants de l'Empire ottoman. Comme il fallait le craindre depuis les accords Sykes-Picot, les deux grandes puissances coloniales se voient confier un mandat. La France reçoit le Liban et la Syrie, et la Grande-Bretagne la Palestine et la Mésopotamie. Du coup, la mainmise de Fayçal sur la Palestine et la Syrie, dont il s'est proclamé le roi en mars, devient caduque et non avenue. En juillet, les forces du général Gouraud s'installent à Damas, et les Français mettent à la disposition de Fayçal un train spécial pour gagner l'Égypte avec sa suite. Dès lors, la politique de la France sera simple : elle va tenter, en jouant sur les minorités, de casser l'unité du nationalisme arabe.

À l'ombre de Churchill

Contre tout espoir, Lawrence, lui, continue d'espérer. Toujours prêt à en découdre, il lance en Angleterre une vigoureuse campagne de presse, perdue d'avance, même s'il reçoit le soutien de nombreux politiques, intellectuels ou orientalistes comme Arnold Toynbee, Lionel Curtis, David Hogarth, Charles Doughty, Gertrude Bell et St. John Philby. À son habitude, il ne perd pas son temps avec les sous-fifres et se fait recevoir par le Premier ministre Lloyd George, qu'il réussit peu à peu à persuader qu'il faut écarter lord Curzon, l'ancien vice-roi des Indes, trop marqué par ses années dans le sous-continent. Tandis que le mécontentement grandit chez les Arabes, qui se sentent une nouvelle fois floués, les Français et les Anglais deviennent alors, sinon des ennemis, du moins des adversaires, qui se mettent des bâtons dans les roues, se regardent en chiens de faïence, s'observent et s'espionnent. Bref, l'Entente cordiale a du plomb dans l'aile. « L'envers de la trame[1] » est bien rendu par Pierre Benoit dans son roman *La Châtelaine du Liban* (dont un des personnages est le général Gouraud), écrit en Syrie en 1923 et 1924.

En janvier 1921, Winston Churchill est nommé secrétaire d'État aux Colonies (Colonial Office). Il s'y attend depuis quelques semaines déjà, puisqu'il a pris contact avec Lawrence dès le début du mois de décembre. Le 8 janvier, alors qu'il ne prendra ses nouvelles fonctions qu'en février, Churchill lui propose, pour une durée d'un an, un poste flatteur de conseiller pour les questions arabes, mais l'intéressé fait d'abord la fine bouche. C'est qu'il est débordé par ses activités littéraires, son projet de créer une maison d'édition et, surtout, la mise au point des illustrations commandées pour *Les Sept Piliers de la sagesse*. Et puis, il a prévu d'aller en Orient avec l'artiste Eric Kennington, qui doit y réaliser sur place une partie du travail, en particulier des pastels des principaux protagonistes arabes. Né quelques semaines avant Lawrence, blessé sur le front puis devenu « artiste de guerre » officiel pendant le conflit, Kennington est à la fois sculpteur et illustrateur.

Lawrence accepte finalement la proposition de Churchill. Ses confortables émoluments (mille six cents livres sterling par an) vont lui permettre de financer le voyage de Kennington. Au ministère, le nouveau fonctionnaire retrouve de vieilles connaissances comme Hubert Young, avec qui il a combattu en Syrie, Gilbert Clayton ou l'inévitable Meinertzhagen. Dès le 16 février, il rencontre Fayçal à Londres. Le 3 mars, il s'envole pour l'Égypte, pour participer, aux côtés de Churchill, à la conférence du Caire qui réunit une quarantaine de personnes venues de Grande-Bretagne, de Palestine, de Mésopotamie, du golfe Persique, d'Aden et de Somalie britannique. Ces « quarante voleurs » — c'est ainsi que, se prenant pour Ali Baba, les surnomme le facétieux Churchill — ont pour mission de dessiner la nouvelle carte du Proche-Orient et de trouver une solution au marasme de la Mésopotamie (qu'on appelle désormais l'Irak), taraudée par des mouvements nationalistes et dont l'administration directe s'avère, de toute façon, beaucoup trop coûteuse pour les Britanniques. À la conférence, Lawrence retrouve d'autres comparses des heures héroïques comme, par exemple, Gertrude Bell, Hubert Young et Kinahan Cornwallis.

La conférence du Caire et les mois de tractations qui vont suivre mettent en lumière la stupéfiante habileté de Lawrence. Sans en avoir l'air, il tire les ficelles. N'est-ce pas lui qui, deux mois plus tôt, a glissé le nom de Churchill à l'oreille du Premier ministre ? N'est-ce pas lui qui, pour l'essentiel, a préparé, avec Young, l'ordre du jour de la conférence du Caire ? Dès lors, il peut avancer ses pions. Très vite, les Britanniques proposent à Fayçal le trône d'Irak et l'émirat de Transjordanie à son frère Abdullah, étant entendu que les Anglais, à l'ombre des palmiers, seront toujours là s'il s'avérait, d'aventure, que ces nouveaux chefs d'État choisis et payés par Londres aient besoin de conseils amicaux sur le plan économique et militaire. Autrement dit, les intérêts britanniques seront ainsi préservés, mais les Hachémites auront bien l'apparence et l'illusion du pouvoir.

Tout cela ne va pas sans négociations, ce dont Lawrence se charge volontiers. D'avril à décembre 1921, il ne cesse de sillonner la région dans un appareil de la RAF, se rendant partout où des consultations s'imposent — à Amman, Jérusalem, Port-Saïd, Djeddah et Aden, par exemple, car bien des points restent à régler, à commencer par l'établissement des frontières, dont beaucoup restent floues. D'autant qu'il ne faut pas oublier, en Palestine, l'installation des nouveaux arrivants juifs, laquelle ne pose pas de problème de conscience à Londres, puisque Churchill est un ardent sioniste. En somme, l'Américain Lowell Thomas ne s'est pas trompé : toujours vénéré par les Bédouins, Lawrence est bien devenu un roi sans couronne, mais c'est un roi fatigué. Il a déjà d'autres projets en tête, de bien singuliers projets, qui n'ont rien à voir avec la politique. Son contrat au Colonial Office prenant fin en mars 1922, bien des possibilités s'ouvrent à lui en principe, puisque toutes les portes lui sont *a priori* ouvertes. L'Université, la diplomatie, l'édition, voire la politique. Il n'entend pas, certes, abandonner la littérature, mais c'est une activité périphérique, qu'il ne peut considérer comme une profession, tout juste un violon d'Ingres ou une passion personnelle. Or, l'idée surprenante, voire saugrenue, qu'il caresse dès janvier 1922 est tout autre : il veut retourner dans l'armée — où il n'a, d'ailleurs, jamais vraiment été —, et entrer dans la Royal Air Force.

Cette année-là est pour lui une période de transition. Malgré les apparences, il est loin d'avoir abandonné ses ambitions littéraires. D'abord, il retravaille encore et encore *Les Sept Piliers de la sagesse*. Il n'en est pas satisfait, mais sait que ce livre paraîtra un jour, quand le texte sera fin prêt et qu'auront été réalisées toutes les illustrations qui le mettront en valeur. Pour cela, son auteur contacte de nombreux artistes et écrivains bien en cour, comme Bernard Shaw, rencontré en mars, qui deviendra, avec sa femme Charlotte, un de ses meilleurs soutiens et fera même de lui un de ses personnages de *Trop vrai pour être beau* (1931). Lawrence est surtout entré en relation avec Edward Garnett, écrivain, dramaturge, biographe et conseiller littéraire (son nom est associé aux écrivains Conrad, Galsworthy et D. H. Lawrence). Ce Garnett est alors lecteur et consultant pour une nouvelle maison d'édition que Herbert Jonathan Cape, en 1921, a créée à Londres. Lui aussi pourra lire la « version d'Oxford » des *Sept Piliers de la sagesse*, qui l'enthousiasme et qu'il veut éditer chez Cape. L'ennui, c'est que Lawrence n'est pas un auteur comme les autres : il entre en contact avec des éditeurs, mais ne veut pas être publié. Les avis positifs le ravissent, certes, et le confortent dans son ambition littéraire, qui reste bien supérieure à ses autres ambitions, mais les choses, le plus souvent, en restent là. Il veut être reconnu, mais pas acheté. Il entend être publié, mais par lui, à l'heure qu'il aura choisie et à quelques exemplaires. Dans ce domaine pour lui essentiel, Lawrence reste fidèle à son image : il fait cavalier seul. Bref — et la contradiction est totale —, il veut, comme toujours, être connu à condition d'être inconnu ; il publiera des livres, mais seulement si le grand public ne peut pas les trouver. Quand les soucis financiers se feront trop pressants, il acceptera, dès fin 1922, de réaliser un *digest* des *Sept Piliers de la sagesse*. Ce livre ne sortira qu'en 1927, alors que l'auteur se trouve aux Indes.

Des lambris aux latrines

Entre-temps, Lawrence a quitté le Colonial Office, non sans quelque déchirement, car il aime Churchill, et en plusieurs étapes. Il s'en éloigne dès le 1er mars, mais sera payé jusqu'au 1er juillet et, même après cette date, il restera conseiller « honoraire » du grand homme. C'est que Churchill a tout fait pour retarder le départ de cet original auquel il se sent de plus en plus attaché. Ainsi libéré de son travail au ministère, Lawrence peut enfin se consacrer à la sortie de ses épreuves d'imprimerie et à son recrutement par la Royal Air Force, qu'il tient à garder secret. Raisons invoquées : il veut écrire un livre sur les débuts de la RAF et s'assurer d'un revenu modeste, mais régulier. Raisons plus vraisemblables : il veut surtout retrouver l'anonymat, se refaire une santé, échapper à la presse et souffler un peu, dans une relative sécurité, après ces années difficiles, durant lesquelles il a dû jouer un rôle qui, dit-il, le dépassait. Faut-il y ajouter à tout prix des motivations inconscientes et déceler dans ce choix une sorte de mortification masochiste, puisque Lawrence passe ainsi des lambris du Colonial Office aux latrines de la caserne et de l'accent d'Oxford aux vigoureux dialectes d'une chambrée de prolétaires peu portés sur la pureté phonétique de la langue anglaise ? Poser la question n'est pas y répondre. Tout être a sa part de mystère, et les hypothèses, fussent-elles habiles et convaincantes, restent de simples hypothèses, qui ne constituent en rien une vérité scientifique.

Cette décision ne manque pas de surprendre, car Lawrence a toujours eu la promiscuité, la hiérarchie et la discipline de surface en sainte horreur. On aurait compris, à la rigueur, qu'il eût soudain choisi un humble travail de gratte-papier, puisqu'il n'a jamais, même en Arabie, aimé le pouvoir et le commandement. Il faut croire que l'armée constitue pour lui une sorte de famille ou, en tout cas, un lieu qui lui permet de mener une « existence monastique[1] ». Les êtres fragiles aiment ces lieux protégés que sont le monastère, l'école ou la caserne, où la vie quotidienne répond à la cloche, au sifflet ou au clairon. Et puis, comme jadis au milieu de ses frères, de ses camarades d'Oxford et de Karkemish, de ses collègues de bureau au Caire, de ses frères d'armes au Hedjaz ou en Syrie, il retrouve à la caserne cette vie entre hommes, qui lui convient. Il n'en a guère connu d'autre. Henry Laurens résume bien cette existence nouvelle que connaît Lawrence à la RAF :

Ce recul par rapport à soi-même et cette discipline (dans tous les sens du terme) imposés sont aussi la reviviscence de ce qui l'a toujours attiré : la pénitence médiévale et le dénuement du Bédouin ; une façon de revivre à la caserne et dans la modernité d'autres temps et d'autres lieux. Contrairement à ses modèles, il refuse toute transcendance divine et sa conduite se rapproche d'une certaine forme de nihilisme².

À la RAF comme ailleurs, Lawrence a frappé à la bonne porte, celle du chef suprême, Hugh Trenchard, qui naguère participait à la conférence du Caire. Séduit par Lawrence, le patron de la RAF promet de tout faire pour faciliter ses démarches. Contacté, Winston Churchill, qui s'est pris d'une grande affection pour son protégé, se déclare prêt, s'il le faut, à intervenir auprès des plus hautes autorités, même s'il préférerait, bien sûr, garder Lawrence près de lui. Il reste entendu que le soldat Ross pourra, s'il le désire, reprendre sa liberté du jour au lendemain, en se démobilisant lui-même (il en a l'habitude) et sans en référer à quiconque. La décision finale est courue d'avance, puisque c'est le patron de la RAF, Hugh Trenchard, qui aura le dernier mot, mais il convient de sauver les apparences, car si les huiles de la RAF sont dans la confidence, les subalternes, eux, ne le sont pas. Le recrutement doit paraître normal et conforme aux règlements. Or, dans le dossier de Lawrence, tout est faux : le nom (John Hume Ross), l'âge (vingt-huit au lieu de trente-quatre), la profession (employé chez un architecte), le *curriculum vitæ* et le reste… Faux et usage de faux ? Sans doute mais, en Angleterre comme ailleurs, la loi n'est faite que pour le bas peuple. À l'exception de quelques privilégiés, tout le monde doit ignorer que le gringalet Ross est Lawrence d'Arabie. Pour tout compliquer, le candidat se présente au bureau de recrutement dans un état physique et mental déplorable. Cinq ans de labeur ont conduit ce bourreau de travail au bord de l'effondrement nerveux. Depuis qu'il s'est remis à son manuscrit, il travaille comme un dément, dort quelques heures par nuit et se nourrit au lance-pierres. Or, tout recrutement à la RAF passe par une visite médicale approfondie. L'intéressé ne demande certes pas à devenir pilote, mais simple soldat de 2e classe, autrement dit un moins que rien. N'empêche, même pour les rampants cloués au sol, un bon état de santé est un minimum.

Le matin du 30 août, Lawrence, la trouille au ventre — c'est, du moins, ce qu'il dit, mais, porté sur l'exagération épique, il aime en rajouter —, se retrouve à Covent Garden (4, rue Henrietta), où la RAF lui a donné rendez-vous :

> Dieu, que c'est horrible. Hésiter durant deux heures, en faisant les cent pas dans une immonde rue, lèvres, mains et genoux qui tremblotent au point que j'en perds le contrôle, le cœur qui cogne par peur de cette petite porte que je dois franchir pour m'engager. [...] Et maintenant, les toilettes les plus proches. Ah ! oui, bien sûr, sous l'église. [...] Une des raisons par quoi j'ai compris que je n'étais pas un homme d'action, c'est cette classique débâcle des boyaux avant un moment critique. Néanmoins, c'est fini. J'y vais et j'entre directo[3].

Et le voici devant un officier recruteur, un certain William Earl Johns. Par une étonnante coïncidence que les deux hommes ignorent, deux des auteurs les plus célèbres du XXe siècle sont là face à face. Lawrence, dont la grande épopée est sous presses à Oxford, et W. E. Johns, dont le premier livre, *Mossyface*, vient de sortir à Londres, sous le pseudonyme de William Earle (son ouvrage sera commercialisé en septembre). Lawrence/Ross, W. E. Johns/William Earle, décidément, on s'y perd avec toutes ces identités flottantes.

Un peu plus jeune que Lawrence (il est né en 1893), Johns appartient à un milieu social modeste (son père était tailleur). Lui aussi a fait la guerre, dans les Dardanelles et en Grèce, avant d'entrer dans la Royal Flying Corps. Son avion ayant été abattu au-dessus de Mannheim, il a été fait prisonnier par les Allemands. Quand Johns rencontre Lawrence, l'aviateur est à l'aube d'une longue et juteuse carrière littéraire, qui fera de lui, avec plus de cent cinquante livres, un des auteurs pour la jeunesse les plus lus du XXᵉ siècle. Dès 1932, il va créer le personnage d'un pilote-enquêteur, Biggles — presque aussi célèbre que Sherlock Holmes —, dont les quelque cent aventures à travers le monde vont passionner des générations d'adolescents, en Grande-Bretagne et dans son Empire, mais aussi en France, à partir de 1946. Détail amusant : ce Biggles, né en Inde britannique à la fin de l'ère victorienne, est parvenu, comme Lawrence, à entrer dans la Royal Flying Corps sans présenter son certificat de naissance ! Devenu écrivain à temps plein, le père de Biggles s'attribuera bientôt un grade qu'il n'a jamais eu, signant tous ses livres du nom « capitaine W. E. Johns ».

Ce jeune romancier n'est pas tombé de la dernière pluie. Il a l'habitude des têtes brûlées, recherchées par Scotland Yard, qui cherchent à se refaire une virginité dans l'armée. Face à Lawrence, Johns et son assistant sentent tout de suite qu'il y a anguille sous roche. Cette demi-portion leur cache quelque chose, à l'évidence. La preuve : son dossier est lacunaire, puisqu'il y manque un certificat de naissance. Les recruteurs prient le candidat d'aller sur-le-champ chercher les documents manquants, puis profitent de la parenthèse pour décrocher le téléphone. Eh bien, comme il fallait s'y attendre, aucun John Hume Ross n'est né dans le royaume à la date indiquée. Ce petit rigolo est un imposteur.

Lawrence devra faire appel à ses puissants protecteurs qui, dans l'instant, remontent les bretelles des recruteurs de la RAF. Reste la visite médicale, et elle aussi se passe mal. Les médecins trouvent Lawrence trop petit et trop vieux (bien qu'il se soit rajeuni). Son corps porte de nombreuses et singulières cicatrices, et sa dentition montre que le candidat Ross est en mauvaise santé et ne mange pas à sa faim, si tant est que cet anorexique ait jamais envie de manger. Et il ne s'est pas vraiment remis de son accident d'avion à Rome. De nouvelles interventions en haut lieu seront nécessaires pour que le colonel Lawrence, enfin déclaré bon pour le service, puisse devenir, après les coups de tampon et signatures d'usage, le soldat de 2ᵉ classe Ross, matricule 352 087. La RAF l'expédie, sans plus tarder, faire ses classes au dépôt d'Uxbridge, à une vingtaine de kilomètres du centre de Londres, où il devra rester jusqu'en décembre. Comme d'habitude, Lawrence est parvenu à ses fins, prouvant en même temps qu'il n'est pas trop difficile pour un colonel de devenir simple soldat. L'inverse doit, sans aucun doute, être moins facile.

Le livre sur la RAF, *La Matrice* (*The Mint*), sera bel et bien écrit, mais publié à titre posthume. Au lieu d'être, comme l'espéraient les naïfs, une épopée en l'honneur de la jeune RAF, l'ouvrage est à la fois une méditation sur sa vie sous l'uniforme et un subtil brûlot, l'armée, vue de la base, y étant présentée comme « un broyeur » où, pourtant, le soldat Ross se sent bien. Ce qui n'empêche pas l'auteur, à son habitude, de brosser quelques portraits vachards des petits chefs, dont la seule raison de vivre semble être d'illustrer — du chant du coq au couvre-feu, des brimades au nettoyage des latrines —, ce qui fut le principal sujet d'étude de Flaubert, la bêtise humaine. Pour autant, l'écrivain Lawrence, qui reste en communion lyrique avec le cosmos et lit Thucydide, Antoine de La Sale ou Marot dans le texte, ne se sent pas un instant déclassé au milieu de ces gens frustes portés sur les plaisirs vulgaires que lui a toujours refusés : la bouffe, la bouteille, le sexe et le ballon rond :

Leurs yeux, si simples, tournés vers l'extérieur ; leur vie, naturelle ; leurs indigentes imaginations qui ne hersent ni ne moissonnent les bas-fonds de l'esprit ; tout cela les expose, comme jachères, aux influences de l'air. En été, nous appartenons aisément au soleil. En hiver, nous luttons, sans défense, le long des routes, harcelés du vent, de la pluie, tant que bientôt nous voici pluie et vent. [...] Partout, des affinités : désormais je ne suis plus seul[4].

Lawrence griffonnera les premières pages de *La Matrice* à Uxbridge, puis peaufinera son manuscrit au fil du temps, en particulier pendant ses années aux Indes. Il paraîtra chez Doubleday, aux États-

Unis, en 1936, mais dans une édition hors commerce tirée à cinquante exemplaires. Pourquoi, d'ailleurs, ce titre étrange, *La Matrice* ? L'écrivain, linguiste et professeur de littérature comparée Étiemble, qui l'a traduit en français en 1955, l'explique avec beaucoup de clarté :

> *The Mint*, en Angleterre, c'est l'Hôtel des Monnaies. *To mint*, c'est battre monnaie : c'est frapper une pièce, une médaille. Avec une matière première un peu hétérogène, la R.A.F. se propose de fabriquer des soldats interchangeables, aussi proches l'un de l'autre que pièces de même frappe. La R.A.F. est pourtant, d'un autre point de vue, la faiseuse d'hommes que T. E. [Lawrence] sut aimer en elle. Il m'a donc paru qu'un seul mot français, *matrice*, correspondait aux intentions de T. E. En langage d'imprimeur, la *matrice* désigne un moule en creux qui donne du relief par le moyen de la fonte ; en termes de monnaies, les carrés originaux qu'on travaille avec le poinçon : plus généralement, tout dessin est une *matrice*, qui, soit en creux, soit en relief, a pour fonction de produire des dessins identiques ; puisque la *matrice* désigne aussi l'organe où la femme nourrit les futurs hommes, va pour *matrice*[5] !

Si l'on en croit ce singulier et difficile récit, la première soirée passée à Uxbridge a ressemblé à une descente aux enfers, du moins pour quelqu'un comme Lawrence qui aime le confort, apprécie les bains chauds, s'interdit tout contact physique et déteste la promiscuité.

> À dix heures la porte battit, grande ouverte, un torrent d'autres types entra, des habitués qui étaient là depuis quelques jours et y avaient gagné une apparente assurance. Leur nervosité, ils la combattaient à force de bruit, de bavardage, de *Swanee River* modulé sur l'harmonica, de mêlées confuses, de plaisanteries, de jeux de mains. [...] Puis de nouveau les parlo-

tes, le rire idiot, cette feintise d'un immense plaisir à propos d'une pauvre astuce. Tandis que rapidement ils se déshabillaient pour se coucher, un remugle de corps le disputait à la bière et au tabac pour la maîtrise de la pièce. [...] Notre baraque-refuge devenait libertine, brutale, forte en gueule et crasseuse[6].

Après quelques semaines à Uxbridge, Lawrence se retrouve, dès le début novembre, à l'école de photographie de la RAF à Farnborough, dans le Hampshire. Ce qui ne manque pas de sel quand on sait qu'il est, depuis sa petite enfance, un passionné de photographie et a lui-même réalisé, avec un art consommé, les meilleurs clichés de la révolte arabe. Pour l'heure, il doit surtout se méfier des photographes de presse. Quelqu'un, en effet, a vendu la mèche (lui-même peut-être, car Lawrence est souvent fort naïf dans ses rapports avec les rédacteurs en chef). Et l'information est publiée à la une du *Daily Express*, le 27 décembre : le célèbre Lawrence d'Arabie est devenu simple soldat à la RAF. Dès le lendemain, tout *Fleet Street* est sur les dents. Le soldat Ross n'aura vécu que quelques semaines.

Embarrassé, Hugh Trenchard n'a d'autre solution que de mettre fin à l'engagement de son protégé, car cette révélation met en porte-à-faux les supérieurs hiérarchiques de Lawrence à Farnborough. Comment pourraient-ils continuer à donner des ordres au fameux colonel Lawrence ? Le divorce interviendra en janvier 1923, malgré les protestations de l'intéressé, qui se réfugie d'abord dans un hôtel, puis rejoint le grenier de Westminster que lui prête son ami architecte Baker. Cette fois, il semble vraiment au plus bas, mais, comme toujours, se remet vite. Puisque la RAF ne veut plus de lui pour l'instant — mais il n'a pas dit son dernier mot —, le voilà qui rejoint l'armée de terre, le 12 mars, au camp de Bovington, la capitale des blindés, dans le Dorset, entre Dorchester et Wareham. Il restera plus de deux ans dans la Royal Tank Corps. Exit le soldat Ross, qui se fait désormais appeler T. E. Shaw. Choisit-il ce patronyme par déférence pour Bernard Shaw ? Non, car celui-ci n'était pas alors un de ses proches. C'est le hasard qui, en l'occurrence, en décida.*

Ces longs mois à Bovington (mars 1923-juillet 1925) seront pour lui difficiles. Il n'en parle même pas dans *La Matrice*. C'est qu'il ne se remet pas de son limogeage de la RAF. Non qu'il devienne soudain inactif. Il continue à lire, à envoyer de longues lettres à ses correspondants et à préparer le financement des *Sept Piliers de la sagesse*, bref à avoir une intense activité littéraire et intellectuelle. Partout où il passe, il en impose par sa gentillesse, sa générosité, sa psychologie, son sens de l'humour et son charisme. Son accent d'Oxford et son lexique raffiné ne trompent personne, mais, à l'inverse de ce que l'on pourrait croire, Lawrence n'aura jamais à souffrir de ses camarades de chambrée. Bons bougres, ceux-ci évitent de jurer ou de raconter des histoires salaces en sa présence. Informés de sa véritable identité, ils se montrent même plutôt flattés de vivre à ses côtés.

Et puis, Bovington présente des avantages. L'écrivain Thomas Hardy vit, justement, à proximité, dans sa belle demeure de *Max Gate* (Hardy a eu une formation d'architecte), près de Bockhampton, sa ville natale. Alors âgé de quatre-vingt-trois ans, il est l'auteur de romans qui ont fait scandale, comme *Loin de la foule déchaînée, Tess d'Urberville* et *Jude l'Obscur*. Ce qui n'est pas pour déplaire à Lawrence, qui aime les transgresseurs. Il se fait inviter à Max Gate dès le 29 mars (il deviendra très vite un fréquent visiteur de Thomas Hardy et de sa femme Florence). Si bien que, même dans son uniforme kaki qu'il déteste, il continue à avoir une vie sociale bien remplie, en marge d'une activité professionnelle sans éclat, puisqu'il est magasinier. Les Hardy ne sont pas les seuls à figurer sur son agenda ou son carnet d'adresses. On y trouve aussi, par exemple, Charles Doughty, E. M. Forster, John Buchan, Edward Garnett et son fils David, Lionel Curtis et les Shaw, lesquels vivent dans le Hertfordshire, au nord de Londres, dans une bourgade curieusement appelée Ayot Saint Lawrence. Bref, il peut ainsi, avec une belle souplesse, passer de la saucisse au rôti d'agneau à la menthe, de la cantine des tankistes aux dîners en ville. Ce qui ne change pas grand-chose pour lui, puisqu'il grignote plus qu'il ne mange. Il aime s'évader ainsi dans la riante campagne, où les privilégiés, qui se veulent proches du terroir, s'exilent dans quelque manoir serti dans un décor virgilien. Pour Lawrence, la distance — géographique ou sociale — n'est pas un obstacle. Il se rend même souvent à Londres, où il peut gérer ses affaires et rencontrer les puissants, avant de retrouver, à Bovington, les prolétaires de sa chambrée.

À l'en croire, il dispose de beaucoup de temps

libre. En bon hyperactif, il est toujours en mouvement, comme s'il incarnait la phrase de Montaigne : « Le monde n'est qu'une branloire pérenne [...] La constance même n'est autre chose qu'un branle languissant[7]. » Lawrence donne cependant l'impression de ne rien faire, alors qu'il a sans cesse un nouveau projet en chantier. Ainsi, il demande à Edward Garnett de lui confier des traductions. Celui-ci lui fait parvenir un roman français, *Le Gigantesque : roman d'un arbre*, publié en 1922 par Eugène Fasquelle, l'éditeur de Flaubert, Zola et Maupassant. Le livre, qui raconte l'histoire d'un séquoia millénaire, est l'œuvre d'un auteur d'origine roumaine peu connu, même en France, Adrien Le Corbeau (1886-1932). Le roman ennuie Lawrence, mais il s'exécute sur-le-champ, en quelques semaines (l'ouvrage sera publié, en 1924, chez Jonathan Cape[*]). Ce livre ne figure dans l'histoire de la littérature qu'à un seul titre : avoir eu T. E. Lawrence comme traducteur (même si celui-ci signa son travail de son ancien nom dans la RAF, J. H. Ross). Il enverra la totalité de ses droits de traducteur à un de ses anciens camarades de la RAF, dont la famille est dans le besoin. Il accepte aussi de traduire *Sturly*, un roman de Pierre Custot publié par Grasset mais, peu satisfait du résultat, brûle son travail. Il veut désormais traduire un de ses livres préférés, *Salammbô* de Flaubert, mais ce projet, comme beaucoup d'autres, sera abandonné.

---

* Grâce à Jeremy Wilson, une édition bilingue a été publiée en 2004 (Fordingbridge : Castle Hill Press). C'est un exemple rare d'un roman français introuvable en France, mais disponible en Angleterre.

C'est aussi pendant son séjour à Bovington qu'il commence à s'intéresser à *Clouds Hill*, une maison en brique, du début du XIXᵉ siècle, qui se niche dans la verdure, à deux kilomètres du camp, près de la demeure familiale d'un de ses camarades tankistes, le sergent Knowles. Ce n'est pas un manoir, mais pas une masure non plus. Humide, pas d'eau courante, mais l'étage, avec ses poutres apparentes, a beaucoup de charme. Par un curieux hasard, la maison appartient à un lointain cousin de son père. Lawrence en fera, au fil du temps, sa maison. Il la loue d'abord pour un prix symbolique (car ce grand bricoleur s'est engagé à la restaurer), et finit par l'acheter, en 1929.

Sa vie d'écrivain-traducteur-éditeur-soldat devient, dès lors, plus facile : Lawrence a désormais un point de chute, où il va ranger ses livres, recevoir ses amis et écouter des disques sur son gramophone. Facile de s'y réfugier, sur sa moto Brough Superior. Lawrence est déjà connu pour rouler à tombeau ouvert. Amour adolescent de la vitesse ou envie d'en finir, une fois pour toutes, comme le laissent entendre certaines de ses lettres ? Avec lui, on n'est jamais sûr de rien, puisqu'il dit tout et son contraire. Mais son état mélancolique inquiète sa garde rapprochée. À tort sans doute, car l'abattement présumé de Lawrence est à éclipses. Alors qu'on le dit très dépressif, il consacre, avec un bel optimisme financier, sa formidable énergie à l'« édition des souscripteurs », aidé en cela par son ami banquier Robin Buxton qui a jadis combattu comme méhariste à ses côtés, en Arabie.

Mais son état mental — vrai ou exagéré, difficile

à dire — commence à inquiéter en haut lieu. Le suicide de Lawrence d'Arabie, réduit à une vie misérable dans une caserne de blindés, ferait mauvais effet dans la presse. Le public en conclurait qu'un gouvernement indigne a laissé dépérir et quasiment mourir de faim un des plus brillants héros de la guerre et un des meilleurs serviteurs de l'Empire. Une telle nouvelle choquerait d'autant plus les Britanniques que l'Américain Lowell Thomas vient de publier à Londres, au mois de mai, l'édition anglaise de son best-seller sur « le roi sans couronne » (*With Lawrence in Arabia*), plus proche de la fiction que de l'histoire. Les journalistes feraient leurs choux gras d'une telle tragédie, dont les conséquences politiques pourraient être catastrophiques. Mis au pied du mur, le Premier ministre conservateur Stanley Baldwin, cousin germain de Kipling, comprend qu'il faut sauver le soldat Shaw (il n'est pas à exclure que son chancelier de l'Échiquier, Winston Churchill, ait joué un rôle dans cette prise de conscience). Baldwin prend la décision que les événements lui imposent : ce casse-pieds de Lawrence doit être, sans délai, réintégré dans la RAF, puisque tel est son souhait. C'est le seul exemple connu d'un 2ᵉ classe qui ait imposé sa volonté à un Premier ministre.

Intermède indien

Quelques jours après sa réintégration, le soldat Shaw, qui a enfin récupéré l'uniforme bleu de la RAF, se retrouve à l'école des cadets, à Cranwell, dans le Lincolnshire. C'est avec un enthousiasme renouvelé qu'il aborde enfin la dernière ligne droite, celle qui va le conduire à l'édition tant attendue des souscripteurs. Presque toute l'année 1926 y sera consacrée. Une fois de plus, Lawrence est sur tous les fronts, car il doit, dans le même temps, terminer pour Jonathan Cape le *digest* grand public qui va lui permettre de combler le déficit annoncé des *Sept Piliers de la sagesse*. Tout traîne, l'arrivée des épreuves, celle des illustrations et même des cartes, ce qui le contraint à se rendre — à moto — chez Bartholemew's, à Édimbourg. Il est d'autant plus pressé par le temps qu'il apprend, en mai, que la RAF a décidé de l'envoyer aux Indes à la fin de l'année. Il faut faire vite. Par chance, saint Jean Porte latine, protecteur des typographes et des imprimeurs, veille. Les premiers exemplaires sont livrés en novembre. Juste à temps, puisque Lawrence monte le 7 décembre sur le *Derbyshire* qui va le conduire dans le nord-ouest de l'Inde britannique. Long et épuisant voyage d'un mois sur un bateau surpeuplé, mais qui lui permettra de descendre quelques heures à Port-Saïd pour y saluer son vieil ami Newcombe.

Commence alors ce qui est sans doute le chapitre le plus singulier de sa vie. Le voici dans ce qui est la perle de l'Empire, le Joyau de la Couronne, au cœur d'une des plus anciennes civilisations. De l'Himalaya au cap Comorin, des frontières de l'Afghanistan à celles de la Birmanie, cette terre regorge de sites archéologiques, de monuments construits, au fil des siècles, par ceux qui ont voulu laisser leur trace dans l'histoire. Toutes les religions y sont présentes, l'hindouisme, le christianisme, le bouddhisme, l'islam, et même le parsisme, jadis fondé par les disciples de ce Zoroastre cher à Nietzsche. Paradis des linguistes, on y parle plus de mille six cents langues ou dialectes. Bref, les Indes ont tout *a priori* pour séduire Lawrence : l'histoire, les déserts, les sites archéologiques, les forteresses, l'architecture arabo-persane, les philosophies sur lesquelles se fondent les religions. C'est, de plus, le pays de Kipling — écrivain que Lawrence a rencontré —, le pays où Churchill s'est illustré à la fin du XIXe siècle, celui où son frère Will a vécu avant de venir trouver la mort en France, celui qui a donné naissance au roman du grand E. M. Forster, *La Route des Indes* (1924), et celui encore où son ami Herbert Baker a travaillé, comme architecte, à la création de la Nouvelle Delhi. Et puis, n'est-ce pas surtout pour ce pays que Lawrence s'est battu sur les bords de la mer Rouge, puisque la priorité était de protéger cette fameuse route des Indes ?

Or, c'est le contraire qui se produira. Lawrence va, certes, passer deux ans dans le sous-continent, à Karachi d'abord, le port de 120 000 habitants situé sur la mer d'Oman, puis, à partir de mai 1928, dans le nord du Waziristan, à la frontière de l'Afghanistan*. Une nouvelle aventure, pleine de découvertes, débute-t-elle donc pour lui en janvier 1927 ? Non, car il décide vite, et une fois pour toutes, que ce pays n'a pas grand-chose à offrir ou, en tout cas, à lui offrir. Lui qui ne tient pas en place ne visitera pas le pays. Il est pourtant là dans le Sind, sur les bords de l'Indus, où s'est développée une des plus anciennes civilisations du monde, et le site de Mohenjo-Daro, découvert en 1920, est alors, il le sait, fouillé par des archéologues. Ce site majeur est, certes, à cinq cent soixante kilomètres de Karachi, mais naguère, en Arabie ou en Europe, cette distance ne l'impressionnait pas. De même, lui qui aime les langues aurait pu se frotter au sindhi ou à l'ourdou, qui recèlent bien des mots arabes et s'écrivent en caractères arabes. Le désert, dont il s'est naguère fait le chantre, est là, tout près, et ses amis les chameaux ne demanderaient qu'à le conduire où il veut. Il est de nouveau en terre musulmane, mais les religions, quelles qu'elles soient, ne l'intéressent pas. Ce n'est pas pour leurs croyances qu'il appréciait les Bédouins.

Ayant mis le monde extérieur entre parenthèses, il vit à Karachi comme s'il était en Angleterre. Pour

_____

* Karachi et le Waziristan se trouvent dans l'actuel Pakistan.

tout arranger, il n'aime pas les *sahibs** de l'Inde britannique, qui se sentent supérieurs. Il se méfiait déjà de cette espèce-là en Arabie, s'opposant plus d'une fois à la politique coloniale des Anglo-Indiens, qui avaient des visées sur la Mésopotamie. Bien que fervent nationaliste, Lawrence a toujours dit que les jours du colonialisme étaient comptés. Justement, la période où il vit en Inde aurait pu susciter chez lui quelques commentaires, mais il n'en sera rien. Le nouveau vice-roi est lord Irwin, né Edward Wood et futur comte d'Halifax (les identités flottantes sont une des spécialités de l'Angleterre). Cet ami d'Arthur Balfour, ancien d'Oxford — et lui aussi *Fellow* de All Souls (comme son prédécesseur Curzon) —, est arrivé dans le pays en avril 1926, quelques mois avant Lawrence, et il se heurte vite aux nationalistes indiens, dont un certain Gandhi. Peu de temps après l'arrivée de Lawrence, le vice-roi passera au dépôt de la RAF de Drigh Road, qui dispose d'un aérodrome, en se rendant au Yacht Club de Karachi.

De janvier 1927 à mai 1928, Lawrence se trouve d'abord posté à Drigh Road, à une douzaine de kilomètres de la ville. L'Inde britannique voit alors se développer l'aviation, mais celle-ci est encore embryonnaire. Les premiers sauts de puce dans l'air ont eu lieu en 1910, et les vols commerciaux n'ont guère commencé qu'en décembre 1912 (Karachi-Delhi puis, un peu plus tard, Karachi-Madras et

---

* Mot d'origine arabe à connotation valorisante ou honorifique, signifiant « compagnon », voire « compagnon du Prophète ». À l'époque coloniale, il désignait surtout les Européens.

244

Karachi-Bombay), mais l'aviation militaire est déjà très présente. Drigh Road Station est le lieu où les mécanos de la RAF révisent et entretiennent les appareils. C'est un domaine où Lawrence pourrait exceller, car il adore les moteurs mais, souffrant du poignet droit à la suite d'une chute de moto, quelques mois auparavant, il doit pour l'heure se contenter de tenir des registres, un travail de secrétariat, en somme.

La RAF, pourtant, a bien fait les choses : janvier est le mois idéal pour arriver à Karachi. Même si le taux d'humidité reste fort, la température oscille alors entre quatorze et vingt-cinq degrés. Lawrence a beaucoup de temps libre, puisque, comme c'est souvent le cas dans les pays tropicaux, il termine son service sur le coup de 13 heures et dispose de permissions, qu'il passe dans ce camp, qu'il trouve pourtant lugubre. Depuis 1878, Karachi est reliée par le train au reste du sous-continent indien. Même sans sa bicyclette ou sa moto, Lawrence aurait pu profiter un peu de son long séjour pour découvrir sinon le pays, du moins la partie méridionale de la vallée de l'Indus. S'il ne bouge pas, il lit beaucoup, mais rien n'indique qu'il a alors lu les livres sur le Sind écrits par un de ses illustres prédécesseurs à Karachi, Richard Burton, par ailleurs fin connaisseur des lupanars de la ville. Le soldat Shaw écrit des lettres, travaille à *La Matrice*, potasse son grec, écoute de la musique classique — il aime Beethoven, Bach, Purcell et l'auteur de l'hymne célèbre *Land of Hope and Glory*, Edward Elgar (qu'il rencontrera en septembre 1932). Et puis, et surtout, il attend le courrier, qui, le plus souvent, lui apporte de bonnes nouvelles.

La réception des *Sept Piliers de la sagesse* est, en effet, excellente. Les souscripteurs sont ravis. L'exposition des illustrations de son livre, organisée à Londres par Eric Kennington, est un formidable succès. Robert Graves prépare sa biographie, *Lawrence et les Arabes,* qui paraît en décembre 1927 (trop vite écrite, elle s'avère très décevante). *La Révolte du désert,* paru en mars, se vend comme des petits pains aux États-Unis et en Angleterre. Le déficit de « l'édition des souscripteurs » sera vite comblé, ce qui ravit son auteur, lequel a dû hypothéquer ses biens pour la publier. Cependant, comme Lawrence ne veut toujours pas gagner un centime sur ses aventures arabes, il décide que l'argent en trop — et il y en aura, à l'évidence — sera versé aux bonnes œuvres de la RAF. Puis il interdit soudain à son éditeur anglais de procéder à un nouveau tirage. Dans ce domaine comme dans d'autres, il ne fait rien comme tout le monde. Tous les auteurs aiment être là quand un de leurs livres sort des presses et quand les comptes rendus commencent à apparaître dans les journaux. Rares sont ceux qui ne se réjouissent pas, quoi qu'ils en disent, quand de formidables royalties sont annoncées. Encore plus rares sont les écrivains qui interdisent à leur éditeur de procéder à une réimpression.

Lui suit tout cela mais de très loin, de Karachi, où lui parviennent chaque semaine les lettres de ses nombreux correspondants, accompagnées de coupures de presse. Ses camarades de la base se doutent bien de quelque chose. Comment expliquer sinon que le soldat Shaw (cette identité deviendra légalement la sienne cette année-là) reçoive un courrier de ministre, des monceaux de colis et des flopées de télégrammes ? Ils ne peuvent cependant imaginer que cet humble et souriant soldat, préposé à la paperasserie et tirant le diable par la queue comme un frère prêcheur, est en contact permanent avec Hugh Trenchard, le patron de la RAF, Winston Churchill, le chancelier de l'Échiquier, le général Allenby, le colonel Archibald Wavell, E. M. Forster, Bernard Shaw et Thomas Hardy, si tant est que ces trois derniers noms leur disent quelque chose. Il reçoit aussi des propositions pour des séries de conférences, grassement payées, ou pour des emplois prestigieux. Tout cela ne l'intéresse pas. Il prévoit déjà, ou du moins le dit-il, qu'il sera concierge ou gardien de nuit quand il quittera la RAF. Une profession rêvée pour un écrivain qui aime la tranquillité et ne cherche pas à vivre de ses droits d'auteur.

Les envois de livres deviennent encore plus nombreux quand Lawrence décide d'accepter la proposition du *Spectator* d'écrire des recensions d'ouvrages. Sa première chronique, consacrée à… D. H. Lawrence, l'auteur de *L'Amant de Lady Chatterley*, sera publiée le 6 août 1927 sous la discrète signature de C. D. (C. D. pour Colin Dale, une identité de plus, en l'occurrence un clin d'œil à la station de métro Colindale, ouverte à Londres, en 1924).

Certains projets avortés en disent parfois plus long sur leurs auteurs que les livres qu'ils publient. C'est le cas de la biographie du nationaliste irlandais Roger Casement, que Lawrence envisage d'écrire. Gallois par la naissance, anglais par le sang, Lawrence revendique aussi, à l'occasion, une ascendance irlandaise, surtout depuis qu'il fréquente Bernard Shaw (en 1932, il acceptera même, à la demande de l'écrivain W. B. Yeats, de devenir membre associé de l'académie irlandaise des Lettres). Or, le cas de Casement l'intéresse et le touche. Cet Irlandais a été consul, c'est-à-dire représentant de Sa Majesté, en Afrique australe, au Congo belge où il rencontra Conrad, et en Amérique latine, où il s'est fait le défenseur des autochtones et le sévère critique du colonialisme primaire. Il s'est converti au nationalisme irlandais, puis a pris fait et cause pour les Allemands pendant la guerre. Arrêté par les Anglais peu après avoir débarqué en Irlande, en avril 1916 — à la veille de la fameuse insurrection de Pâques —, il fut jugé, condamné à mort et pendu à Londres, malgré les demandes de clémence d'écrivains comme G. K. Chesterton et Conan Doyle (lequel connaissait bien le condamné). Le dossier à charge était d'autant plus lourd que la Cour évoqua ces fameux *Carnets noirs*, que l'on disait alors apocryphes, où Casement racontait, sans pudeur excessive, ses aventures avec des hommes. Le « vice allemand », fût-il commis par un Irlandais, ne pouvait être, en pleine guerre, qu'une circonstance aggravante.

Pourquoi Lawrence s'intéresse-t-il à lui ? Sans doute parce qu'il le considère, malgré tout, comme un héros, non comme un traître, puisque Casement était irlandais. Pas plus que lui, au fond, n'est un traître de la cause arabe, puisqu'il est anglais. De plus, le côté aventurier, rebelle et transgresseur de l'homme, pourtant allié aux Allemands, en fait en quelque sorte un proche de Lawrence. Plus tard, l'écrivain abandonnera ce projet de biographie, quand il apprendra qu'il lui sera, de toute façon, interdit de consulter les *Carnets noirs* de Casement. Lawrence n'écrira pas sa tragédie irlandaise, que le Français Pierre Benoit avait, dès 1922, mise en scène dans son roman *La Chaussée des Géants*. Il ne cessera, cependant, de s'intéresser aux écrits des anciens combattants, surtout ceux qui condamnent la boucherie de la guerre : Robert Graves, le poète Siegfried Sassoon, ou encore l'auteur anonyme d'un livre au titre shakespearien, *Her Privates We** (1929), l'Australien Frederick Manning, qui le précédera de quelques semaines dans la tombe.

La mort de son mentor David Hogarth, le 6 novembre, le touche en profondeur car il sait que, sans celui-ci, sa vie aurait été bien différente. Certes, ce vieil ami avait soixante-cinq ans — ce qui paraît la fin de la vie quand on en a quarante —, mais l'âge d'un être aimé qui meurt n'atténue en rien la douleur de sa disparition. Lawrence le connaissait depuis près de vingt ans, lui devait sa carrière d'archéologue, ses années heureuses à Karkemish, sa mission au Sinaï, son poste au Bureau arabe et tous les coups de pouce qu'il n'avait cessé de lui donner en Angleterre, depuis leur première rencontre à Oxford, ou en Égypte, quand il travaillait pour les services de renseignement. Hogarth, en somme, était, comme disait François Villon, son « plus que père ». Lawrence perd celui qui lui a montré la route de l'Orient et lui a ouvert tant de portes, grâce

---

* Ce titre mystérieux est une citation de *Hamlet* (Acte 2, scène 2). Manning joue, lui aussi, sur le double sens de *privates* (*simples soldats* et *organes génitaux*). L'édition intégrale de ce livre ne parut qu'en 1977.

à son carnet d'adresses et ses appuis à la Royal Geographical Society, dont il a été président. Cette disparition le frappe d'autant plus qu'il se trouve alors au bout du monde. Depuis une douzaine d'années, la cohorte des fantômes qui l'accompagnent, où qu'il soit, ne cesse de grossir : ses frères Frank et Will, son ami Dahoum, Aubrey Herbert, son propre père, le poète James Elroy Flecker, Charles Doughty, Gertrude Bell et maintenant David Hogarth, sans compter tous les anonymes morts à ses côtés, au Hedjaz ou en Syrie. La mort de Hogarth et l'éloignement de l'Angleterre font soudain renaître les années heureuses d'Oxford. C'est, d'ailleurs, quelques jours plus tard que Lawrence envoie à Charlotte Shaw un de ses petits trésors, l'anthologie de poèmes qu'il recopie, au gré de son humeur, depuis 1919. Pas les grandes œuvres, non, elles sont connues de tous, mais ce « frisson sur de la mousse » que sont ces textes dits mineurs — d'où leur titre, *Minorities*. On y retrouve, par exemple, des textes de William Morris et Siegfried Sassoon. Éditée par Jeremy Wilson, cette anthologie de cent douze poèmes sera publiée par Jonathan Cape, en 1971.

1927 se termine ainsi sur une note de deuil et de nostalgie, et les fêtes de Noël — simple occasion de beuverie pour ses camarades — ne sont pas faites pour remonter le moral de Lawrence. L'année 1928 prend la sinistre relève : à Max Gate, le 11 janvier, Thomas Hardy meurt à son tour, en dictant un poème à sa femme Florence. Cet écrivain, il est vrai, appartenait à une autre génération, comme Charles Doughty, alors que David Hogarth, lui, n'avait pas d'âge. Une nouvelle page se tourne.

L'année 1928, aussi mal commencée que la précédente a mal fini, va cependant permettre à l'expatrié de retourner à ses anciennes amours, la littérature grecque. Un éditeur lui propose, en effet, de réaliser une nouvelle traduction de *L'Odyssée* d'Homère, un de ses livres de chevet, même à Karachi. L'idée l'enchante, car elle lui permettrait de se confronter à cette grande œuvre, comme l'ont fait, quelques années plus tôt, les écrivains William Morris et Samuel Butler. Et puis, la première traduction en anglais de *L'Odyssée*, au début du XVIIe siècle, n'était-elle pas signée du dramaturge George Chapman ? Un lointain parent peut-être... Rien ne presse. Il faut d'abord terminer *La Matrice* avant de se lancer dans cet ambitieux projet.

Lawrence ne compte pas rester dans le Sind. Or, il connaît bien, depuis ses années en Orient, le nouveau haut responsable de la RAF en Inde britannique, le général Geoffrey Salmond (qui, en 1933, quelques jours avant de mourir, sera nommé chef d'état-major de l'armée de l'Air). Lawrence lui demande de le transférer au bout du monde, à la frontière du nord-ouest, par exemple. Non que la vie à Drigh Road lui déplaise — à condition d'oublier qu'il est aux Indes, il a fini par s'y habituer —, mais il sent monter une sourde hostilité envers lui chez certains officiers et craint pour son incognito. Ses désirs étant des ordres, le voilà muté dans une bourgade perdue du Waziristan — le territoire des redoutées tribus Wazir —, à la frontière afghane, où l'on parle le pachto, une langue indoiranienne, ce qui laisse Lawrence indifférent, puisqu'il déteste les parlers indiens.

Fin mai, il quitte Karachi pour le fort de Miran-shah, via Peshawar. Un personnage mythique arrive dans une région qui, elle-même, fait partie d'un mythe, celui de la Frontière. Car, quand les Anglo-Indiens parlent de la Frontière (la majuscule s'impose), cela signifie toujours cette grande frontière du nord-ouest, ce territoire du sud de l'Himalaya occidental, coincé entre l'Hindu Kuch et le fleuve Indus, région dont la plus grande ville est Peshawar, dont le seul nom faisait rêver les victoriens. C'est par là que passèrent jadis les Scythes, les Indo-Européens et les Moghols. Même Alexandre le Grand, venu de Babylone, aurait emprunté la route de Kaboul à Peshawar pour se rendre aux Indes. À cette réalité historique s'ajoute un élément ethnique : c'est là, dans ces montagnes, que vivent les fameux Pathans, qui effrayaient et fascinaient les Anglo-Indiens. Pendant des décennies, un Britannique incarna cet amour ambivalent pour la région, sir Olaf Caroe. Ancien élève de Winchester College, ancien étudiant en langues classiques à Oxford, proche des Pathans musulmans, dont il parlait le dialecte, membre de l'Indian Political Service à l'époque où Lawrence était aux Indes, Caroe consacra à l'étude de la Frontière soixante ans de sa vie. Les points communs ne manquent pas entre lui et Lawrence, chacun s'étant fait le champion de son ethnie préférée, les Pathans pour l'un, les Bédouins pour l'autre.

La frontière du nord-ouest occupait une position stratégique car, au XIXe siècle, les Russes rêvaient d'atteindre les mers chaudes et, disait-on, de conquérir les Indes. L'Afghanistan en soi n'intéressait pas la Grande-Bretagne, mais ce vaste pays était le seul territoire qui séparait l'Inde britannique de la Russie. Dès lors, garder un œil sur cet État-tampon était essentiel. Des guerres et des escarmouches ponctuèrent les années 1838-1920. Le siège de Malakand, en juillet-août 1897, qui opposa aux Pathans les Britanniques et les Sikhs, est entré dans l'histoire littéraire grâce à un attaché de presse de vingt-deux ans, qui couvrait les opérations pour le *Daily Telegraph*, le lieutenant Winston Churchill, lequel en fit ensuite le sujet de son tout premier livre, *The Story of the Malakand Field Force* (1898).

La situation était plus calme dans les années vingt, mais un rien pouvait, à tout moment, remettre le feu aux poudres, en particulier dans le Waziristan, au sud-ouest de Peshawar. C'est pourquoi la RAF y avait établi, à quelques kilomètres de la frontière afghane (qui ne signifiait rien pour les tribus locales), une petite garnison d'une trentaine de Britanniques et de quelques centaines d'Indiens, cantonnés dans le fort bien protégé de Miranshah. À l'intérieur d'un périmètre sécurisé se trouvait un aérodrome, d'où décollaient, à l'occasion, les appareils chargés de bombarder les villages rebelles.

Comme des trappistes claquemurés dans leur monastère, les soldats ne peuvent s'aventurer à l'extérieur du camp, ce qui arrange bien Lawrence. La vraie vie, pour lui, est intérieure. Protégée de barbelés, l'enceinte du fort est sertie dans un des plus séduisants paysages de l'Inde, pays plat et donc assez terne, mais dont la beauté, du côté de l'Himalaya, atteint au sublime. Lawrence y sera de nouveau secrétaire-dactylographe, mais aussi vague-

mestre, rinceur de bouteilles, bibliothécaire, homme
à tout faire en somme, et traducteur de *L'Odyssée*,
car il s'est mis au travail, bien qu'il n'ait pas encore
signé de contrat (ce sera fait en octobre). La vérité
est qu'il a hésité à se lancer dans cette lourde tâche
de traduction dont, il le sait, les universitaires,
crayon rouge à la main, feraient des gorges chaudes si elle venait à voir le jour. Homère est la
chasse gardée des hellénistes. Or, dans ce domaine
comme dans d'autres, Lawrence n'est qu'un amateur, au sens étymologique du terme, et il travaille
sans filet, car au Waziristan les bibliothèques sont
aussi rares que les chapelles romanes. Justement,
ce qui lui manque vraiment c'est un gramophone
pour écouter des disques de musique classique.
Charlotte Shaw lui en fait parvenir un d'Angleterre, qui arrivera, par une heureuse coïncidence
(car sa protectrice ne pouvait prévoir le délai
d'acheminement d'un colis aussi encombrant), le
jour de son quarantième anniversaire, le 16 août
1928. Le bonheur, en somme... Face à de hautes
montagnes, coupé du monde, luttant parfois contre le froid, menant une existence spartiate mais
riche en plaisirs littéraires et artistiques, Lawrence
est enfin parvenu à échapper à son mythe, ou du
moins le pense-t-il, alors que, depuis des mois, les
journalistes sont sur ses traces...

Une fois de plus, il va pouvoir comparer la dif-
férence entre la réalité objective et les élucubra-
tions journalistiques. La presse, déjà, cherche moins
à informer ses lecteurs qu'à faire la morale et infléchir une politique. Le 30 septembre 1928, le *Sun-
day Express* affirme que Lawrence d'Arabie est

« en mission secrète » en Afghanistan. Des témoins dignes de foi (le contraire aurait surpris) affirment l'avoir vu à Amritsar (où il n'a jamais mis les pieds...) « déguisé en saint musulman pour enquêter sur les activités communistes dans la province ». Bientôt, chaque titre apporte son lot de reportages bidons, d'interviews imaginaires et d'informations « exclusives » (et pour cause, puisqu'elles sont inventées). Bref, c'est *Kim* revu et corrigé par des plumitifs qui n'ont jamais lu Kipling : Lawrence, ce vil espion à la solde de l'impérialisme britannique, met en péril l'équilibre instable de la région et, par là même, la paix du monde. Même la vertueuse et bien-nommée *Pravda* (la « vérité » en russe) apporte son lot de balivernes sur Lawrence[1].

La politique s'empare de l'affaire et, au nom de l'anti-impérialisme, les amoureux de la paix brûlent à Londres une effigie du détestable espion qui, après avoir mis l'Orient à feu et à sang, s'apprête à renouveler son forfait aux Indes et en Afghanistan. À Kaboul, les représentations diplomatiques de la France, de la Turquie et de la Russie font part de leurs graves inquiétudes. À Delhi, l'entourage du vice-roi formule les plus expresses réserves sur la présence aux Indes d'un personnage aussi sulfureux que Lawrence. Certes, celui-ci n'a jamais quitté le dépôt de Karachi ou le fort de Miransha, mais — l'affaire Dreyfus l'a montré en France — démentir les allégations de la presse revient toujours à les confirmer. Le mal est fait. Hugh Trenchard propose à son protégé une nouvelle affectation (Aden ou la Somalie britannique, par exemple) ou un retour discret en Angleterre. C'est la deuxième solution que choisit Lawrence, qui s'envole bientôt pour Karachi, via Lahore. Le 12 janvier 1929, vêtu en civil, l'espion présumé monte dans le plus grand secret (du moins la RAF le pense-t-elle), sur le *Rajputana* qui, de Bombay, va le ramener en Europe. Il consacre ce long voyage à traduire Homère. En retrouvant la mer Rouge, le canal de Suez et Port-Saïd, le vainqueur d'Aqaba voit l'Orient pour la dernière fois.

Le retour d'Ulysse

En attendant, les salles de rédaction sont en ébullition — les journaux ont toujours des informateurs bien placés —, et à Plymouth, où le *Rajputana* est attendu le 2 février, des hordes de reporters piaffent sur le quai ou dans des chaloupes, attendant l'espion venu, paraît-il, du froid afghan. Lawrence descend du bateau par une échelle de corde. Peine perdue : appareils photos et caméras immortalisent son retour. Une vieille connaissance (rencontrée à la conférence du Caire et retrouvée à Cranwell), le lieutenant-colonel (Wing Commander) Sydney Smith, commandant de la base RAF de Cattewater, le prend aussitôt sous son aile. Par des chemins dérobés, ils gagnent une gare et sautent dans le premier train pour Londres, mais une meute de reporters les attend à Paddington. Après une longue course-poursuite en taxi dans les rues de la capitale, Lawrence retrouve son grenier de Westminster. Et puis, bien sûr, la politique s'en mêle : « À Londres, quelques militants communistes de la Ligue contre l'impérialisme et de la Société d'entraide aux prisonniers de la

257

guerre internationale des classes s'attaquent à lui, brûlent son effigie devant Tower Hill [...]. Des députés aux Communes, amis de la Russie, manifestent[1]. »

Ulysse, en somme, est de retour... C'est chez Hugh Trenchard, qui lui recommande la plus extrême discrétion, que Lawrence passe son premier week-end. Loin d'être « plein d'usage et raison », Lawrence a déjà une curieuse idée en tête : il va se rendre au Parlement et y affronter l'homme qui, quelques jours plus tôt, a stigmatisé à la Chambre son recrutement, sous un faux nom, dans la RAF. Il s'agit du député de Shoreditch, Ernest Thurtle. Les choses ne peuvent en rester là, et Lawrence débarque aux Communes en uniforme. Thurtle, après tout, a le même âge que lui (à quatre années près). Qui plus est, ce député travailliste est, à sa façon, un rebelle ou, en tout cas, un homme courageux, puisqu'il mène, depuis des années, un combat difficile : il veut abolir la peine de mort pour les soldats accusés d'avoir déserté. Malgré toutes leurs différences, les deux hommes ont au moins un point commun : en tant qu'anciens combattants, ils sont bien placés pour savoir combien il est injuste de juger, en temps de paix, un comportement qui s'explique par la violence de la guerre.

Non sans mal, Lawrence réussit à rencontrer Thurtle et à le convaincre qu'il n'a jamais été un espion et que, s'il est entré dans la RAF sous un nom d'emprunt, c'est pour éviter que la presse n'aille mettre le nez dans son passé et ses origines. Une fois de plus, le charme de Lawrence agit, et les deux hommes se quittent bons amis. La rencontre, cependant, n'est pas passée inaperçue, et il devra présenter ses excuses à Trenchard, qui n'a guère apprécié cette visite à la hussarde au Parlement de Londres, alors que la discrétion était de mise. Pas rancunier, le chef de la RAF lui offre, pourtant, une affectation en or : la base de Cattewater[*], celle dont son ami Geoffrey Smith est le commandant. Lawrence devra rejoindre ses nouveaux quartiers à la mi-mars, après une permission de quelques semaines, qu'il met à profit pour voir ses amis parmi lesquels, bien sûr, Winston Churchill et Charlotte Shaw, laquelle s'est arrangée pour qu'il ait à sa disposition une nouvelle moto Brough Superior. Il profite aussi de ces quelques jours pour finaliser enfin l'achat de sa maison de Clouds Hill.

À ce moment de sa vie comme à d'autres, la faculté d'adaptation de Lawrence apparaît pour le moins étonnante. Il passe de Karachi au Waziristan, puis du Waziristan à Plymouth sans déchirement excessif. Mieux : à peine est-il dans un nouvel endroit qu'il reprend, dans l'instant, ses activités littéraires habituelles, comme si de rien n'était. Il est vrai que l'amitié — et même l'affection — que lui porte Geoffrey Smith joue un grand rôle dans son adaptation. La nouvelle recrue passe une partie de son temps libre en sa compagnie, car l'épouse de Smith, Clare Sydney, ne jure également que par lui et publiera en 1940 la chronique de cette amitié.

En mars 1929, Lawrence rencontre une person-

---

[*] Vers la même époque, Cattewater change de nom pour s'appeler Mount Batten (aucun lien avec Lord Mountbatten, patronyme qui est une adaptation de l'allemand Battenberg).

nalité flamboyante, Nancy Astor. Née en Virginie, cette séduisante et richissime Américaine de quarante ans est l'épouse d'un vicomte. Première femme de l'histoire à siéger au Parlement anglais, en 1919 (elle restera députée de Plymouth jusqu'en 1945), elle est — comme son ami Philip Kerr — un membre éminent de l'Église du Christ (Christian Science). Cette originale rejoint vite la garde rapprochée de Lawrence, lequel n'hésite pas — privilège insigne — à la faire monter sur sa moto. Se moquant, tout comme lui, des usages de la bonne société anglaise, à l'aise en toutes circonstances, cette femme impulsive, pleine d'esprit et pétillante de vie, ira, à l'occasion, le relancer à la base Mount Batten. C'est que Lawrence, par son humour, sa gentillesse et son refus des conventions, plaît beaucoup aux dames. Il a, certes, surtout vécu dans un univers masculin, mais bien des femmes ont gravité à sa périphérie : Janet Laurie dans son adolescence, Faridah el-Akle en Syrie, puis Gertrude Bell, Florence Hardy, Charlotte Shaw, Clare Sydney Smith et Nancy Astor. Toutes n'étaient pas de vieilles rombières, puisque certaines d'entre elles, comme Janet ou Faridah, avaient à peu près son âge. Même après sa mort, Lawrence continuera à séduire, comme en témoigne, par exemple, l'essai publié à Buenos Aires par l'intellectuelle Victoria Ocampo[*].

Lawrence aime tout à Plymouth, sauf le climat, et chacun — simples soldats ou officiers — apprécie cet homme discret, compétent, généreux, tou-

[*] Victoria Ocampo, *338 172 T. E. (Lawrence d'Arabie)* (1942), Gallimard/NRF, 1947.

jours souriant, d'humeur égale et humble. C'est avec plaisir qu'il retrouve la mer, celle de son enfance en Bretagne (il ne peut se souvenir des rivages du pays de Galles). Il se sent heureux au milieu des avions, des hydravions et des vedettes, en particulier les vedettes rapides pour les sauvetages en mer. Il donne alors le meilleur de lui-même dans un domaine où il excelle aussi, la mécanique. Bien placé pour se faire entendre des plus hautes autorités, il suggérera des améliorations techniques qui, assurent les spécialistes, permettront, pendant la Seconde Guerre mondiale, de sauver des vies. Geoffrey Smith, qui a fait de lui son bras droit, le charge bientôt de préparer pour le mois de septembre une course d'hydravions, sur cent cinquante milles nautiques. Cette compétition a été créée, en 1912, par un mécène français d'une famille originaire du Creusot, Jacques Schneider, mort l'année précédente. La Coupe doit, cette fois, se dérouler à Calshot, près de Southampton, sous l'égide de la RAF. Tout en poursuivant sa traduction d'Homère, non sans mal — car, avec toutes ses fonctions, il dispose désormais de peu de temps libre —, Lawrence fait preuve, d'avril à septembre, de remarquables qualités d'organisateur, et la compétition se déroule sans accroc. Cerise sur l'hydravion, le trophée sera remporté par un Anglais, H. R. D. Waghorn, pilotant un Supermarine S. 6.

Lawrence a tout de même quelques fidèles ennemis, non à Plymouth, mais dans les hautes sphères du pouvoir. C'est le cas des ministres de l'Air — il n'est pour eux qu'un vulgaire soldat de 1re classe —, Samuel Hoare d'abord puis, depuis juin, un ancien combattant de Palestine, l'Anglo-Indien Christopher Thomson, qui aimerait le rayer des cadres de la RAF. Par une tragique ironie, le destin de ce Thomson se terminera un an plus tard, en octobre 1930, quand le dirigeable, dans lequel le ministre de l'Air a pris place pour gagner Karachi, s'écrase du côté de Beauvais.

Après le trophée Jacques-Schneider, Lawrence a droit à une permission de sept semaines. En profitant pour filer à Londres défendre sa cause à la RAF, il parvient de nouveau à ses fins, car il a de solides appuis. Il rencontre aussi Basil Liddell Hart — un de ses correspondants depuis 1927 —, qui envisage de lui consacrer une biographie (elle verra le jour en 1934). Ce projet est plutôt flatteur. Âgé de trente-quatre ans, le capitaine Liddell Hart, qui a étudié à Cambridge, est alors, entre autres, le correspondant militaire du *Daily Telegraph*. Passionné d'histoire militaire et de lingerie fine (il est, il est vrai, né à Paris), cet esprit cultivé et curieux a déjà signé des livres, par exemple sur Scipion l'Africain et les grandes batailles de l'histoire. Si le capitaine-historien, promis à une très longue carrière, s'intéresse autant à Lawrence, c'est parce que la guerre de mouvement que celui-ci a menée en Arabie — comme le général Paul von Lettow-Vorbeck au Tanganyika — préfigure, selon lui, les combats du futur. La technique de guérilla, pense-t-il, va désormais remplacer le choc frontal des armées.

Avant de regagner la base Mount Batten de Plymouth, Lawrence, non sans quelque déchirement, décide de vendre son terrain de Pole Hill où, depuis 1919, il envisageait de construire une petite maison d'édition avec son ami d'Oxford, Vyvyan Richards. L'argent de la transaction (qui ne sera conclue que l'année suivante) va lui permettre de réaliser des travaux à Clouds Hill, où il entend se retirer quand il quittera la RAF. De retour à Plymouth, il se remet à sa traduction d'Homère.

Le temps passe... Lawrence est très occupé à la base, car il s'intéresse de plus en plus aux vedettes de sauvetage. Comme lorsqu'il était aux Indes, il bouge peu au cours de l'année 1930 car, faute de temps, il peine sur sa traduction d'Homère. Et puis, comme d'habitude, il est confronté à des problèmes d'argent, ce qui n'est pas surprenant. Certes, il mène une existence spartiate, mais dépense sans compter pour ce qui l'intéresse : les livres rares, les belles reliures, les œuvres d'art, les disques de musique classique, l'entretien et l'amélioration de Clouds Hill... Quand un éditeur lui propose de signer un juteux contrat, il refuse. Ce qui ne l'empêche pas d'envisager la publication, à ses frais, d'une édition confidentielle de *La Matrice* qui, de son vivant, ne verra jamais le jour, mais le livre paraîtra hors commerce en 1937. Quand, d'aventure, il reçoit un joli chèque, il s'empresse d'en faire bénéficier de vagues connaissances dans le besoin, et certains profitent sans vergogne de sa générosité même s'il connaît des difficultés financières. En septembre 1930, il passe une semaine de permission à Collieston, un petit port de pêche près d'Aberdeen (durant ce séjour, il aurait, semble-t-il, demandé à un ancien camarade des Blindés, John Bruce, de le fouetter). À l'évidence, Lawrence n'est pas au meilleur de sa forme. C'est qu'il atteint l'âge où l'on ne peut s'empêcher de faire un premier bilan de sa vie. Bref, il traverse la « *mid-life crisis* », la crise du « milieu de la vie », expression qui, en l'occurrence, est fort mal venue, puisqu'il n'a plus que quelques mois à vivre.

Dernières missions

Lawrence n'est pas oublié, loin de là. Il croule même parfois sous les invitations et les propositions. La preuve, la prestigieuse université de St-Andrew's, fondée vers 1412, veut le nommer docteur *honoris causa*. Il refuse, d'abord parce qu'il n'aime ni les honneurs ni les toges, mais aussi, sans doute, parce qu'il préférerait que ce titre lui fût décerné par son *Alma mater*, Oxford (aucune urgence, pense-t-il, puisqu'il se croit au « milieu de la vie »). Et puis, tel le monstre du Loch Ness émergeant des profondeurs, son nom ressurgit, de temps à autre, dans la presse mondiale. Des journalistes allemands, par exemple, prétendent qu'il n'est plus en Angleterre mais au Kurdistan, en mission secrète. Cette information absurde est démentie mais, une fois de plus, le mal est fait. Depuis des années, les hauts responsables de la RAF supplient Lawrence de se montrer très discret. Mais la presse ne le pousse-t-elle pas encore et toujours sous le feu des projecteurs ? L'affaire du Kurdistan remonte jusqu'au roi George V, qui, avec beaucoup d'élégance, intervient en faveur du colonel

Lawrence, soldat de 1ʳᵉ classe, coupant ainsi l'herbe sous le pied des pisse-froid galonnés, mais taraudés par la jalousie, ce « monstre aux yeux verts[1] ».

Souverain loyal, homme de devoir, il avait honoré les services rendus à l'Empire par Lawrence, et ses fantaisies d'adolescent indocile l'avaient amusé. Le roi trouvait inconvenante l'exploitation par la presse étrangère (allemande à cause de la Turquie, française à cause de la Syrie) de la légende de Lawrence d'Arabie. Il fit donc publier par le Foreign Office un communiqué lapidaire, qui condamnait sévèrement pareils agissements diffamatoires [...]. Cette intervention du monarque prévenait toute mesure injuste qu'aurait pu prendre lord Thomson [ministre de l'Air] contre l'intéressé[2].

Le nom de Lawrence — ou plutôt de T. E. Shaw, mais ce patronyme ne trompe plus personne — refait de nouveau surface quand un hydravion s'abîme en mer devant ses yeux, le 18 février 1931. L'accident fait six victimes, suscitant à la fois l'intérêt de la presse et l'émotion du public. Cité comme témoin, ledit T. E. Shaw fait encore, par la force des choses et sans qu'il y soit pour rien, parler de lui. On l'accuse alors de trop en faire. Le schéma est classique : la victime, en somme, devient coupable de l'être. En 1932, des informations en provenance d'Allemagne feront état de la présence du colonel Lawrence au Tibet...

1931 est pour lui une année presque en totalité consacrée à son travail, à Mount Batten ou, à partir d'avril, à Hythe, près de Southampton, où il est chargé de tester des prototypes de vedettes et de hors-bord rapides. Profitant d'une permission de plusieurs semaines en août, il termine enfin sa traduction de *L'Odyssée*. Mais le monde change autour de lui, et les Smith quittent la base de Mount Batten à l'automne. Un nouveau choc pour Lawrence, qui en avait fait sa nouvelle famille, et la séduisante Clare Smith gardera de cette période un souvenir enchanté (à telle enseigne que la rumeur d'une liaison entre elle et Lawrence circulera dans la RAF). Comme un malheur ne vient jamais seul, le nouveau gouvernement de Ramsay MacDonald, confronté à la crise économique qui s'aggrave en Grande-Bretagne, décide, au cours de l'été 1931, de baisser de dix pour cent certains salaires, dont ceux de la RAF. Ce qui n'arrange pas Lawrence qui, quelques mois plus tard, au début de 1932, achète cependant sa huitième Brough Superior SS-100 — un modèle coûteux, capable de rouler à 160 km/h —, et il continue l'aménagement de Clouds Hill, où il compte bientôt s'installer.

La variété de ses activités techniques, dont le détail serait sans intérêt, montre que, fidèle à son image de marque, Lawrence a su se montrer, en très peu de temps, indispensable. On le considère vite comme le roi de la mécanique et de la sécurité. Bien que soldat de la RAF, il s'occupe surtout d'assistance en mer, domaine où la vitesse est un élément essentiel. Il peut ainsi allier un plaisir personnel — le goût de la vitesse — à une exceptionnelle compétence. Ce qui lui permet d'effectuer des missions en mer, parfois longues quand, par exemple, il se rend en mars-avril 1932 à Donibristle, dans l'est de l'Écosse.

En octobre, il reçoit un superbe volume, sa traduction de *L'Odyssée* qui vient d'être publiée :

belle reliure, papier de qualité, typographie élégante. C'est que les professionnels de l'édition confient alors les travaux auxquels ils tiennent le plus à de grands maîtres artisans, en l'occurrence un des plus célèbres typographes et imprimeurs de l'époque, l'Américain Bruce Rogers, créateur, en 1914, des élégants caractères Centaur — dont le nom vient du livre *Le Centaure* du Français Maurice de Guérin, publié en France en 1840 et édité par Rogers en 1915. Partageant son temps entre les États-Unis et l'Angleterre, ce grand typographe américain joue dans l'édition un rôle qui dépasse, de loin, l'activité de sa petite entreprise : il sert de conseiller, par exemple, aux presses universitaires de Cambridge, Harvard et Oxford. L'œuvre de Lawrence a également bénéficié du travail de l'imprimeur londonien Emery Walker (ami de l'écrivain-éditeur William Morris), du graveur Wilfred Merton et du soutien du colonel Ralph Isham, financier et bibliophile réputé.

L'édition anglaise, signée T. E. Shaw, ne bénéficie que d'un tirage confidentiel (quelque cinq cents exemplaires), car Lawrence ne veut pas attirer l'attention de la presse, mais l'édition américaine précise bien que le traducteur est Lawrence d'Arabie, aussi connu aux États-Unis qu'en Grande-Bretagne. Commercialisée sans restriction, elle connaît très vite un grand succès en Amérique, même si les hellénistes feront, comme il se doit, la fine bouche. Il est vrai que ce n'est pas tous les jours qu'une traduction d'Homère, publiée à grands frais, est l'œuvre d'un soldat de 1re classe, certes connu, mais qui n'a pas reçu l'adoubement universitaire des grands spécialistes. La dimension autobiographique de ce travail de traduction n'échappe cependant pas à quelques-uns : le retour dans sa patrie du guerrier et aventurier Ulysse, après la guerre de Troie, rappelle celui de Lawrence après la révolte arabe. Il convient de rappeler que l'intérêt du public cultivé pour Homère et la ville de Troie a été réactivé par les fouilles d'Heinrich Schliemann sur le site d'Hissarlik (Anatolie), à la fin du XIXe siècle, et la publication du gros roman *Ulysse* de James Joyce, à Paris, en 1922.

À son habitude, Lawrence feint de déprécier son travail. S'il a traduit Homère, c'est, dit-il, contraint et forcé, pour payer ses factures.

L'argent que j'en tire est utile. Le bois du toit de Clouds Hill était rongé par des insectes : on est maintenant en train de le traiter avec des pulvérisations. Ceci est le premier objectif. Ensuite, on va daller la cuisine en bas, pour en faire une bibliothèque avec des rayonnages [...]. Le troisième objectif, s'il reste de l'argent, serait une baignoire avec un chauffe-eau. Cela eût bien diverti le vieil Homère[3].

Pendant l'hiver 1932-1933, divers travaux sont effectués à Clouds Hill pour rendre le logement habitable. Ils se poursuivront par intervalles tout au long de l'année suivante, en fonction des possibilités financières de Lawrence. Fatigué par une grippe tenace, il envisage de quitter la RAF plus tôt que prévu, mais on lui propose alors d'utiliser au mieux ses compétences en divers endroits, ce qui lui permettra de se déplacer beaucoup dans les mois qui suivent (Felixstowe, Manchester, l'île de Wight, Southampton, Northwith puis Bridlington,

à partir de novembre 1934…). Ses activités littéraires en pâtissent, mais il trouve cependant le temps
de corriger, pour Jonathan Cape, un manuscrit sur
la guerre en Orient (le livre paraîtra en 1933). Il
consacre aussi beaucoup de temps à répondre à
l'historien militaire Liddell Hart, qui travaille d'arra-
che-pied à sa biographie de Lawrence. C'est au
milieu de toutes ces activités si diverses qu'il apprend
la mort à Berne (Suisse), le 8 septembre, de Fayçal,
éphémère roi de Syrie en 1920, puis roi d'Irak à
partir de 1921. Cette disparition intervient deux
ans seulement après celle de son père Hussein, chérif de La Mecque et roi du Hedjaz. Avec Fayçal,
Lawrence perd à la fois un ami et un des témoins
majeurs de son épopée arabe. Un fantôme de plus
va hanter ses nuits.

Quelques semaines plus tard, le *British Legion
Journal*, la revue des anciens combattants, publie
sans son aval un extrait de *La Matrice*. Un nouveau
tracas pour Lawrence, et non des moindres, puisqu'il
s'est naguère engagé, auprès de Hugh Trenchard et
par conséquent de la RAF, à ne publier ce texte
qu'en 1950. Il ne porte pas plainte — ce qui aurait
eu pour effet d'amplifier l'affaire —, mais la revue
devra publier ses excuses. Il est vrai que Lawrence,
à son habitude, a si souvent fait circuler son
manuscrit qu'il était tentant pour un esprit médio-
cre et malhonnête d'en confier des pages à une
revue qui s'était bien gardée de prendre langue
avec son auteur, dont le droit moral se trouvait
ainsi bafoué. Lawrence découvre, une fois de plus,
qu'il faut aussi — surtout quand on est écrivain —
se méfier des amis de pacotille.

1934 sera pour Lawrence la dernière année à la RAF, où il continue de jouer un rôle technique discret, mais essentiel. Mars voit la parution, chez Jonathan Cape, de la biographie de 454 pages que lui a consacrée Basil Liddell Hart, intitulée « T. E. Lawrence » in Arabia and after (« "T. E. Lawrence" en Arabie et après »). On notera les guillemets du titre, l'intéressé ayant voulu montrer par là que « T. E. Lawrence » n'était, en somme, qu'un nom d'emprunt ou une identité par défaut. Ce qui ne manque pas d'intriguer la presse, en particulier le Daily Express qui, le 5 mars, s'interroge sur les mystérieuses origines familiales du plus célèbre soldat de la RAF.

Dans le même temps, la situation économique et politique s'aggrave en Europe, et les partis fascistes s'ancrent de plus en plus solidement en Italie et en Allemagne. Même la Grande-Bretagne a vu naître, le 1er octobre 1932, sous l'impulsion d'Oswald Mosley, ancien député travailliste, la British Union of Fascists. Dans la haute société, son fondateur dispose de solides appuis, car il appartient à une riche famille, connue depuis le XVIe siècle. Ancien combattant dans la Royal Flying Corps, gravement blessé dans les tranchées et traumatisé par la guerre, il aimerait jouer le même rôle que le poète-soldat italien Gabriele D'Annunzio. Brillant orateur et séducteur invétéré, il épouse d'abord Cynthia Curzon, une des filles de l'ancien vice-roi des Indes. Devenu veuf, il se console dans les bras de sa maîtresse, la belle Diana Mitford (qu'il épousera en Allemagne, en 1936, en présence de Goebbels et de Hitler).

Or, un des proches de Mosley est l'écrivain Henry Williamson, déjà auteur d'une quinzaine de livres et lauréat du prestigieux prix Hawthordern pour son roman *Tarka la loutre : sa joyeuse vie dans l'eau et sa mort au pays des deux rivières* (1927), livre que Lawrence a beaucoup aimé. Liés par l'expérience de la guerre et surtout par l'amour des lettres, les deux hommes sont en contact depuis 1928. Cette amitié donnera naissance à une nouvelle légende, selon laquelle Lawrence — qui ne croit guère plus en la démocratie que Flaubert, Hogarth ou Churchill — est proche de la mouvance fascisante, à l'instar de ses amis Bernard Shaw, Philip Kerr, Nancy Astor et Geoffrey Dawson, rédacteur en chef du *Times* (propriété du beau-frère de lady Astor depuis 1922). De temps à autre, un groupe d'intellectuels de droite, surnommé « le groupe de Cliveden », se réunit dans l'imposant château Cliveden, que Waldorf et Nancy Astor ont reçu en cadeau de mariage. Lawrence est leur invité, le temps d'un week-end, en 1930. Son recrutement par le camp pro-fasciste anglais aurait, certes, été un formidable atout pour Mosley. N'a-t-il pas, en effet, le portrait de l'emploi ?

[A]ncien combattant, entiché de l'uniforme, appréciant la camaraderie virile, idéalisant la virilité, humilié par la bureaucratie ministérielle, originaire de la petite bourgeoisie, aimant l'harmonie communautaire de la nation, entiché d'action chevaleresque et d'autorité efficace, il était indifférent à la démocratie, hostile à la Révolution française, au rationalisme et à l'idée abstraite des droits de l'homme, méprisait le danger et la mort, avait la nostalgie d'un passé héroïque[4].

En 1934, Mosley fait quelques avances à Lawrence, mais celui-ci, qui est pro-sioniste, les refusera et ne rencontrera même jamais le chef de la British Union of Fascists. C'est que, depuis la révolte arabe, il se tient en marge de la vie politique. Nihiliste, il déteste les idéologies — comme le communisme ou le fascisme —, et les religions établies (supportant mal, par exemple, que sa mère et un de ses frères soient missionnaires en Chine). Conservateur, il défend l'Empire britannique mais, il l'a montré en Orient, n'a que mépris pour l'impérialisme amidonné, tel qu'il se pratique en Inde britannique. Sa pensée politique pourrait, en réalité, se résumer à un seul nom : Churchill. Or, face à la montée des périls en Europe, celui-ci plaide pour le réarmement, alors que Mosley, pro-allemand, se dit pacifiste.

Son ultime mission à la RAF de novembre 1934 à février 1935 aura pour cadre Bridlington, un port sur la mer du Nord, qu'il connaît déjà bien. Logé à l'hôtel Ozone, il se fait tout de suite de nouveaux amis et, au volant de sa Brough, s'enivre de vitesse sur le front de mer et les routes du Yorkshire. Lawrence passe cependant Noël — son dernier Noël — à Clouds Hill, en compagnie d'un des fils de sa voisine, Pat Knowles, qu'il emploie pour réaliser les finitions de son bucolique ermitage. En janvier, il déjeune à Londres avec le jeune et brillant réalisateur Alexander Korda*, un Juif d'origine austro-hongroise, ami de Robert Vansit-

---

* Soixante-quinze ans plus tard, en 2010, son neveu l'écrivain et éditeur Michael Korda, né en 1933, publiera une remarquable biographie de T. E. Lawrence.

tart, cousin de Lawrence. Le cinéaste envisage de tourner un film inspiré des *Sept Piliers de la sagesse*, mais l'intéressé le persuade qu'il convient d'attendre sa mort avant de se lancer dans ce projet.

Par une curieuse ironie, Robert Graves demande à Lawrence, en janvier 1935, de rédiger... sa propre nécrologie. C'est que tous les grands organes de presse ont un service, surnommé « la morgue » qui est chargé de mettre à jour les informations sur les personnalités ce qui permet, en cas de besoin — c'est-à-dire de décès inopiné —, de ne pas être pris de court et de pouvoir publier une notice nécrologique. Le *Times* ayant demandé à Graves, biographe de Lawrence, de réaliser ce travail, celui-ci préfère le confier au principal intéressé.

Le 25 janvier, le soldat Shaw quitte Bridlington incognito. Il se doute bien que la presse a été informée de son départ définitif de la RAF, et c'est à bicyclette qu'il disparaît. Trois cents kilomètres, au bas mot, le séparent de Clouds Hill. Une broutille pour lui, même au cœur de l'hiver. Préférant le chemin des écoliers à la ligne droite, il en rajoute et fait un crochet par Cambridge pour saluer son frère Arnold. C'est qu'il a désormais tout son temps, puisque le voilà redevenu civil. Personne ne l'attend dans son ermitage.

Quand il arrive à destination, il se retrouve, une fois de plus, confronté à une foule de reporters, qui n'ont sans doute pas compris la citation d'Hérodote, en grec, apposée sur l'architrave de l'entrée (« Peu me chaut »). De nouveau, il doit fuir, comme son père jadis. Pendant quelques semaines, il joue à cache-cache avec les journalistes. Réfugié à Londres, il tente de convaincre les propriétaires de journaux que la partie a assez duré et qu'il conviendrait de contenir la meute. Il pense y être parvenu, mais à tort, et son second passage à Clouds Hill se termine en pugilat. Il lui faudra faire appel à Churchill pour mettre fin au siège médiatique.

Lawrence peut enfin s'installer chez lui pour ce qu'il espère être une longue retraite, qu'il veut consacrer aux promenades à bicyclette, à la lecture, à l'écriture et à l'imprimerie, car son projet de créer une petite maison d'édition, comme jadis William Morris, refait surface. Il renoue alors avec certains de ses amis et leur suggère — E. M. Forster est sur la liste — de venir le voir, dès que possible, sur ses terres. De son côté, la fidèle lady Astor, qui se languit de lui et caresse pour son héros d'ambitieux projets, l'invite à venir passer un nouveau weekend au château de Clivenden. Pour l'heure, il n'en est pas question. Lawrence veut finir de s'installer, profiter de sa maison, faire des projets et écouter les oiseaux chanter. La vraie vie, en somme... Comme tous les nouveaux retraités, il se force à le croire.

Le samedi 11 mai, il reçoit un mot de l'écrivain Henry Williamson, qui lui annonce qu'il va passer le voir, sauf mauvais temps, la semaine suivante. La rencontre prévue est d'ordre littéraire : le visiteur veut lui parler de Victor Maslin Yeates, un ancien de la Royal Flying Corps, qui, en décembre 1934, est mort de la tuberculose, à trente-sept ans. Ce héros des débuts de l'aviation venait de publier un formidable récit — *Winged Victory* —, très apprécié de Lawrence, sur ses aventures pendant la guerre. Lawrence se dit qu'il est trop tard pour répondre par lettre. Passé le week-end, il lui enverra un télégramme.

Tous feux éteints

Ce lundi matin 13 mai est beau, mais venteux. Après avoir rendu visite à ses voisins, les Knowles, Lawrence monte sur sa moto, sa Brough, achetée en 1932. Il se rend à la poste de Bovington pour y expédier son télégramme et un colis de livres. Puis il reprend aussitôt le chemin de Clouds Hill. Il ne roule pas très vite. Sans être dangereuse, cette route étroite, recouverte de gravillons par endroits, recèle trois déclivités qu'il faut aborder avec prudence, car elles masquent la vision, l'espace de quelques secondes. C'est en surgissant en haut d'une de ces petites côtes que le motocycliste se retrouve derrière deux jeunes cyclistes de quatorze ans, Frank Fletcher et Albert Hargreaves. Le conducteur freine très fort, fait une embardée et touche la roue arrière d'une des bicyclettes. Éjecté de sa machine, il tombe, et sa tête heurte le tronc d'un arbre. Un des adolescents est légèrement touché. Un camion de l'armée venant juste à passer, les deux blessés sont presque aussitôt conduits à la base de Bovington.

Lawrence est pris en charge par le médecin du camp, le capitaine C. P. Allen. Le blessé est dans le coma, et le cerveau semble touché. On téléphone aux autorités. Très vite, les meilleurs spécialistes, toutes affaires cessantes, se précipitent à Bovington. C'est le cas, en particulier, du neurochirurgien Hugh Cairns et du pneumologue A. Hope Gosse. Tout de suite informé, le roi George V envoie au chevet de Lawrence son éminent médecin personnel, le docteur Farquhar Buzzard, professeur de médecine à Oxford. Mais tous les efforts sont vains. Le dimanche 19 mai, Thomas Edward Lawrence meurt vers 8 heures, trois mois avant son quarante-septième anniversaire. Sous la pluie, on conduit sa dépouille, drapée dans l'Union Jack, vers la chapelle mortuaire.

La presse, enfin, va pouvoir s'en donner à cœur joie. « Lorsque je mourrai, écrit Montherlant, on trouvera encore des raisons pour montrer que je ne suis pas mort comme il fallait[1]. » Lawrence n'échappera pas à cette condamnation posthume. Qui pourrait croire, en effet, que ce héros qui a tant de fois flirté avec la mort — dans les sables d'Orient, sur un aérodrome de Rome et même, déjà, au volant de sa moto — vient *bêtement* de perdre la vie sur une petite route d'Angleterre ? *Ne cherche pas à connaître la fin que les dieux t'ont choisie.*

Or, ce point final, voulu par ces dieux auxquels Lawrence ne croyait pas, s'inscrit dans l'implacable logique d'un destin qui, depuis l'enfance, n'a été autre chose qu'une fuite éperdue. Avec ses parents en cavale d'abord, puis seul, dans le rêve, la quête d'un passé héroïque, l'aventure, l'écriture et les pays lointains. Il a fui toute convention, toute hiérarchie, toute idée reçue, toute croyance et toute

278

idéologie. Il a refusé l'argent, les colifichets et les plaisirs éphémères, afin d'être simplement lui-même. Voici qu'avec sa mort, il ponctuait son extraordinaire destin sur une ultime pirouette. Qui ne l'envierait de s'être ainsi dérobé à la vieillesse, la grisaille du quotidien et l'usure du temps ?

Dès l'annonce de la nouvelle, les hypothèses fusent dans les *pubs* et les salles de rédaction. Suicide ? Assassinat ? Complot fomenté à l'étranger, en Allemagne, par exemple ? Certains témoins affirmeront avoir aperçu une voiture noire. La presse apprendra plus tard que Lawrence est mort après avoir expédié un télégramme (sans doute codé ?) à Williamson. Détail qui n'est pas indifférent, puisque celui-ci est un proche d'Oswald Mosley, un fasciste s'il en est... Pas de fumée sans feu. Lawrence d'Arabie, cet ancien espion à en croire la presse, devait être porteur de lourds secrets. Bref, cette mort brutale, alors que Lawrence venait juste de quitter la RAF, apporte au mythe une ultime aura de tragédie et de mystère. Un tel personnage ne pouvait, comme le commun des mortels, mourir d'un banal accident de la route. Avec le recul du temps, et non sans quelque anachronisme, on croit déceler dans cette tragédie une note ironique : cet homme, qui s'était tant occupé de la sécurité des autres, roulait sans casque. Mais combien de motocyclistes en portaient un, en 1935 ?

Les obsèques religieuses, suivies de l'inhumation, se déroulent le mardi après-midi 21 mai, à l'église Saint-Nicolas de Moreton, non loin de Clouds Hill. Aucun membre de la famille Chapman, pas même le cousin Vansittart, n'est présent.

Du moins un des frères de Lawrence, Arnold, précipitamment rentré de Majorque, est-il bien là. Diverses personnalités et plusieurs de ses amis sont aussi parvenus à se libérer. On note la présence de Winston Churchill et de plusieurs camarades que Lawrence a connus en Orient : George A. Lloyd (devenu gouverneur de Bombay, puis haut-commissaire en Égypte), l'ancien gouverneur militaire de Jérusalem Ronald Storrs, le lieutenant-colonel Alan Dawnay, le méhariste et banquier Robin Buxton, le colonel Stewart Newcombe, le capitaine T. Henderson et le sergent W. Bradbury. Assistent aussi aux obsèques l'ancien chef d'état-major de l'Air, sir John Salmond, le général de division Archibald Wavell, le député lord Winterton, l'éditeur Jonathan Cape, le grand typographe Bruce Rogers, le penseur politique Lionel Curtis, l'historien militaire Basil Liddell Hart, le poète Siegfried Sassoon, l'écrivain Henry Williamson, le sculpteur Eric Kennington et le peintre Augustus John. Comme il fallait s'y attendre, les femmes sont très minoritaires, mais il y a là, tout de même, Clemmie Churchill, Nancy Astor, Florence Hardy et Barbara Lawrence, l'épouse d'Arnold. Si l'on met à part quelques soldats de Bovington, les autochtones de Moreton et les voisins de Lawrence, on aurait l'impression de feuilleter le Bottin mondain ou le *Who's Who* : un ancien ministre, des hauts fonctionnaires, des politiques, des officiers supérieurs, des éditeurs, des écrivains, des artistes et des femmes du monde. Est-ce bien un simple soldat de 1re classe que ces gens s'apprêtent à porter en terre ?

À l'église, les curieux sont tenus à l'écart, car la

cérémonie, conduite par le chanoine Michael Kin-
loch, est interdite au public. L'office est d'une
grande sobriété, et la chorale est tout simplement
celle de l'école du village. Aucune sonnerie de clairon, aucun roulement de tambour, aucun discours
sur le lieu de l'inhumation. Pas de décorations non
plus sur le cercueil, puisque Lawrence ne les sup-
portait déjà pas de son vivant. Tout juste un bou-
quet de violettes jeté par une petite fille. Venus de
partout, photographes et journalistes piaffent à
proximité.

Des parents et des amis proches, cependant,
n'ont pu être là pour ce dernier hommage. C'est le
cas de la propre mère de Lawrence et de Robert,
son frère médecin-missionnaire, qui descendent
alors le Yang Tsé Kiang ; ils apprendront la nouvelle à Shanghaï. Les Smith, eux, sont à Singapour
et les Shaw en Afrique. Partis d'Angleterre fin
avril, ceux-ci ont traversé le canal de Suez et la mer
Rouge, si chère à Lawrence, puis passé quelques
jours à Mombasa (Kenya) avant de gagner l'Afrique du Sud.

Une autre vie commence pour T. E. Lawrence.
Auteur confidentiel avant sa mort, il devient, en
quelques mois, un écrivain de réputation mondiale. C'est que les verrous qu'il a tenus si serrés
pendant des années viennent de sauter. Presque
tous ses écrits vont désormais être publiés. Dès
juillet 1935 paraît la première édition commerciale
des *Sept Piliers de la sagesse*, vite traduite en plusieurs langues. Puis ses autres textes, grâce au travail de ses frères — Robert et, surtout, Arnold —,
de David Garnett, Malcolm Brown et, en tout pre-

mier lieu, Jeremy Wilson : ses articles de l'*Arab Bulletin*, ses dépêches, ses essais, ses articles, ses lettres à la presse, son anthologie poétique, ainsi que *La Matrice*, son mémoire de maîtrise et ses lettres (en particulier à ses frères, à Lionel Curtis, Charlotte Shaw, Liddell Hart, E. T. Leeds, Bruce Rogers, Hugh Trenchard, Sydney Smith et Henry Williamson). L'édition originale des *Sept Piliers de la sagesse*, tirée en 1922 à huit exemplaires, est enfin rééditée, en 1997. Dans le même temps, biographies, essais et articles scientifiques sont publiés aux quatre coins du monde. Certains ouvrages (par exemple, ceux de Vyvyan Richards, Ronald Storrs, Clare Sydney Smith et Henry Williamson, parus entre 1936 et 1941) constituent des témoignages personnels, par nature lacunaires mais intéressants.

En revanche, bien des biographies, surtout celles publiées depuis les années cinquante ou soixante, ont, avant tout, une thèse à prouver. Leurs auteurs entendent ajouter à la légende leur interprétation plus ou moins étayée et faire de Lawrence, en fonction de leurs obsessions personnelles ou des modes du jour, un héros, un espion, un génie, un imposteur, un traître, un xénophobe, un masochiste, un petit-bourgeois, un dépressif, un colonel d'opérette, un mythomane, un mégalomane, un flagellant, un homosexuel honteux ou un piètre orientaliste, tout juste capable de baragouiner quelques mots d'arabe. D'un livre à l'autre, on passe ainsi de l'hagiographie à la mise en accusation. Même le cinéma du IIIᵉ Reich s'en mêle, en mars 1939, en offrant à son public *Aufruhr in Damaskus* (« Soulèvement à

Damas ») de l'Autrichien Gustav Ucicky, qui raconte la révolte arabe du point de vue allemand. Puis, en 1962, le film *Lawrence d'Arabie* — dont chacun loue, à bon droit, la beauté formelle et le jeu des acteurs — invente de toutes pièces un personnage, certes fascinant mais tourmenté et désaxé, qui tient plus de la fiction que de l'histoire. Le succès planétaire de cette production contribuera à brouiller encore plus l'image que le grand public se fait de Lawrence d'Arabie[*].

C'est ainsi, d'avatar en avatar, de thèse en thèse et de mythe en mythe, que le vrai Lawrence, trop complexe pour être réduit à une simple étiquette, sera occulté. Toute personnalité d'exception est un *patchwork*, dont chaque élément a son importance, mais dont aucun ne saurait en être la seule clef. « Je n'ai été que feu de paille », a-t-il écrit en 1932, mais « un feu de paille heureux[2] ». Même pour un être comme lui, le destin fut fait de joies et de souffrances, de réussites et d'échecs, mais aussi d'ombre et de lumière. Comme Churchill, ne retenons que la lumière :

Le monde regarde naturellement avec un peu d'effroi un homme aussi parfaitement indifférent à la famille, au bien-être, au rang, à la puissance comme à la gloire ; il ne voit pas sans quelque appréhension un être se placer en dehors de ses lois, rester impassible devant tous ses charmes, un être étrangement affranchi, se mouvant en marge de courants habituels de l'activité humaine [...]. Il était vraiment l'habitant des cimes,

---

[*] Même la bande dessinée s'est, depuis des années, emparée du mythe. Dans une des aventures de Blake et Mortimer, *Le Serment des Cinq Lords* (Éditions Blake et Mortimer, 2012), signée André Juillard et Yves Sente, on retrouve T. E. Lawrence, de ses années d'Oxford à sa mort.

là où l'air est froid, vif et raréfié, et d'où l'on domine, les jours clairs, tous les royaumes du monde et leur gloire[3].

Après la conférence du Caire, le même Churchill avait demandé à Lawrence ce qu'il comptait désormais faire de sa vie.

Il sourit de son sourire doux, rayonnant, secret, et répondit :
« D'ici quelques mois, ma tâche sera terminée. Les résultats obtenus seront durables.
— Mais vous ?
— Tout ce que vous apercevrez de moi sera un petit nuage de poussière à l'horizon[4]. »

*

Le 19 mai 1935 fut une date historique à Moreton. À Trémadog, au pays de Galles, où Lawrence était né, quelques promeneurs jouaient avec leur chien sur la plage, comme tous les jours que Dieu fait. À Dinard, de belles Anglaises à chapeau passaient, sans le savoir, devant ce qui avait été le havre d'un couple anglo-irlandais en cavale, tout près de cette petite école Sainte-Marie, où le frère Fabel Martinet donnait des cours de français au jeune Thomas Edward. À Oxford, des étudiants en uniforme sortaient du musée Ashmolean pour se hâter dans ces rues chargées d'histoire, où naguère un archéologue en herbe pédalait, comme un fou, sur sa bicyclette. En Orient, sur le site abandonné de Karkemish, le fantôme de Dahoum hantait, comme toutes les nuits, les ruines hittites des bords de l'Euphrate. Au Caire, non loin des bureaux qui accueillaient le Bureau arabe, le *muezzin* appelait les fidèles à la prière du soir. À Aqaba, où un roi sans couronne, mais non sans panache, avait signé sa plus belle victoire, le soleil couchant éclairait d'un dernier rayon la mer Rouge, et d'humbles pêcheurs rentraient leurs filets. À Karachi, le dîner des gardiens de l'Empire se terminait, et les *sahibs*, drapés dans leur dignité, persuadés de la supériorité de leur race et confiants en la pérennité de leur Empire, portaient un toast au roi George V. Plus au nord, du côté du Waziristan, des soldats anglais scrutaient à travers des jumelles la frontière de l'Afghanistan. Rien à signaler. Tout juste un « petit nuage de poussière » dansant sous la lumière glacée de la lune.

Et, tout là-bas, au large des îles enchantées, le bateau ivre qui, pendant tant d'années, avait porté les rêves de Thomas Edward Lawrence, venait enfin, tous feux éteints, de mouiller l'ancre pour l'éternité.

ANNEXES

1888. *16 août* : naissance de Thomas Edward Lawrence, deuxième fils de Thomas Chapman et de Sarah Junner, à Tremadog (Pays de Galles).

1889. *Septembre* : installation à Kirkcudbright (Écosse), où naît un troisième fils, William.

1891. *Septembre* : la famille quitte l'Écosse.
Décembre : installation à Dinard.

1893. *Février-mars* : parenthèse à Jersey, où naît un quatrième fils, Frank.
Lawrence apprend le français à l'école Sainte-Marie de Dinard.

1894. *Printemps* : la famille quitte Dinard et s'installe à Langley Lodge, près de Trotton (Hampshire).

1896. *Septembre* : installation à Oxford.

1896-1907. Lawrence externe à la City High School d'Oxford.

1900. Naissance à Oxford du cinquième frère de Thomas Edward, Arnold.

1904. *Juillet* : publie son premier article dans le magazine du lycée.

1905. Lawrence fréquente le musée Ashmolean d'Oxford.

1906. Lawrence premier en anglais et littérature à la Senior Local Examination.
Été : voyage à bicyclette en Bretagne, en Normandie et dans les pays de Loire.

1907. *Avril* : tour du pays de Galles à bicyclette.
Août : visite des châteaux à bicyclette dans l'ouest de la France.
Octobre : entre à l'université d'Oxford (Jesus College).

1907-1910. Études d'histoire.

1908. *Avril* : rencontre E. T. Leeds au musée Ashmolean.

14 juillet-7 septembre : tour de France à bicyclette ; découverte de la Méditerranée ; termine par la Bretagne de son enfance.

1909. *Janvier* : E. T. Leeds lui présente l'archéologue David Hogarth, nouveau conservateur du musée.

Juillet-octobre : premier séjour en Orient (Port-Saïd, Liban, Palestine, Syrie).

Novembre : envisage d'acheter un moulin à vent pour en faire une imprimerie.

1910. *Août-septembre* : voyage en France à bicyclette ; visite Reims.

Octobre : Lawrence soutient son mémoire sur l'architecture militaire des croisades, intitulé : « L'influence des Croisades sur l'architecture militaire d'Europe jusqu'à la fin du XIIIe siècle ». Obtient la First Class Honors, mention la plus élevée, ainsi que les félicitations du jury.

Novembre : bref séjour en France ; visite Rouen.

Décembre : nouveau séjour en Orient, via Constantinople ; cours d'arabe à Djebail.

1911. *Mars-août* : fouilles à Karkemish ; rencontre Dahoum sur le chantier ; visites de châteaux dans la région.

Mai : rencontre Gertrude Bell à Karkemish.

Fin août-novembre : de retour à Oxford.

Novembre : repart pour la Syrie.

1912. *Janvier* : effectue un stage à Kafr Ammar (Égypte), aux côtés de l'archéologue Flinders Petrie.

Février-juin : de retour sur le champ de fouilles de Karkemish.

Été : voyage en Syrie et au Liban, avec Dahoum.

Septembre-novembre : de retour à Karkemish.

Décembre : Lawrence séjourne à Oxford.

1913. *Janvier* : retourne au Liban et en Syrie.

Mars-juin : fouilles à Karkemish.

Juillet : bref séjour à Oxford, avec Dahoum.

Août-décembre : fouilles à Karkemish.

Mi-septembre : reçoit son frère Will en Syrie.

1914. *Janvier-février* : en mission dans le Sinaï.

Fin mars-juin : fouilles à Karkemish.

Juillet : retrouve Gertrude Bell à Oxford.

Octobre : à Londres, au service cartographique de l'état-major.

9 décembre : part pour Le Caire, où il est affecté aux services de renseignement.

1915. *9 mai* : mort en France de son frère Frank, 22 ans.

Août : brève mission à Athènes.

23 octobre : mort en France de son frère Will, 26 ans.

19 novembre : retrouve Gertrude Bell au Caire.

1916. *Avril-mai* : en mission en Mésopotamie ; y revoit Gertrude Bell.

6 juin : publie le premier numéro de *The Arab Bulletin* au Caire.

Octobre : mission au Hedjaz ; première rencontre avec Fayçal, fils du chérif Hussein.

Novembre : rencontre Wingate à Khartoum.

Décembre : de retour au Hedjaz, il s'initie aux explosifs.

1917. *2 janvier* : premier raid.

Début juin : mission de reconnaissance en Syrie.

6 juillet : prend le port d'Aqaba.

Juillet : rencontre le général Allenby au Caire.

28 juillet : rencontre Hussein, roi du Hedjaz.

20-21 novembre : arrêté en territoire turc, Lawrence est torturé et violé à Deraa.

11 décembre : entrée solennelle à Jérusalem.

Mi-décembre : passe une semaine au Caire.

25 décembre : retour à Aqaba.

1918. *25 janvier* : bataille rangée à Tafila.

Fin février : rencontre le journaliste Lowell Thomas à Jérusalem.

1er octobre : entre à Damas.

8-14 octobre : bref séjour au Caire.

15 octobre : quitte l'Égypte.

30 octobre : reçu par le roi George V.

Fin novembre-début décembre : Marseille, Lyon et Paris.

10 décembre : arrive à Londres avec Fayçal.

12 décembre : rencontre entre Fayçal, Weizmann et Lawrence.

1919. *Janvier-mai* : participe à la conférence de la Paix de Paris ; commence la rédaction des *Sept Piliers de la sagesse* et revoit Gertrude Bell.

Mars : Lowell Thomas lance à New York ses *shows* consacrés à Lawrence et à Allenby.

Printemps : première rencontre avec Winston Churchill.

Avril : le père de Lawrence meurt, à Oxford, à 73 ans.

17 mai : l'aéroplane de Lawrence s'écrase à Rome. Il n'est que légèrement blessé.

Juin : séjourne à Athènes et en Crète, où il visite le site de Cnossos.

10 juin : obtient du All Souls College d'Oxford une bourse de 200 livres par an.

28 juin : arrive au Caire. À Paris, signature du traité de Versailles.

Mi-juillet : retour à Paris.

Juillet-décembre : à Oxford, Lawrence travaille à l'achèvement des *Sept Piliers de la sagesse*.

Novembre : rencontre Robert Graves à Oxford ; perd son manuscrit des *Sept Piliers de la sagesse* à Reading.

Décembre : entreprend de récrire *Les Sept Piliers de la sagesse* à Londres.

1920. *Janvier-mars* : à Londres, Lawrence continue sa rédaction des *Sept Piliers de la sagesse*.

Avril : Oxford.

1921. *Février* : conseiller de Churchill, alors secrétaire d'État aux Colonies.

Mars-décembre : en Orient ; participe à la conférence du Caire auprès de Churchill ; revoit Gertrude Bell ; nombreux voyages dans la région.

Fin juin-juillet : retour à Londres.

Juillet-décembre : retour au Caire ; nombreuses missions en Orient (Hedjaz, Aden, Jordanie, Syrie).

1922. *Été* : son contrat terminé, Lawrence quitte le Colonial Office. Parution des *Sept Piliers de la sagesse* (« version d'Oxford »).

Septembre : incorporé dans la RAF sous le nom de John Hume Ross.

1923. *Janvier* : exclu de la RAF.

Mars : incorporé dans les Blindés, camp de Bovington, Wool (Dorset).

Publie sa traduction du *Gigantesque* d'Adrien Le Corbeau.

Octobre : loue la maison de Clouds Hill à Moreton (Dorset).

1925. Écrit un essai sur l'écrivain James Elroy Flecker.

Août : réintégré dans la RAF, il est muté à Cranwell (Lincolnshire).

1926. *Novembre-décembre* : publie *Les Sept Piliers de la sagesse*
(« version des souscripteurs »).
Décembre : départ pour l'Inde britannique ; court arrêt à
Port-Saïd.
1927. *11 janvier* : muté au dépôt de la RAF près de Karachi.
Décembre : Robert Graves publie *Lawrence et les Arabes*.
1928. *Début juin* : muté à Miranshah (Waziristan).
Termine *La Matrice : Journal du dépôt de la Royal Air Force,
août-décembre 1922*, et commence sa traduction de *L'Odyssée*.
1929. *12 janvier* : quitte l'Inde britannique.
2 février : arrive en Angleterre.
Mars : muté à la base RAF de Cattewater, à Southampton.
Avril-septembre : organise la Coupe Jacques-Schneider.
Octobre : devient propriétaire de Clouds Hill.
1930. *Septembre* : en permission à Collieston, près d'Aberdeen
(Écosse).
1931. *Août* : termine sa traduction de *L'Odyssée*.
Été : premier séjour à Bridlington (Yorkshire).
1932. *Septembre* : assiste à la représentation de *Trop vrai pour
être beau* de Bernard Shaw.
Octobre : publication de sa traduction de *L'Odyssée*.
1933. Conseiller technique dans diverses stations de la RAF et
notamment à Plymouth où il travaille au sein de l'« Air Sea
Rescue » à la mise au point de canots de sauvetage.
1934. *Mars* : Basil Liddell Hart publie « *T. E. Lawrence* » *in Arabia
and after* (« "T. E. Lawrence" en Arabie et après »).
Juillet : pique-nique à la campagne. La scène est filmée par
la presse. La notoriété de Thomas Lawrence est intacte...
Novembre : début de son séjour à Bridlington en tant que
conseiller technique de la RAF.
1935. *25 février* : quitte la RAF à regret.
Fin février : rend visite à son frère Arnold, à Cambridge.
Avril : revoit E. T. Leeds au musée Ashmolean, à Oxford.
13 mai : accident de moto près de Clouds Hill, alors qu'il
tente d'éviter deux garçons à bicyclette.
19 mai : Lawrence meurt, à 46 ans, après quatre jours de
coma.
21 mai : inhumation à Moreton.
Juillet : première édition commerciale des *Sept Piliers de la
sagesse*.

1959. Mort de la mère de Lawrence, à 98 ans.
1971. Mort du frère de Lawrence, Robert, à 86 ans.
1991. 31 mars : mort du dernier frère de Lawrence, Arnold, à
       91 ans.

RÉFÉRENCES BIBLIOGRAPHIQUES

Sauf indication contraire, les ouvrages ou articles ont été publiés à Paris.

ÉCRITS DE T. E. LAWRENCE

Le Désert de Sin (1915), avec Leonard Woolley, traduit de l'anglais par Charles Mauron, introduction de Frederic Kenyon, Payot, 1937.

Les Sept Piliers de la sagesse (1922) [version d'Oxford intégrale], traduit de l'anglais par Éric Chédaille, préface de Jeremy Wilson, Phébus, 2009.

Les Sept Piliers de la sagesse (1926) [version des souscripteurs] a connu plusieurs traductions en français :
— par Charles Mauron, Payot, 1936.
— par Julien Deleuze, Gallimard, coll. « Folio », 1992.
— par Jean Rosenthal, préface de Roger Stéphane, édition de Francis Lacassin, *Œuvres*, tome 2, Robert Laffont, coll. « Bouquins », 1993.
— par Renée et André Guillaume, également auteurs d'une introduction et de notes, LGF/Livre de poche, 1995.

La Révolte du désert, 1916-1918 (1927) [version abrégée des *Sept Piliers de la sagesse*] a connu plusieurs traductions en français :
— par B. Mayra et le lieutenant-colonel de Fonlongue, Payot, 1928.
— par Françoise Pirart et Pierre Maury, sous le titre *Guérilla dans le désert (1916-1918), suivi de « L'Orient en mutation »*, avec une présentation de Gérard Chaliand, Bruxelles : Complexe, 1992.

— par Vercoquin Lenoir, avec une postface d'Olivier Rolin, Mille et
    Une Nuits, 1997.

La Matrice (1936), traduit de l'anglais par René Étiemble (1955),
    Gallimard, coll. « L'Imaginaire », 1979.

Lettres de T. E. Lawrence (1938), sous la dir. de David Garnett, tra-
    duit de l'anglais par René Étiemble et Y. Gauclère, Gallimard,
    1948.

Les Textes essentiels de T. E. Lawrence (1961), David Garnett (éd.),
    traduit de l'anglais par René Étiemble et Y. Gauclère (1965), Gal-
    limard, coll. « Idées », 1981.

*Dépêches secrètes d'Arabie, [Le Rêve anéanti], lettres de T. E.
    Lawrence à E. T. Leeds, lettres à T. E. Lawrence, Œuvres*, tome 1,
    sous la dir. de Francis Lacassin, avant-propos de Maurice Larès,
    traduit de l'anglais par Maurice Larès, René Étiemble, Y. Gau-
    clère, I. Haguenau et Thérèse Lauriol, Bouquins/Robert Laffont,
    1992.

SUR T. E. LAWRENCE

En français :

Richard ALDINGTON, *Lawrence l'imposteur*, traduit de l'anglais par
    Gilberte Marchegay, Jacques Rambaud et Jean Rosenthal,
    Amiot-Dumont, 1954. [L'édition anglaise date de 1955.]

Flora ARMITAGE, *Lawrence d'Arabie, cet inconnu*, L'Harmattan, 2010.

Val BEAUCHAMP, *Gertrude Bell, mentor de Lawrence d'Arabie*, Yveli-
    nédition, 2011.

Jacques BENOIST-MÉCHIN, *Lawrence d'Arabie*, Perrin, 1979, Perrin,
    coll. « Tempus », 2007.

Jean BÉRAUD VILLARS, *Le Colonel Lawrence ou La recherche de
    l'absolu*, Albin-Michel, 1955.

Léon BOUSSARD, *Le secret du Colonel Lawrence*, Éditions A. M., 1946.

Henri DUMONT, « Lawrence d'Arabie : Souvenirs de jeunesse », *Le
    Pays de Dinan*, tome XII, Dinan, 1992.

Henri FERMIN, « Lawrence d'Arabie à Dinard », *Bulletin et mémoires
    de la Société archéologique et historique d'Ille-et-Vilaine*, tome
    CIII, Rennes, 2000.

Alain FILLION, *Lawrence d'Arabie au Moyen-Orient*, Éditions du Félin,
    2005.

Robert GRAVES, *Lawrence et les Arabes* (1927), traduit de l'anglais par Jeanne Roussel, Gallimard, 1933 ; réédition suivie d'une sélection de lettres, préface et chronologie par Roger Stéphane, Payot, 1990.

André GUILLAUME, *Lawrence d'Arabie*, Fayard, 2000.

Khalid HAJJI, *Lawrence d'Arabie ou l'Arabie de Lawrence : Géographie, politique, poétique, sagesse*, L'Harmattan, 2001.

Jean-Loup JULIEN, *Lawrence d'Arabie*, Chronique Éditions, 2006.

Phillip KNIGHTLEY & Colin SIMPSON, *Les Vies secrètes de Lawrence d'Arabie* (1969), traduit de l'anglais par Paule et Raymond Olcina, Robert Laffont, 1969.

Raphaël LALHOU, *Lawrence d'Arabie ou l'Épopée des sables*, B. Giovanangeli, 2005.

Maurice LARÈS, *T. E. Lawrence, la France et les Français*, Presses de la Sorbonne, 1980.

—, *T. E. Lawrence avant l'Arabie (1888-1914)*, L'Harmattan, 2002.

Henry LAURENS, *Lawrence en Arabie*, Gallimard, coll. « Découvertes », 1992.

Christophe LECLERC, *Avec T. E. Lawrence en Arabie : La mémoire militaire française au Hedjaz, 1916-1920*, L'Harmattan, 1998.

Thomas LOWELL, *La Campagne du Colonel Lawrence (Arabie déserte, 1916-1919)*, Payot, 1933.

Régis LOISEL et Jean-François BORY, *Lawrence d'Arabie*, L'École des loisirs, 1989.

André MALRAUX, « Le Démon de l'absolu », M. Larès (sous la dir. de), in *Œuvres complètes*, tome 2, Gallimard, coll. « La Pléiade », 1996.

Pierre MOINOT, *T. E. Lawrence en guerre : le choix de la servitude*, Quai Voltaire, 1994.

Vincent-Mansour MONTEIL, *Lawrence d'Arabie : Le lévrier fatal (1888-1935)*, Hachette Littérature, 1987.

Anthony NUTTING, *Lawrence d'Arabie*, Fayard, 1962.

Guy PENAUD, *Le Tour de France de Lawrence d'Arabie*, Périgueux : La Lauze, 2008.

François SARINDAR, *Lawrence d'Arabie : Thomas Edward, cet inconnu*, L'Harmattan, 2010.

Philippe SQUARZONI, *Portrait inconnu de John Hume Ross*, Éd. Le 9e monde, 2006.

Roger STÉPHANE, *Portrait de l'aventurier : T. E. Lawrence, Malraux, Von Salomon*, précédé d'une étude de J.-P. Sartre, Sagittaire, 1950 ; Grasset, coll. « Les Cahiers Rouges », 1965.

—, *T. E. Lawrence*, Gallimard, coll. « La Bibliothèque idéale », 1960.
Jeremy WILSON, *Lawrence d'Arabie : La biographie autorisée de T. E. Lawrence* (1989), trad. M. Larès et J.-F. Moisan, Denoël, 1994.

En anglais :

Adrian GREAVES, *Lawrence of Arabia : Mirage of a Desert War*, Orion Books, 2008.
Liddell HART, *Lawrence of Arabia*, A Da Capo Paperback, 1989.
Hartford Montgomery HYDE, *Solitary in the Ranks*, Constable, 1977.
Lawrence JAMES, *The Golden Warrior : The Life and Legend of Lawrence of Arabia*, George Weidenfeld & Nicolson, 1990.
Michael KORDA, *Hero : The Life and Legend of Lawrence of Arabia*, JR Books, Londres, 2011.
A. W. LAWRENCE (ed.), *T. E. Lawrence by his Friends*, Jonathan Cape, 1937.
John E. MACK, *A Prince of our Disorder : The Life of T. E. Lawrence*, Brown, Boston, 1976.
Desmond STEWART, *T. E. Lawrence*, Hamish Hamilton, 1977.

OUVRAGES OU ARTICLES CONTEXTUELS

François BÉDARIDA, *L'Ère victorienne*, Presses Universitaires de France, coll. « Que sais-je ? », 1974.
Jacques BENOIST-MÉCHIN, *Mustapha Kémal ou La mort d'un Empire*, Albin Michel, 1954.
Geneviève CHAUVEL, *L'Amazone du désert : Gertrude Bell*, Pygmalion, 2005.
Jean-François GOURNAY, *L'Appel du Proche-Orient : Richard Burton et son temps (1821-1890)*, ANRT, Lille, 1983.
—, *Burton : Ambre et lumière de l'Orient*, Desclée de Brouwer, 1991.
Rémi KAUFFER, *La Saga des Hachémites : La Tragédie du Moyen-Orient (1909-1999)*, Stock, 1999.
Dominique LAPIERRE et Larry COLLINS, *Ô Jérusalem*, Robert Laffont, 1971.
Christophe LECLERC, *Avec T. E. Lawrence en Arabie : La mission française au Hedjaz 1916-1920*, préface de Maurice Larès et Malcolm Brown, L'Harmattan, 1998.

Pascal Le Pautremat, « La mission du lieutenant-colonel Brémond au Hedjaz, 1916-1917 », in *Les Guerres mondiales et conflits contemporains*, n° 221, Presses Universitaires de France, 2006.

Edward Said, *L'Orientalisme : L'Orient créé par l'Occident* (1978), traduit de l'américain par Catherine Malamoud, Le Seuil, 1980 ; nouvelle édition avec une nouvelle préface, 2004.

Florence Tamagne, *Histoire de l'homosexualité en Europe : Berlin, Londres, Paris 1919-1939*, Le Seuil, 2000.

PIÈCES DE THÉÂTRE

Terence Rattigan, *Ross*, Hamish Hamilton, 1960. Montée à Londres, au *Theatre Royal* de Haymarket, en mai 1960, avec Alec Guinness dans le rôle de Ross/Lawrence.

Bernard Shaw, *Trop vrai pour être beau* (1931), traduit de l'anglais par Augustin et Henriette Hamon, Aubier, 1952. Montée à Malvern (Worcestershire) en juillet 1932. L'auteur s'est inspiré de Lawrence pour le personnage du soldat motocycliste Meek (devenu en français le soldat Humble). Il apparaît dans les actes II et III, dont de larges extraits ont été publiés dans l'ouvrage de Roger Stéphane, *T. E. Lawrence* (voir *supra*), p. 240-254.

SITE INTERNET

Les lecteurs lisant l'anglais pourront consulter le site www.telawrence.info réalisé par Jeremy Wilson, auteur d'une impressionnante biographie de Lawrence (voir *supra*).

FILMOGRAPHIE

Lawrence of Arabia (*Lawrence d'Arabie*), 1962 (Angleterre, États-Unis), mars 1963 (France). Producteur : S. Spiegel ; réalisateur : David Lean ; scénario : Robert Bolt et Michael Wilson, d'après *Les Sept Piliers de la sagesse* de Thomas Edward Lawrence ; musique : Maurice Jarre ; principaux acteurs : Peter O'Toole (Lawrence), Omar Sharif (Ali ibn el-Hussein), Alec Guinness

(Fayçal), Anthony Quinn (Auda), Jack Hawkins (le général Allenby), Donald Wolfit (le général Murray)...

Lawrence d'Arabie, archéologue et espion, documentaire allemand de Richard Andrews et Georg Graff, Arte, 2001.

Un siècle d'écrivains : T. E. Lawrence. Lawrence d'Arabie, 1888-1935, France 3, écrit et réalisé par Marie-Dominique Montel, 1996.

NOTES

UNE ODYSSÉE FAMILIALE

1. Cité par Jacques Crokaert in *Histoire de l'Empire britannique*, Flammarion, 1947, p. 371.

2. François Bédarida, *L'Ère victorienne*, PUF, coll. « Que sais-je ? », p. 116.

3. Lettre du 14 avril 1927 à Charlotte Shaw *in* T. E. Lawrence, *Dépêches d'Arabie...*, Francis Lacassin (sous la dir. de), traduit de l'anglais par Maurice Larès *et al.*, Robert Laffont, coll. « Bouquins », 1992, p. 760-762.

4. Voir Peter Meazey, « La Colonie britannique de Dinan avant 1914 », in *Le Pays de Dinan*, tome XIV, 1994, p. 225-244.

OXFORD, CENTRE DU MONDE

1. Jean-François Gournay in *Histoire des idées dans les îles Britanniques*, PUF, 1996, p. 345.

2. Guy Penaud, *Le Tour de France de Lawrence d'Arabie*, Périgueux : La Lauze, 2008, p. 224.

3. *Ibid.*, p. 254.

4. Voir Jean-François Gournay, *Burton : Ambre et lumière de l'Orient*, Desclée de Brouwer, 1991, p. 14.

5. Jean-François Gournay, *L'Appel du Proche-Orient : Richard Burton et son temps, 1821-1890*, Lille : ANRT, 1983, p. 523.

1909-1914 : LES DERNIERS BEAUX JOURS

1. Goethe, *Wilhelm Meister* (1794), Livre III, chapitre 1.
2. Geneviève Chauvel, *L'Amazone du désert : Gertrude Bell*, Pygmalion, 2005, p. 166.
3. T. E. Lawrence, *Les Sept Piliers de la sagesse* (« version d'Oxford », 1922), préface de Jeremy Wilson, traduit de l'anglais par Éric Chédaille, Phébus, 2009, p. 326.
4. Lettre du 23 janvier 1912 à Mme Rieder, *in* T. E. Lawrence, *Dépêches d'Arabie...*, *op. cit.*, p. 470.
5. Lettre du 28 février 1914 à T. E. Leeds, *ibid.*, p. 356-357.

LAWRENCE, AGENT DE RENSEIGNEMENT

1. Jacques Benoist-Méchin, *Lawrence d'Arabie* (1979), Perrin, coll. « Tempus », 2007, p. 88.
2. T. E. Lawrence, *Les Sept Piliers de la sagesse*, *op. cit.*, p. 66-67.

LE DÉSASTRE DE KOUT

1. T. E. Lawrence, *Les Sept Piliers de la sagesse*, *op. cit.*, p. 69.
2. Henry Laurens, *Lawrence en Arabie*, Gallimard, coll. « Découvertes », 1992, p. 41.
3. André Guillaume, *Lawrence d'Arabie*, Fayard, 2000, p. 89.

LEVER DE RIDEAU AU HEDJAZ

1. T. E. Lawrence, *Les Sept Piliers de la sagesse*, *op. cit.*, p. 81.
2. *Ibid.*, p. 93.
3. *Ibid.*, p. 112.
4. *Ibid.*, p. 120.
5. *Ibid.*, p. 145.

PREMIERS COMBATS

1. T. E. Lawrence, *Les Sept Piliers de la sagesse*, *op. cit.*, p. 146.

2. Robert Graves, *Lawrence et les Arabes* (1927), traduit de l'anglais par Jeanne Roussel, Payot, 1992, p. 90.

LA BATAILLE DU RAIL

1. T. E Lawrence, *Les Sept Piliers de la sagesse*, op. cit., p. 245.
2. *Ibid.*, p. 245.
3. *Ibid.*, p. 245-246.
4. *Ibid.*, p. 253-254.
5. *Ibid.*, p. 281.
6. *Ibid.*, p. 298-299.
7. Rémi Kauffer, *La Saga des Hachémites : La tragédie du Moyen-Orient*, Stock, 2009, p. 161.
8. T. E. Lawrence, *Les Sept Piliers de la sagesse*, op. cit., p. 299.
9. *Ibid.*
10. *Ibid.*, p. 300-301.
11. André Guillaume, *Lawrence d'Arabie*, op. cit., p. 101.

LA PRISE D'AQABA

1. T. E. Lawrence, *Les Sept Piliers de la sagesse*, op. cit., p. 315.
2. André Guillaume, *Lawrence d'Arabie*, op. cit., p. 108.
3. T. E. Lawrence, *Les Sept Piliers de la sagesse*, op. cit., p. 339.
4. *Ibid.*, p. 348.
5. *Ibid.*, p. 422.
6. André Guillaume, *Lawrence d'Arabie*, op. cit., p. 111.
7. T. E. Lawrence, *Les Sept Piliers de la sagesse*, op. cit., p. 442.
8. Document du 20 août 1917, cité dans Henry Laurens, *Lawrence en Arabie*, op. cit., p. 142-143.

LA TRAGÉDIE DE DERAA

1. T. E. Lawrence, *Les Sept Piliers de la sagesse*, op. cit., p. 446-447.
2. Voir Jean-François Gournay, *L'Appel du Proche-Orient : Richard Francis Burton et son temps 1821-1890*, op. cit., p. 44-53.
3. T. E. Lawrence, *Les Sept Piliers de la sagesse*, op. cit., p. 449.
4. *Ibid.*, p. 449-450.

5. Jean Béraud Villars, *Le Colonel Lawrence ou la recherche de l'absolu* (1955), Club des Amis du Livre, 1962, p. 178.

6. *Ibid.*, p. 187.

7. T. E. Lawrence, *Les Sept Piliers de la sagesse*, *op. cit.*, p. 546.

8. *Ibid.*, p. 580.

9. *Ibid.*

10. *Ibid.*, p. 616.

11. *Ibid.*, p. 619.

12. *Ibid.*

13. *Ibid.*, p. 622.

14. *Ibid.*, p. 624.

15. Robert Graves, *Lawrence et les Arabes*, *op. cit.*, p. 176.

16. T. E. Lawrence, *Les Sept Piliers de la sagesse*, *op. cit.*, p. 620.

17. Roger Stéphane, *Portrait de l'aventurier*, Grasset, coll. « Les Cahiers Rouges », p. 207.

18. Voir Florence Tamagne, *Histoire de l'homosexualité en Europe : Berlin, Londres, Paris 1919-1939*, Le Seuil, 2000, p. 454-455.

19. *Ibid.*, p. 33.

20. *Ibid.*, p. 253.

21. *Ibid.* Voir aussi Jeremy Wilson, *Lawrence d'Arabie*, Denoël, 1994, p. 84.

22. Roger Stéphane, *Portrait de l'aventurier*, *op. cit.*, p. 206.

23. T. E. Lawrence, *Les Sept Piliers de la sagesse*, « version des souscripteurs » (1926), traduit de l'anglais par Charles Mauron, tome 2, Petite Bibliothèque Payot, 1963, p. 173.

« *TE DEUM* » POUR JÉRUSALEM

1. T. E. Lawrence, *Les Sept Piliers de la sagesse* (« version d'Oxford », 1922), *op. cit.*, p. 632.

2. André Guillaume, *Lawrence d'Arabie*, *op. cit.*, p. 130-131.

3. T. E. Lawrence, *Les Sept Piliers de la sagesse*, *op. cit.*, p. 537.

4. Roger Stéphane, *T. E. Lawrence*, Gallimard, coll. « La Bibliothèque idéale », 1960, p. 207.

5. T. E. Lawrence, *Dépêches d'Arabie...*, *op. cit.*, p. 67. Ce texte fut publié dans le *Bulletin arabe* du 12 mars 1917.

6. T. E. Lawrence, *Les Sept Piliers de la sagesse*, *op. cit.*, p. 635.

7. *Ibid.*, p. 632.

8. Roger Stéphane, *T. E. Lawrence*, *op. cit.*, p. 211.

DANS LE FROID DE L'ORIENT

1. T. E. Lawrence, *Les Sept Piliers de la sagesse*, *op. cit.*, p. 663.
2. *Ibid.*, p. 663-664.
3. *Ibid.*, p. 636.
4. Henry Laurens, *Lawrence en Arabie*, *op. cit.*, p. 81.
5. T. E. Lawrence, *Les Sept Piliers de la sagesse*, *op. cit.*, p. 671.
6. *Ibid.*, p. 679-680.
7. *Ibid.*, p. 681.
8. *Ibid.*, p. 683.
9. *Ibid.*, p. 686.
10. *Ibid.*, p. 719-720.
11. *Ibid.*, p. 709-710.
12. André Guillaume, *Lawrence d'Arabie*, *op. cit.*, p. 136.

NAISSANCE D'UN MYTHE

1. T. E. Lawrence, *Les Sept Piliers de la sagesse*, *op. cit.*, p. 761-762.
2. *Ibid.*, p. 742-743.
3. *Ibid.*, p. 743.
4. *Ibid.*, p. 325.

LE CHEMIN DE DAMAS

1. T. E. Lawrence, *Les Sept Piliers de la sagesse*, *op. cit.*, p. 839.
2. *Ibid.*, p. 842.
3. *Ibid.*, p. 847.
4. Pierre Moinot, *T. E. Lawrence en guerre : Le choix de la servitude*, Quai Voltaire, 1994, p. 42.
5. Jacques Benoist-Méchin, *Mustapha Kémal ou La mort d'un Empire*, Albin Michel, 1954, p. 174.
6. T. E. Lawrence, *Les Sept Piliers de la sagesse*, *op. cit.*, p. 960.
7. *Ibid.*, p. 980.
8. *Ibid.*, p. 981.
9. *Ibid.*, p. 1002.

DANS LES CORRIDORS DU POUVOIR

1. André Guillaume, *Lawrence d'Arabie, op. cit.*, p. 155.
2. Henri Béraud, *Le Flâneur salarié,* Les Éditions de France, 1927, p. 40-42.

« ADIEU À TOUT CELA »

1. T. E. Lawrence, *Dépêches d'Arabie..., op. cit.*, p. 596.

LES AVATARS DES *SEPT PILIERS DE LA SAGESSE*

1. Voir Edward W. Said, *L'Orientalisme : L'Orient créé par l'Occident* (1978), traduit de l'américain par Catherine Malamoud, Le Seuil, 2005, p. 235 et *passim*.
2. Roger Stéphane, *T. E. Lawrence, op. cit.*, p. 236.
3. Voir l'histoire complète de ce texte dans la préface de Jeremy Wilson « Les deux versions des *Sept Piliers* », in *Les Sept Piliers de la sagesse, op. cit.*, p. 7-12.
4. André Guillaume, *Lawrence d'Arabie, op. cit.*, p. 298-299.
5. *Ibid.*, p. 315.
6. T. E. Lawrence, *Les Sept Piliers de la sagesse, op. cit.*, p. 15.
7. Henri Laborit, *Éloge de la fuite* (1976), coll. « Folio Essais », Gallimard, 1985, p. 25.
8. *Ibid.*
9. Gustave Flaubert, *Madame Bovary*, IIe partie, chap. 12.

À L'OMBRE DE CHURCHILL

1. Voir Pierre Benoit, *La Châtelaine du Liban,* Albin Michel, 1924, p. 77.

DES LAMBRIS AUX LATRINES

1. André Guillaume, *Lawrence d'Arabie, op. cit.*, p. 217.
2. Henry Laurens, *Lawrence en Arabie, op. cit.*, p. 116.

3. T. E. Lawrence, *La Matrice* (1936), traduit de l'anglais par Étiemble, Gallimard, coll. « L'Imaginaire », p. 17.

4. *Ibid.*, p. 248.

5. *Ibid.*, « Note du traducteur », p. 249.

6. *Ibid.*, p. 24-25.

7. Michel de Montaigne, *Essais*, Livre III, chap. 2.

INTERMÈDE INDIEN

1. Voir André Guillaume, *Lawrence d'Arabie, op. cit.*, p. 256-258.

LE RETOUR D'ULYSSE

1. Olivier et Patrick Poivre d'Arvor, *Lawrence d'Arabie* (2006), Éditions J'ai Lu, 2009, p. 312-313.

DERNIÈRES MISSIONS

1. William Shakespeare, *Othello*, acte III, scène 3.

2. André Guillaume, *Lawrence d'Arabie, op. cit.*, p. 267.

3. Lettre de T. E. Lawrence à Mme Hardy, 3 décembre 1932, *in* T. E. Lawrence, *Dépêches d'Arabie...*, *op. cit.*, p. 915.

4. André Guillaume, *op. cit.*, p. 345-346.

TOUS FEUX ÉTEINTS

1. Henry de Montherlant, *Tous feux éteints*, Gallimard, 1975, p. 29.

2. Lettre de T. E. Lawrence du 12 octobre 1932 à Edward Elgar in *T. E. Lawrence, Dépêches d'Arabie...*, *op. cit.*, p. 912.

3. Roger Stéphane, *T. E. Lawrence, op. cit.*, p. 220-221.

4. *Ibid.*, p. 230.

Remerciements

Mes remerciements vont d'abord aux professeurs Hervé Abalain, Lucien Bély, Richard Deutsch, Leonard Frey, Jean-François Gournay, Liliane Kerjan, Franck Lessay, André Rannou, Marc Rolland et Nicole Vigouroux-Frey ; aux docteurs Thierry Di Costanzo, Jean-Claude Féray, Michel Leblanc, Benoît Le Roux et Gérard Prémel ; à Michèle Renouard, qui, à trois reprises, m'accompagna en Orient, et à notre fille Myriam, qui a suivi les traces de Lawrence en Égypte et en Jordanie. Merci également, à des titres divers, à Françoise Andlauer, Brigitte Bartet, Geoffroy Caron, Joyce Clarke-Newton, Gérard de Cortanze, Jean-Paul Gisserot, Sylvie Gorrez, François Jaffré, Daniel Kerjan, Hélène Klucik, Véronique Lardeux-Featherstone, Pierre Le Corre, Alain-François Lesacher, Jean-Claude Patru, Stewart Ross, Jean-Yves Ruaux, Danielle Thiébaud et Robert Vielwahr. Ma gratitude va enfin à Élise Fontvieille, qui a relu avec soin le manuscrit de ce livre. Un fraternel clin d'œil à l'écrivain Francis King (1923-2011), biographe de E. M. Forster et ancien résident au Caire, qui, quelques semaines avant sa mort, eut à cœur de m'indiquer de précieuses pistes de recherche.

FOLIO BIOGRAPHIES

Wagner, par JACQUES DE DECKER

Andy Warhol, par MERIAM KORICHI

Oscar Wilde, par DANIEL SALVATORE SCHIFFER

Tennessee Williams, par LILIANE KERJAN. Prix du Grand Ouest des écrivains de l'Ouest 2011.

Virginia Woolf, par ALEXANDRA LEMASSON

Stefan Zweig, par CATHERINE SAUVAT

Composition Nord Compo
Impression Maury-Imprimeur
45330 Malesherbes
le 25 octobre 2012.
Dépôt légal : octobre 2012.
Numéro d'imprimeur : 177219.

ISBN 978-2-07-044414-4. / Imprimé en France.